Leitura do texto, leitura do mundo

Domicio Proença Filho

Leitura do texto, leitura do mundo

ANFITEATRO

Copyright © 2017 *by* Domicio Proença Filho

Direitos desta edição reservados à
EDITORA ROCCO LTDA.
Av. Presidente Wilson, 231 – 8º andar
20030-021 – Rio de Janeiro – RJ
Tel.: (21) 3525-2000 – Fax: (21) 3525-2001
rocco@rocco.com.br
www.rocco.com.br

Printed in Brazil / Impresso no Brasil

preparação de originais
DENISE SCHITTINE
PEDRO KARP VASQUEZ

CIP-Brasil. Catalogação na fonte.
Sindicato Nacional dos Editores de Livros, RJ.

P957L   Proença Filho, Domicio, 1936-
        Leitura do texto, leitura do mundo / Domicio Proença Filho.
   – 1ª ed. – Rio de Janeiro: Anfiteatro, 2017.

      ISBN 978-85-69474-12-8 (brochura)
      ISBN 978-85-69474-13-5 (e-book)

   1. Livros e leitura – Efeitos das inovações tecnológicas.
   2. Livros e leitura – Aspectos sociais. 3. Literatura e tecnologia.
   I. Título.

16-36979
                                    CDD–028.9
                                    CDU–028

Para Jiro Takahashi, editor e professor, cuja sensibilidade e conhecimento fizeram brotar este livro.

Para Rejane

Viver é compartilhar discursos.

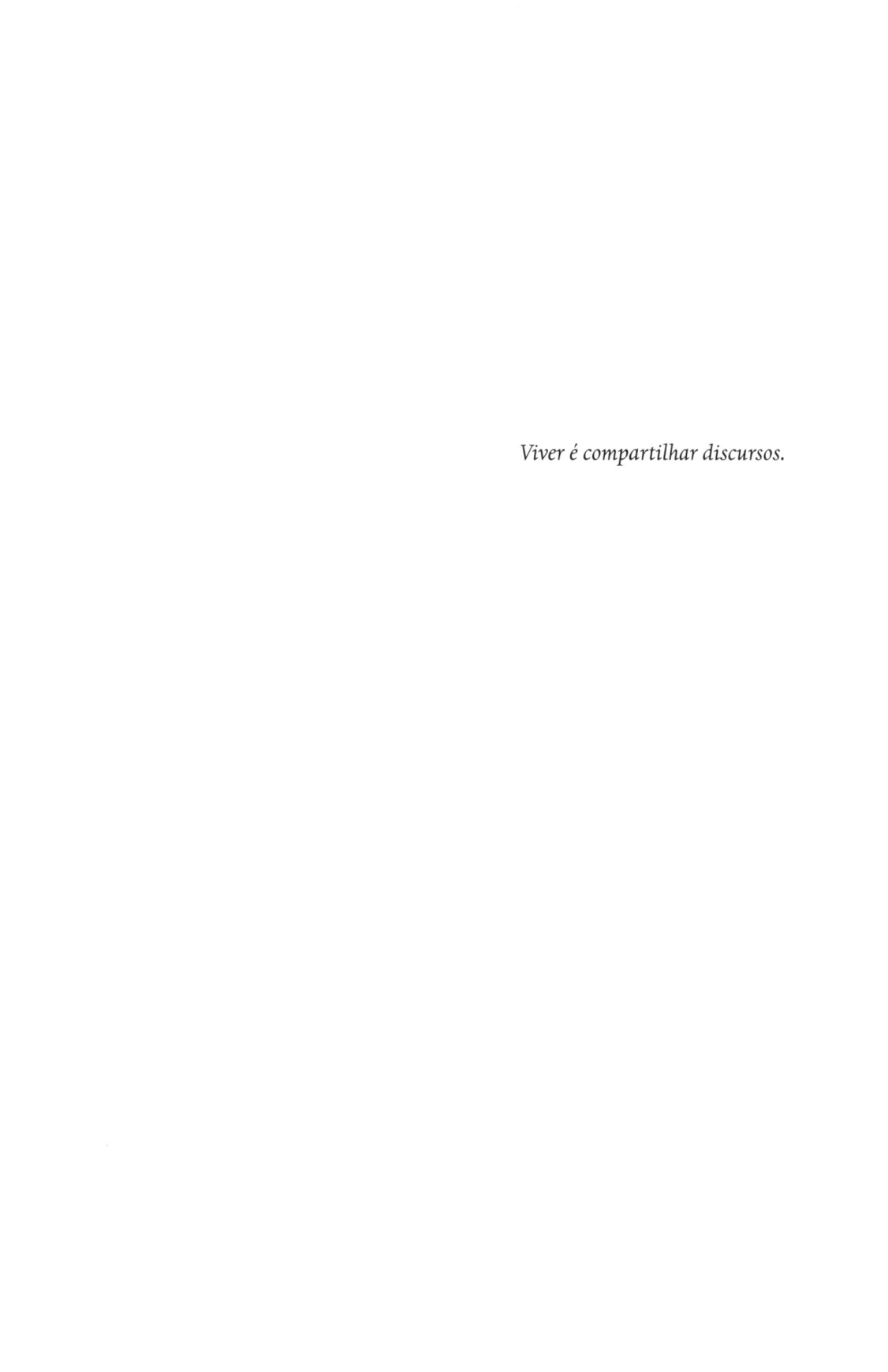

SUMÁRIO

APRESENTAÇÃO 13

1 CONHECIMENTO, COMUNICAÇÃO, LINGUAGEM
Conhecimento, representação, interpretação 17
Breves considerações sobre o conhecimento mítico 21
As interpretações e o contexto histórico e social 25

2 CONHECIMENTO, CULTURA, COMUNICAÇÃO
O que se entende por Cultura? 27
Mutações no processo 33
Cultura e mundo virtual 36
Cultura, cidadania e justiça social 42
Cultura e ação comunitária 44
Cultura e comunicação 45

3 LINGUAGEM, SIGNO, LÍNGUA
Conceitos e inter-relações 49
Linguagem e língua 52
Níveis da linguagem 56

4 O PROCESSO LINGUÍSTICO DA COMUNICAÇÃO
Fatores do processo 59
Funções da linguagem 61

5 ENUNCIADO, DISCURSO, TEXTO
Conhecimento e língua 67
Ato de fala, enunciado, frase 68
Língua e cidadania 75

6 LÍNGUA, DISCURSO, ESTILO
Língua, fala e estilo 77
Gêneros do discurso 82
O texto narrativo 83
O texto explicativo 85
O texto descritivo 86
O texto argumentativo 87
O texto solicitativo-ordenativo 90
Gêneros literários 92

7 LITERATURA, LINGUAGEM E LÍNGUA
Literatura: no rastro do conceito 99
Literatura e língua 100
Nos rumos da mímese 105
   A crítica impressionista 109
   A redescoberta da teoria aristotélica 110
   Outros posicionamentos críticos 112
A linguagem da literatura e as vanguardas
   dos anos 1920-1930 116
Novos rumos no processo 119
De volta ao conceito 121

8 LITERATURA, LEITURA E INTERPRETAÇÃO TEXTUAL
Tensões e ambiguidade 125
Texto literário e conotação 127
Literatura, história e ideologia 132
Literatura, singularidade e complexidade 136
Literatura e polissemia 139
Literatura e intertextualidade 141
Funções da literatura 143
Literatura e cidadania 145
Formas de configuração 146

9 CAMINHOS DA LEITURA
Considerações preliminares 151
Por que ler? 152
Reflexões, por oportunas 153

Leituras do texto não literário 156
Rumos do roteiro 157
Instrumental de apoio à leitura 168
   A experiência marcante 168
   O comentário 169
   A sinopse 170
   O resumo 170
   Obras de referência 171
   O dicionário 172
   A enciclopédia 172
A leitura do texto literário 174

10 LEITURA DE TEXTOS

Leituras de textos não literários 181
   Primeiro texto: Brás Cubas em três versões – Estudos machadianos, de Alfredo Bosi 181
   Segundo texto: Invenção do desenho: Ficção da memória, de Alberto da Costa e Silva 186
   Terceiro texto: Uma passagem de um sermão, de Padre Antônio Vieira 187
Leituras de textos literários 189
   Observações prévias 189
   Primeiro texto: A proposição de Os Lusíadas 190
   Segundo texto: "Soneto de separação", de Vinicius de Moraes 197
   Terceiro texto: Um soneto de Camões 202
   Quarto texto: "Cárcere das almas", de Cruz e Sousa 206
   Quinto texto: Memórias póstumas de Brás Cubas, de Machado de Assis 212
   Sexto texto: O conto machadiano: uma leitura 217
   Sétimo texto: Dom Casmurro: "O Enigma Bentinho", de Machado de Assis 236

CONCLUSÃO 251

BIBLIOGRAFIA 253

APRESENTAÇÃO

Há algum tempo, diante das novas tecnologias da informação e comunicação, vem sendo anunciada a extinção do livro no seu formato tradicional.

Situo-me, respeitadas as opiniões em contrário, entre os que entendem que, a curto prazo, não está necessariamente assegurada sua presença e os modos de leitura a ele vinculados ainda são altamente marcantes e significativos.

As oscilações que marcam a dinâmica do processo cultural, as propostas alternativas ainda longe da universalização, as distintas circunstâncias que caracterizam as realidades culturais comunitárias, os milhares de textos publicados no suporte papel que neles seguem circulando estão na base deste posicionamento.

A publicação do presente volume parte deste entendimento, em especial no que se refere à realidade brasileira, ainda fortemente marcada pela exclusão digital.

Acrescente-se que sua elaboração tem como ponto de partida a experiência que vivenciei, nas duas últimas décadas do século passado, na docência de cursos especializados e em seminários de imersão, com planejamento e orientação de minha responsabilidade, atividade que envolveu o diálogo com um público-alvo de mais de vinte mil professoras e professores e, no âmbito empresarial, perto de dez mil profissionais de outras áreas. Funda-se, portanto, numa realidade didática significativa.

No decurso desse trabalho, evidenciaram-se, consensualmente, a partir de manifestações reiteradas, três constatações: a necessidade de uma visão integrada dos inúmeros conceitos relacionados com a escrita e a leitura; a estreita relação entre leitura, conhecimento e repertório cultural; a utilidade da adoção de uma orientação na prática da leitura.

Em função desse constatar-se, nele são explicitadas conceituações e são apresentados roteiros agilizadores da leitura de textos literários e não literários. Sem preocupação com exaustividade. Mais como motivação para uma perspectiva mais abrangente.

Nesse sentido, a obra se faz pertinente, pelo menos até que a cibercultura se imponha avassaladora no cotidiano brasileiro e que o objeto livro no suporte papel perca espaço e sentido, se é que perderá: não é excludente a hipótese da simultaneidade de objetos e modos de leitura, em maior ou menor escala. Muito pelo contrário.

Isto esclarecido, este livro objetiva basicamente evidenciar a vinculação entre leitura do texto e conhecimento do mundo, considerada a dinâmica do processo cultural em que se inserem.

Confere também destaque à relevância da matéria literária como poderoso nutriente do imaginário nacional e ao papel do escritor como testemunha do seu tempo.

Trata, em relação à cultura, da rearticulação, no mundo ocidental, dos conceitos tradicionais, diante da realidade contemporânea globalizada.

Nuclearizado no texto escrito, trata do ato de ler e de sua importância. Centraliza-se em reflexões sobre aspectos relevantes com ele relacionados: a vinculação entre leitura, conhecimento, cultura, comunicação, ideologias, linguagens, língua, literatura e cidadania; a leitura como fonte de prazer e de ampliação de repertório cultural.

No âmbito das conceituações e de seu inter-relacionamento, abre à apreciação crítica considerações sobre vários aspectos: a dinâmica e a relatividade que as caracterizam; o processo linguístico da comunicação; as funções da linguagem; as funções da literatura; a relação entre literatura, história e ideologia; entre literatura e cidadania; entre literatura e contexto histórico e social; o ato de ler.

Procurei, a propósito, ordenar os temas num discurso contínuo e marcado pela concatenação. Alguns foram objeto de ampliações, sempre, entretanto, a partir de questões apresentadas e debatidas pelos participantes dos seminários e dos cursos.

O roteiro relacionado com a leitura de textos não literários visa à otimização do aproveitamento da que prioriza a simples informação e daquela que busca a ampliação de saberes.

Em relação à obra de arte literária, propõe reflexões sobre a sua especificidade, a sua estreita conexão com a língua-suporte em que se concretiza e a representatividade cultural de que se reveste. Aponta múltiplos enfoques que, por sua natureza, o texto de literatura possibilita.

Traz, nessa direção, exemplos de leituras que, entretanto, não devem ser entendidos como modelos rígidos, mas como algumas entre as múltiplas e várias possibilidades que a multissignificação dos textos literariamente representativos coloca à disposição de quem lê. No fundamento, a crença de que um determinado olhar pode mobilizar outros olhares num processo de ampliação do convívio prazeroso e enriquecedor com o texto de literatura.

As definições, por sua natureza sempre perigosas, e as reflexões explicitadas abrem-se à crítica construtiva. Afinal, como escreveu João Cabral de Melo Neto, "Um galo sozinho não tece uma manhã: /ele precisará sempre de outros galos/De um que apanhe esse grito que ele/ e o lance a outro (...)". (MELO NETO, 1994: 345)

Se este livro, no tecido nele traçado, constituir-se em tênue fio da teia de algum amanhecer, pago-me da tarefa, como o Brás Cubas do romance machadiano.

DOMICIO PROENÇA FILHO

1
CONHECIMENTO, COMUNICAÇÃO, LINGUAGEM

CONHECIMENTO, REPRESENTAÇÃO, INTERPRETAÇÃO

Começo lembrando uma determinada fase da infância, a chamada idade das perguntas, aquela em que as crianças surpreendem com indagações da mais variada natureza. Por exemplo:

– Pai, por que é que você tem barba e a mamãe não tem?

– Mãe, como é que eu nasci?

– Vovó, quando a gente morre, vai pra onde?

Trata-se de um comportamento trivial, mas que atende, na verdade, a uma das preocupações fundamentais do ser humano, desde que se entende por gente: saber das coisas. É a lição de Aristóteles: "Todos os homens, por natureza, tendem ao saber." (ARISTÓTELES, *Metafísica*, 2015: 3)

Saber das coisas é o mesmo que conhecer.

Reflitamos:

Cada um de nós, seres humanos, aspira naturalmente ao conhecimento de si mesmo, ao conhecimento do mundo e dos outros e da relação com o mundo e com os outros.

Conhecer implica pensar, dirigir o nosso pensamento para a realidade.

Mas o que se entende por realidade?

A resposta exige, por sua complexidade, leituras ampliadoras.

Podemos entender, com o filósofo Ortega y Gasset, entretanto, que implica a relação entre o ser humano e tudo que o cerca, a sua circunstância.

Podemos também responder à indagação com uma das concepções mais difundidas: a que a equipara a "objeto", entendido no sentido amplo do termo: como aquilo sobre o que pode enunciar-se algo. (MORA, 1968, II: 535)

Enunciar é, por meio das palavras de uma língua, exprimir com clareza o que se deseja comunicar. É fazer, desse modo, que os outros saibam aquilo que quem fala ou escreve *conhece*. Implica o uso de uma linguagem.

A realidade envolve, assim compreendida, a constante relação entre o ser humano, o mundo e o outro, com que convive no mundo. Diz-se numa linguagem.

O conhecimento associa-se estreitamente, portanto, ao pensar e ao dizer a realidade.

A plenitude do conhecer, entretanto, escapa à aptidão do ser humano, em que pese o desenvolvimento científico e tecnológico da humanidade: todo e qualquer conhecimento, nesses termos, implica uma *representação*.

O significado literal de *representar* é, a partir da origem latina, *tornar presente, pôr diante dos olhos*.

O termo *representação*, nesse sentido, refere-se a tornar presente a realidade, para que dela tenhamos uma compreensão mais precisa do que aquela que percebemos e que decorre de imediato dos nossos sentidos. A representação, nesta acepção, vincula-se a variados pontos de vista.

Toda e qualquer *representação*, assim entendida, implica uma *interpretação*.

"O ser humano é a presença de todas as determinações de uma interpretação. Rejeitá-las seria negar a própria existência" explicita o pensador brasileiro Arcângelo Buzzi (BUZZI, 1973: 51), na esteira de cujas reflexões, num diálogo intertextual, perpasso, em paralelo com os textos de outros pensadores, o curso destas primeiras cogitações.

Interpretar, nessa concepção, é ver a realidade a partir de um determinado enfoque. O verbo, como sabemos, remete a outras significações.

Os múltiplos e diversos enfoques que caracterizam a interpretação assim compreendida configuram, ao longo da história humana, várias formas básicas de conhecimento.

Voltemos às perguntas das crianças lembradas no início deste capítulo.

Se, diante da curiosidade do filho, o pai responde, por exemplo, que tem barba porque é homem e a mãe não tem porque é mulher, essa resposta traduz um tipo de conhecimento espontâneo, imediato, o chamado conhecimento ordinário ou comum.

É uma interpretação apoiada na intuição e na tradição. Corresponde a um entendimento referendado pelo passado, herdado dos ancestrais ou evidenciado pela vivência cultural comunitária e incorporado ao nosso repertório de saberes.

Intuição, vale esclarecer, é a faculdade de percepção, discernimento ou pressentimento das coisas independentemente de raciocínio. *Tradição* remete, em termos elementares, ao conjunto de normas transmitidas pela história comunitária passada.

Ao responder à pergunta sobre o nascimento, é comum a mãe dizer que o filho nasceu da sementinha do pai que germinou na sua barriga. A resposta, assim traduzida em linguagem figurada, significa que ele se originou da fecundação do óvulo pelo espermatozoide; situa-se, consequentemente, no âmbito do conhecimento científico, que configura uma interpretação decorrente da observação e da análise.

Se ela responde, no entanto, que foi Deus que o deu de presente à família, trazido por um anjo, o conhecimento é religioso. Trata-se de uma modalidade de conhecimento fundada na *revelação*. Esta se configura, na cultura escrita, nos textos sagrados, como os Evangelhos, o Corão, a Torá, que constituem a *revelação em si*. Na cultura oral, vincula-se a um contexto condicionante, é configurada pela atualização ou pelas modulações de um intérprete. O conhecimento religioso corresponde, assim, a uma verdade *revelada*. Remete a uma interpretação apoiada na fé. A propósito, a fé é um dom. Ou se tem, ou não se tem.

Se, entretanto, a mãe informa que foi a cegonha que o trouxe, estamos frente a uma interpretação não racional, não lógica. Funda-se na intuição e corporifica-se numa linguagem fantasiosa. Corresponde ao chamado conhecimento mítico. Voltaremos a ele, linhas adiante.

A crença de que os bebês são trazidos pela cegonha, vale lembrar, relaciona-se com o fato de tratar-se de uma ave migratória que retorna ao lugar de partida quando a natureza acorda. Há também quem atribua à ave o poder de causar a concepção com um simples olhar. (CHEVALIER & GHEERBRANT, 1999: 218)

Se a avó responde ao neto curioso que a morte é um mistério, que, diante dela, não sabemos para onde vamos, estamos diante de uma interpretação apoiada na reflexão, caracterizadora do conhecimento filosófico.

Compare-se: se ela dissesse que, quando a pessoa morre vai para o Céu, a resposta traduziria conhecimento religioso; se respondesse que, com a morte, tudo se acaba e o corpo se transforma em pó, a explicação se situaria no âmbito do conhecimento científico.

Essas respostas, como se depreende, se fazem efetivamente de várias interpretações de vida. O pensamento navega num oceano de interpretações.

Pensemos na figura de uma pessoa.

Ela pode ser: identificada como um homem ou uma mulher; considerada um composto orgânico e complexo de lipídios, glicídios e protídeos; explicada como feita à imagem e semelhança do Criador; entendida como um descendente de uma primeira mulher e de um primeiro homem habitantes de um lugar paradisíaco; compreendida como um ente à procura de sua essência.

Deixo a você, leitor, a identificação das interpretações correspondentes às modalidades de conhecimento apontadas e configuradas neste exemplo globalizador.

Fácil é constatar que as diversas interpretações se vinculam ao universo cultural de cada um. Quanto mais amplo ele seja, mais aumentam as nossas possibilidades de compreender a realidade do mundo e a nossa capacidade de ultrapassar os possíveis obstáculos do nosso percurso existencial.

Cada uma dessas maneiras de saber, por sua vez, multiplica-se em um grande número de modalidades, como também não é difícil verificar. A Matemática, a Física, a Química, a Medicina, a Informática, por exemplo, são algumas das muitas formas de conhecimento científico.

O conhecimento filosófico envolve várias e distintas doutrinas.

As várias religiões fundamentam-se em interpretações diferentes das relações entre o humano e o divino.

Interpretações mitológicas também variam em função da comunidade em que emergem. Basta lembrar, além da greco-romana, as mitologias de comunidades africanas ou nórdicas.

BREVES CONSIDERAÇÕES SOBRE O CONHECIMENTO MÍTICO

O conhecimento mítico começa a evidenciar-se desde os primeiros tempos em que os seres humanos viviam juntos.

Ele está associado às histórias que contavam sobre a criação do mundo e de todos os seres que vieram a habitá-lo e sobre os deuses que passaram a venerar.

Essas histórias convertem-se em verdades em que todos acreditam; ao longo do tempo, viram *mitos*, cercados de segredo e de mistério.

Mito é, esclareça-se, um termo que remete a inúmeras conceituações, variadas e contraditórias. Marcelino C. Peñuelas, por exemplo, aponta 25, entre elas a de Mircea Eliade, para quem "o mito se define a si mesmo, por seu próprio modo de ser". E mais. "revela a estrutura da realidade e as múltiplas modalidades de ser no mundo." (PEÑUELAS, 1965: 14) O poeta Fernando Pessoa é categórico: "O mito é o nada que é tudo." (PESSOA, 1960: 8)

Como quer que seja, as narrativas míticas envolvem um sentido claro, manifesto, e um sentido oculto ou latente. O modo de relacionar-se dessas duas dimensões significativas, por sua vez, se abre à interpretação, agora no espaço do discurso em que se configuram.

Os gregos e os romanos da Antiguidade, entre outros povos, privilegiaram tal forma de conhecimento. Por meio dele, procuravam explicar, como também acontece em outras comunidades, os fatos da vida, os conflitos e os problemas, por intermédio de um conjunto de relatos – neste caso, a mitologia greco-romana.

Limitada a palavra *interpretação* ao âmbito linguístico, a linguagem mítica, vale acrescentar, abre-se a três modalidades de interpretação do texto em que se configura.

Este pode ser entendido, de forma denotativa e unidimensional, como representação da realidade vivida. É a chamada *interpretação tautegórica*. Esta era a interpretação dominante entre os antigos gregos e romanos. Por denotação, como explicita Mattoso Câmara Jr., compreende-se "a parte de significação linguística que diz respeito, na linguagem, à representação compreensiva em face do mundo objetivo e do mundo subjetivo interior". (CÂMARA JR., 1964: 103)

Pode-se depreender da carga semântica denotativa um sentido diferente do literal, na direção da tradição. É uma interpretação multidimensional, conhecida como *interpretação simbólica*.

A narrativa mítica admite ainda uma leitura para além do que está literal e diretamente expresso. Neste caso: estamos diante da *interpretação metafórica*.

A propósito, recordemos, num resumo, a história de Orfeu, marcada de mitologia.

Orfeu é filho de Eagro, rei da Trácia, e de Calíope, a mais importante das nove musas. Apolo presenteou-o com a lira. Com as musas, ele aprendeu a tocar o instrumento. Sua música encantava a todos os seres da natureza.

Apaixonado pela ninfa Eurídice, que considerava "a metade de sua alma", casa-se com ela, após regressar da expedição dos Argonautas.

Em certa ocasião, Eurídice vê-se assediada pelo apicultor Aristeu, filho do deus Apolo e de Cirene. Também apaixonado, ele tenta violentá-la. A ninfa, desesperada, foge do seu perseguidor. Na fuga, pisa numa serpente. É picada mortalmente e levada ao Hades, morada dos mortos.

Inconformado, Orfeu desce àquelas paragens infernais, na tentativa de trazer de volta a sua amada. Com a sedução de sua música e de sua voz, consegue mover e sensibilizar os juízes.

Mobilizados por tão significativa prova de amor, Plutão e Perséfone, que reinam naquelas plagas, autorizam-no a retornar ao mundo dos vivos com a sua Eurídice.

Impõem-lhe, porém, uma difícil condição: ele iria na frente, sem olhar para trás, até transpor os umbrais do império das sombras e chegar à luz do Sol, pensasse o que pensasse, ouvisse o que ouvisse. Ela, por sua vez, o seguiria.

Caminha Orfeu, seguido da esposa. Chega próximo da luz. De repente, é assaltado por uma dúvida: e se ela não estivesse efetivamente atrás dele? E se os deuses do Hades o tivessem ludibriado?

A impaciência, a incerteza, a saudade e sobretudo a carência levam-no à transgressão do que lhe fora ordenado. Olha para a retaguarda, e vê a sua Eurídice, em sua segunda morte, esvair-se numa sombra. Para sempre.

Orfeu tenta retornar. Em vão. O barqueiro Caronte o impede de fazê-lo.

Desconsolado no limite, fidelíssimo ao seu amor, sem conseguir esquecer a amada do seu coração, o poeta e cantor passa a repelir todas as mulheres da Trácia.

As Mênades, também conhecidas como Bacantes, ofendidas por sua fidelidade à memória da esposa amada, matam-no com violência.

Essa é uma das várias versões da história de Orfeu. (BRANDÃO, 1987: II, 142-143) Em outra delas, por exemplo, sua morte é levada a cabo por mulheres descontentes com os mistérios por ele instituídos e totalmente vedados a elas.

De imediato, a narrativa nos põe diante do sentido manifesto do texto. Ou seja, aquele que se depreende literalmente das palavras que o constituem. Se nos limitamos a esse nível do discurso, estamos assumindo uma interpretação tautegórica. Mas o que se abriga no seu sentido oculto, aquele que se esconde nas entrelinhas?

São várias as interpretações. Explicitemos pelo menos duas delas, em que se aliam a metafórica e a simbólica.

Segundo a versão destacada e comentada por Junito Brandão, a proibição de olhar para trás, por exemplo, considera Orfeu flagrado em delito de apego à matéria, simbolizada por Eurídice. Ao sentir a necessidade de verificar se ela realmente vinha atrás dele, não estaria preparado para a união espiritual com a esposa.

Essa interdição constitui um tabu nas culturas antigas, o *tabu das direções*. Olhar para frente é buscar o desvendamento do futuro, a possibilidade da revelação. Olhar para trás é retornar ao passado, aos erros, é renunciar à verdade e ao espírito.

Orfeu viola a interdição dos deuses. Ousa olhar o invisível. Por essa razão, perde Eurídice, não pode mais tanger a lira e sua voz deixa de ser ouvida.

Fratura-se a *harmonia,* que no sentido grego do termo é a "junção das partes". (BRANDÃO, 1987: II, 142-143)

Passemos à interpretação explicitada por Buzzi.

No primeiro momento, Orfeu representa o ser humano, no seu desejo de vida prazerosa, marcada pelo sentimento, pela confraternização e pela harmonia com todos os demais seres. É a dimensão celeste do amor. Eurídice é o outro lado: incapaz de conviver com o amor celeste de Orfeu, é ferida pelo amor mau, simbolizado pela serpente. O mal a conduz à morte.

O amor de Orfeu, entretanto, é mais poderoso que o amor terrestre: ele sobrepõe-se aos infernos e resgata a amada. Caminha para a luz do amor celeste, vitorioso sobre o mal. Mas não traz a marca da plenitude do ser. E Eurídice, por sua vez, não alcança essa luz, não consegue atingir essa marca. Por isso, desaparece. (BUZZI, 1973: 89-90)

A história traz, na sua latência, entre outras significações a representação do conflito entre o bem e o mal, marca da condição humana.

O mito mereceu, ao longo do tempo, adaptações e atualizações. Entre elas, a *Fabula di Orfeo,* de Angelo Poliziano, no século XV, que, pela primeira vez, leva a história para o teatro; o libreto de Ottavio Rinuccini para a ópera *Eurídice,* de Jacopo Peri e de Giulio Caccini, de 1601; a peça

Orfeu, de Jean Cocteau, publicada em 1927, e *Eurídice,* de Jean Anouilh, representada em 1941. Está também na base da peça de Vinicius de Moraes, *Orfeu da Conceição,* levada ao público em 1956 e depois convertida no filme de Marcel Camus, *Orfeu do carnaval.* É interessante comparar tais textos com o mito original.

Passemos a outros exemplos.

A *Odisseia,* a famosa epopeia de Homero, que trata dos dez anos de peregrinação de Ulisses (*Odisseus*, em grego siciliano) em sua volta ao lar, em Ítaca, teria uma base histórica: a busca do estanho, ao norte da Etrúria. Possuidores do cobre, aqueles helenos dos tempos heroicos, precisados e desejosos do bronze, lançaram-se em busca do metal necessário.

O périplo do herói mascara, na arte do verso, essa busca, com os caminhos abertos pelo descobrimento das rotas marítimas do Ocidente. O poema, na latência do texto, refere-se a este acontecimento histórico.

Nesse plano, em outro poema, o herói volta à pátria, e no espaço da vida privada retorna ao lar e à sua Penélope, a tecedora da esperança. Essa é a base nuclear da *Odisseia*: "o canto do *nostos*, do retorno do esposo, o canto da grande *nostalgia* de Odisseu, o que tinha um destino a cumprir." (BRANDÃO, 1987: 115-116)

O conhecimento mítico, aliás, se explicita sempre por meio de uma narrativa fantasiosa.

AS INTERPRETAÇÕES E O CONTEXTO HISTÓRICO E SOCIAL

A natureza das representações e das interpretações configuradoras do conhecimento, por outro lado, vincula-se à dinâmica do processo histórico e social.

Para Foucault, por exemplo, o conhecimento se organiza, em cada era, a partir de uma série de determinadas regras fundamentais de operação.

As relações entre o mundo e a interpretação do mundo na cultura ocidental são marcadas por modalidades distintas e descontínuas. Variam as visões de mundo e o predomínio desta ou daquela ideologia, varia a orientação da arte. Emergem novas modelizações e novos paradigmas.

Nesses espaços, a liturgia de hoje pode converter-se na heresia de amanhã e vice-versa.

O conhecimento assim situado em todas as dimensões fundamenta a cultura, também submetida à dinâmica do tempo.

As manifestações da arte, entre elas o texto de literatura, testemunham marcadamente as instâncias desta mutabilidade. Ler um texto possibilita a leitura do mundo.

2
CONHECIMENTO, CULTURA, COMUNICAÇÃO

O QUE SE ENTENDE POR CULTURA?

Trata-se de outro conceito carregado de complexidade.

O termo, multissignificativo, remete a mais de 250 acepções, ditadas pelos diferentes enfoques dos especialistas. Corresponde, por consequência, a distintas e várias significações.

Essas significações vinculam-se também, obviamente, à dinâmica do tempo e da variabilidade do contexto histórico-social.

Repassemos algumas conceituações.

Na origem latina, a palavra remete a *culturus*, particípio futuro do verbo *colo*, que significava entre os romanos "habitar", "ocupar a terra", "cultivar o campo". *Culturus* significava "o que se quer cultivar", "o que se vai trabalhar". (BOSI, 1992: 11)

Por extensão, *cultura* refere-se, de um lado, a "trabalho", "esforço", de outro, a "memória do passado intelectual".

No sentido que se tornou mais comum e mais generalizado, o termo é entendido como ***a totalidade das atividades situadas no âmbito das ciências e das práticas estéticas.***

O maior ou menor domínio de tais atividades condiciona os chamados "índices culturais".

Assim situada, a cultura vincula-se à estratificação social. Nesses espaços, implica avaliações qualitativas, segmentos sociais dominantes e perspectivas preconceituosas.

Explicito: em termos de conhecimento comum, uma pessoa é tida como culta quando demonstra familiaridade com manifestações da chamada "alta cultura", a partir da qualificação de um segmento comunitário dominante: obras de arte consideradas representativas, música qualificada como erudita, conquistas da ciência e da tecnologia, domínio do registro do idioma denominado significativamente culto. Quem não estiver familiarizado com tais manifestações é considerado um indivíduo *inculto*, sem *cultura*. Nessa circunstância, é frequentemente alvo de coerção social.

Segundo o linguista Mattoso Câmara Jr., por sua vez, o termo é descodificado como "o conjunto das criações do homem, que constituem um universo humano ou superorgânico, acima do universo físico ou inorgânico ou do universo biológico ou orgânico". (CÂMARA JR., 1964: 97)

Já na visão totalizante da Igreja Católica, explicitada na Constituição Pastoral *Gaudium et Spes*:

> Pela palavra "cultura", em sentido geral, indicam-se todas as coisas com as quais o homem aperfeiçoa e desenvolve as variadas qualidades da alma e do corpo; procura submeter a seu poder pelo conhecimento e pelo trabalho o próprio orbe terrestre; torna a vida social mais humana, tanto na família quanto na comunidade civil, pelo progresso dos costumes e das instituições, enfim, exprime, comunica e conserva em suas obras, no decurso dos tempos, as grandes experiências espirituais e as aspirações, para que sirvam ao proveito de muitos e ainda de todo o gênero humano. (CONCÍLIO VATICANO II, 1996)

Podemos entendê-la ainda, como propõe o professor e crítico literário Alfredo Bosi, como "o conjunto das práticas, das técnicas, dos símbolos e dos valores que se devem transmitir às novas gerações para garantir a reprodução de um estado de coexistência social", e, acrescenta o autor de *Dialética da colonização*, "a educação é o momento institucional marcante desse processo". (BOSI, 1992: 16)

À luz dos conceitos destacados, e considerada a condição do ser humano como integrante de uma comunidade, a cultura envolve saberes, devidamente apreendidos, e a capacidade de valer-se deles para resolver as questões que a vida coloca diante de cada um.

Como é possível depreender das conceituações citadas, cultura implica sociedade. Não existe sociedade sem cultura; não há cultura sem sociedade.

Acrescento mais um conceito, fundado numa ótica socioantropológica: "cultura é o conjunto e a integração dos modos de pensar, sentir e fazer que uma comunidade adota na solução dos problemas da vida humana associativa." (PROENÇA FILHO, 2002: 20)

Perpassemos exemplos clarificadores dessa última acepção.

Entre os "modos de pensar" da comunidade ocidental cristã, situa-se a nossa visão da família nuclear e do processo de sua constituição, diferente, por exemplo, da visão da comunidade indígena brasileira nos tempos coloniais.

O cunhadismo, para explicitar um aspecto, era uma instituição social própria dos silvícolas brasileiros. Consistia em dar ao homem estranho uma moça índia como esposa. Assumida a relação, ela passava à situação de sua temericó e ele passava a pertencer à comunidade.

Ficavam a ele assegurados, deste modo, por força do sistema de parentesco próprio dos aborígenes, vínculos com integrantes da tribo. Os parentes da geração dos pais dela, na sua própria geração, passavam a ser seus irmãos e cunhados. Os da geração anterior convertiam-se, na totalidade, em seus genros e suas noras. (RIBEIRO, 1995: 82-83)

Um "modo de sentir" característico da nossa realidade comunitária é chorar diante da perda de um ente querido. Por outro lado, há grupos comunitários que, por motivos vários, festejam a morte, como ocorre no México, para citar um exemplo. Mesmo no Brasil, a prática do gurufim, comum em determinadas comunidades, associa algo de festa e de tristeza: nos velórios domiciliares, é comum o oferecimento de refeições, o consumo de bebidas alcoólicas, e a prática de música e canto, sobretudo ao longo da noite.

Um dos muitos "modos de fazer" de que nos valemos é o uso de fósforos ou de isqueiros para produzir fogo.

As comunidades indígenas conseguem o fogo ao atritar uma haste de madeira sobre uma base também de madeira: é um traço integrado à cultura que as caracteriza.

A dinâmica do processo cultural, no âmbito do conceito socioantropológico, evidencia duas configurações.

De um lado, há a cultura "feita", que corresponde aos valores e procedimentos institucionalizados e referendados pela sociedade em que se configuram e, de outro, existe uma cultura "fazendo-se" a cada instância do cotidiano comunitário, com maior ou menor índice de erosão.

Em relação à erosão assinalada, atente-se para a aceleração das mudanças que, há algum tempo, marcam a cultura ocidental, para o papel dos meios de comunicação de massa convertidos, na dinâmica do processo, em eficientíssimos agentes culturais, e para a emergência avassaladora das novas tecnologias digitais de informação e de comunicação e suas decorrências.

Não nos esqueçamos da estreita relação entre cultura e ideologia, na medida em que esta última envolve a relativização dos modos de pensar. Trata-se de um termo também polêmico que remete a distintas conceituações.

No âmbito do senso comum, entende-se como *ideologia* o complexo de ideias, de doutrinas, de visões de mundo de um indivíduo ou de um grupo direcionados para as suas ações sociais e políticas.

Sob outra perspectiva, a *ideologia* identifica, à luz do pensamento de Karl Mannheim, o conjunto de conhecimentos produzidos numa determinada época.

O termo remete ainda a um conjunto estruturado de imagens, de representações e de mitos, que determina certas formas de comportamentos, de práticas, de hábitos e funciona como um verdadeiro inconsciente.

Nesse âmbito, o posicionamento de Carlos Sepúlveda, ao vincular cultura e ideologia, é clarificador:

O senso comum entende por cultura apenas uma segmentação, como se fosse um privilégio de classe. Ter cultura ou não ter cultura, dentro desse senso comum, significa deter algum tipo de informação, supostamente sofisticada e que qualifica o detentor dessa informação a se imaginar um sujeito socialmente diferenciado, ciente de sua excepcionalidade intelectual, sofisticado e, não raro, porta-voz das chamadas classes dominantes, orgânica ou tradicional, como se pode dizer em outro diapasão. Estamos a repetir a vulgata da dialética da luta de classes. (SEPÚLVEDA, 2014: 1)

A visão marxista, a propósito, associa o vocábulo, em termos de visões de mundo, assinala Bosi, a "um componente falsificador da realidade, um instrumento retórico forjado pelas classes dominantes para perpetuar a sua hegemonia". (BOSI, 2010: 72)

Diante dos conceitos controversos, o autor de *Ideologia e contraideologia* destaca a hipótese de não se adotar a mesma palavra na designação de conteúdos qualitativamente distintos. Propõe que se mantenha, "por amor da clareza só o significado forte e abertamente valorativo para definir 'ideologia'" e que sejam adotados outros termos para caracterizar o significado difuso, como *"cultura, mentalidade, ideário, estilo de época, contexto cultural amplo, concepção ou visão de mundo, a Weltanschauung* concebida pelo historicismo de Dilthey". (BOSI, 2010: 75)

A palavra *ideologia* se associaria, no âmbito dessa redução do espectro semântico, justifica Bosi, a adjetivos denotadores de

> inequívocas opções políticas ou partidárias, como *autoritária, democrática, reacionária, revolucionária, direitista, centrista, conformista, derrotista, belicista, imperialista, esquerdista, jacobina, nacionalista, cosmopolita, terceiro-mundista* etc. Os respectivos discursos teriam como processo estilístico comum a retórica da persuasão, que jamais duvida, pois sabe de antemão a que conclusão chegar e quais comportamentos pretende induzir e controlar. (BOSI, 2010: 74)

Trata-se de uma solução, segundo o mesmo Bosi, na aparência pertinente, mas não endossada, em geral, pelos teóricos marxistas ou foucaultianos.

A caracterização cultural, por outro lado, admite, tradicionalmente, em termos sociológicos, ampliações e setorizações que permitem tratar de cultura ocidental, cultura europeia, cultura romana, cultura brasileira, entre muitas.

Durante um longo período histórico, a propósito, o traço dominante, no âmbito cultural do Ocidente, é a distinção entre cultura erudita ou alta cultura e cultura popular. Ao fundo, reflexo da estruturação comunitária, reduplicações ideológicas de comportamento.

Na sustentação, o texto escrito e registrado em livro. A alta cultura é, nessas circunstâncias, privilégio de poucos. O citado trecho de Sepúlveda é, nesse sentido, também explicitador.

Ao longo do século XX, as delimitações hierarquizadoras perdem gradativamente seus contornos definidores. Fraturam-se limites. As manifestações culturais ganham amplo espaço de divulgação e democratização. Na dinamização do processo, a ampla atuação condicionadora, em sequência e acumulação, da radiodifusão, do cinema e da televisão. Na decorrência desse atuar, a amplificação da circulação, da comunicação e da participação generalizada na recepção propiciada por essas mídias. Paralelamente à superlativação da difusão dos produtos culturais, os meios de comunicação de massa influem fortemente nos modos de pensar, de sentir e de fazer comunitários. Revestem-se de caráter planetário. E, sintomaticamente, convivem com o livro.

O processo caracterizador dessas mídias, como é fácil constatar, permite a depreensão de traços caracterizadores: a singularização de criadores de produtos culturais, por eles modelizados; um grande número de consumidores aos quais esses produtos, criados por uma minoria, são necessariamente distribuídos; controle da produção e da difusão desses produtos com base nas regras mercadológicas.

MUTAÇÕES NO PROCESSO

Na sequência do processo histórico, por outro lado, ganha presença, na realidade ocidental, o entendimento de que a cultura vai além de um conjunto de ideias e valores sedimentados e condicionadores representativos do modo de ser, da identidade comunitária como um todo: a cultura fundamenta-se na diferença.

Assiste-se há algum tempo ao surgimento de grupos dentro de uma mesma comunidade, configurados a partir da solidificação de afinidades culturais que os aproximam e os identificam. A identidade cultural da comunidade passa a revestir-se de caráter polimórfico. A sociedade pós-moderna traz a marca da segmentação. Ganha vulto uma configuração comunitária multicultural.

Os conceitos explicitados permitem concluir, a propósito, que *Cultura* envolve *tradição* e *mudança*. Tradição remete, etimologicamente ao vocábulo *traditione*, que, em latim, significava "entrega", "transmissão".

Vale dizer: uma cultura se vincula a posicionamentos, procedimentos e sentires marcados pela repetição de condutas normativas, mas está também submetida a transgressões, por força da dinâmica do processo que a caracteriza. Até porque a repetição nunca é serva da exatidão, como aponta George Yúdice, no livro *A conveniência da cultura*, base para as considerações que seguem e com as quais dialogo e que se abrem à apreciação crítica. (YÚDICE, 2013: 61)

Em outras palavras, a cultura como sistema alimenta-se de nutrientes de duas naturezas: de um lado, as mudanças, de outro, as tentativas de recuperar a tradição. Tradição e mudança configuram, respectivamente, uma visão conservadora e uma visão progressora.

Entre os movimentos radicais de mudança, situa-se a chamada contracultura, conceito também complexo, o que não impede breves comentários.

Em sentido restrito, a palavra contracultura se refere ao movimento de mobilização e contestação emergente na década de 1950, com culminância nos anos de 1960, notadamente nos Estados Unidos da América e na América Latina.

Na sequência, uma posterior expansão globalizadora. No protagonismo, os jovens. Na veiculação, os meios de comunicação de massa. No ideário dominante, o questionamento dos valores então vigentes e institucionalizados na cultura ocidental e das normas e padrões reguladores de comportamento, a negação da visão de mundo dominante, em especial no âmbito da organização familiar e da religião. No *modus faciendi*, estilos caracterizadores de fraturas nas normas então em vigor da cultura institucionalizada, notadamente cultuadas pelas famílias mais conservadoras. É o tempo da *beat generation* e do movimento *hippie*.

Em sentido amplo, o termo designa um estado de espírito, uma forma de enfrentamento e contestação de valores vigentes e posicionamentos institucionalizados marcada pela oposição à ordem dominante. Nessa acepção, é não datado. Pode emergir em distintos momentos, em épocas diferentes, com função social revigoradora.

No rumo das mutações que acompanham o processo cultural ao longo da história do Ocidente, assinala o citado George Yúdice, presentifica-se uma das premissas fundamentais da modernidade: torna-se presente uma erosão da tradição. Esta, ainda que salvaguardada na esfera doméstica, estaria sendo alvo do desgaste e dos efeitos decorrentes das frequentes oscilações da industrialização e da estruturação do trabalho.

Na esteira desse erodir-se e no contexto social, político e discursivo da realidade ocidental, a cultura passa a ser vista, desde as últimas décadas do século XX e mais acentuadamente, no alvorecer do século atual, como mobilizadora de investimento.

Nessa circunstância, passa a constituir, nas suas distintas manifestações, elemento de atração em termos de desenvolvimento da economia e do turismo, e de mobilização das indústrias dependentes de propriedade intelectual.

A cultura passa a configurar-se como *recurso*, em termos econômicos e mercadológicos.

As manifestações culturais passam a revestir-se de alta rentabilidade: convertem-se em investimentos mobilizadores. Ganha vulto a indústria cultural.

Esse novo aspecto, no entendimento de Yúdice, incorpora as diferenças singularizadoras dos conceitos de alta cultura e de cultura de massa, diferenças que terminam por perder presença.

Ao ocuparem espaços globalizados, tais manifestações conduzem, por outro lado, a uma revisão da natureza e dos limites de sua vinculação com a identidade nacional. Várias entre elas começam a ganhar dimensões transnacionais.

Por força da dinâmica do processo por meio do qual se insere na realidade mundializada, a manifestação cultural, no âmbito das práticas estéticas, das práticas simbólicas, ou no espaço de determinados comportamentos comunitários, converte-se também em elemento de força na solução de problemas de caráter social, político e econômico.

Essa nova circunstância põe em questão a natureza descompromissada de que a cultura tradicionalmente se revestia. Lembremos alguns fatos, facilmente verificáveis.

A restauração de monumentos, de prédios e de espaços, antes vinculada essencialmente à preservação do patrimônio cultural, passa a associar esse objetivo, entre outros aspectos, a um retorno financeiro significativo, em termos de turismo, de desenvolvimento urbano e, em decorrência, da ampliação de oportunidades relacionadas com mão de obra, vale dizer, geração de empregos e recursos materiais.

No âmbito das práticas artísticas, tem lugar, ao lado da divulgação e da promoção em dimensão maior, a ampliação de público consumidor e de resultados altamente compensatórios em termos financeiros. Os grandes festivais de música, as mostras de cinema, as feiras de livro, nacionais e internacionais, por exemplo, envolvem orçamentos de grande volume e uma infraestrutura que exige um apoio logístico complexo. Na consequência, utilização de recursos materiais e humanos. Atividades musicais, teatrais e esportivas, por outro lado, propiciam movimentos de integração social.

A cultura, assinala ainda George Yúdice, passou a ser, desse modo, um investimento altamente atrativo para a empresa privada. Com uma condição, capitalisticamente previsível: o possível investimento só é pertinente com a garantia de alguma compensação, ainda que indireta: incentivos fiscais, comercialização institucional de valor publicitário, conversão de atividade comercial em não comercial.

A manifestação cultural passa, portanto, a revestir-se, com decorrências previsíveis, de um caráter utilitarista, ultrapassando assim o descompromisso da "cultura pela cultura".

O apoio às artes pelo Estado tal como se caracterizava anteriormente há muito cedeu lugar a parcerias entre o setor público e instituições financeiras nacionais e internacionais.

No Brasil, a Lei Rouanet exemplifica a participação do setor público no incentivo às manifestações da cultura e, por outro lado, a ação do setor privado e sua preocupação com a função social da empresa no incentivo à produção cultural, à divulgação e à preservação dos bens culturais.

Bancos, fundações, empresas brasileiras e multinacionais assumem o patrocínio das mais variadas manifestações da cultura. Intra e além-fronteiras.

É frequente o estímulo a projetos ligados ao desenvolvimento cultural urbano, como forma de crescimento econômico.

A indústria cultural, notadamente no âmbito do entretenimento, implica o estreito relacionamento entre cultura e desenvolvimento da economia.

Sob o novo enfoque sumariamente delineado, o investimento na cultura assume caráter prioritário, em termos de preservação, produção e estímulo.

A centúria atual deixa perceber uma aceleração superlativada do processo de mudança.

CULTURA E MUNDO VIRTUAL

Paralelamente à emergência da cultura como recurso, o advento e o desenvolvimento de novas tecnologias de comunicação e de informação têm conduzido, mais acentuadamente nos chamados países desenvolvidos, a novas configurações culturais. Altera-se profundamente a dinâmica própria da cultura de massa.

Para um breve esboço, sigo na esteira das reflexões do pensador Pierre Lévy, entre outros, com quem dialogo criticamente.

Inicialmente, cabe advertir que a caracterização pretendida nucleariza-se *na cultura fazendo-se* no cotidiano da contemporaneidade, com fatores evidenciados, gradativamente, a partir da última década do século passado.

A proximidade histórica com os acontecimentos, desde logo, reveste as conclusões sobre a matéria de relativismo e de caráter polêmico.

À luz desta necessária ressalva, permito-me o destaque de alguns fatos e algumas observações, abertas à reflexão.

Na base deflagradora e mobilizadora do novo, destacam-se a invenção e a utilização dos computadores, em especial dos computadores pessoais.

Sua presença na vida comunitária começa a evidenciar-se nos anos de 1970, ganha ampliação na década seguinte, para indiciar aspectos culturais a partir de 1990.

A interconexão globalizada decorrente de seu uso dá origem ao *ciberespaço*, uma *realidade virtual*.

Entende-se por ciberespaço, na conceituação de Pierre Lévy, "o espaço de comunicação aberto pela interconexão mundial dos computadores e das memórias dos computadores". (LÉVY, 2014: 74) Na medida em que estes transmitam informações oriundas de fontes digitais ou que se destinem à digitação, abrange os conjuntos de redes telefônicas e hertzianas clássicas.

Virtual é mais uma palavra multissignificativa.

No sentido comum, sabemos, significa irreal, ilusório, falso, imaginário.

No âmbito do conhecimento filosófico, remete ao que "existe em potência, e não em ato", ou seja, existe sem estar presente. É o caso, por exemplo, das palavras de uma língua, consideradas no âmbito do sistema que integram e não na atualidade da manifestação verbal.

No espaço da tecnologia de informação, como explicita ainda Lévy, indica, no sentido de "possibilidade de cálculo computacional", um "universo de possíveis calculáveis, a partir de um modelo digital de entradas, favorecidas por um usuário".

Associada a mundo (*mundo virtual*), refere-se, no sentido tecnológico estrito, à "ilusão de interação sensório-motora, como um módulo computacional".

O ciberespaço engloba ainda, ao lado da infraestrutura material da comunicação digital, o vastíssimo volume de informações que o frequenta e os indivíduos que nele interagem.

Nesse lugar abstrato, ganha presença a *comunidade virtual*, ou seja, um grupo de pessoas que se comunicam mutuamente por meio de computadores.

Na dinâmica desse processo de intercomunicação, o final da década de 1980 e os começos dos anos 1990 assistem a uma aceleração vertiginosa do número de máquinas conectadas à rede.

Começa a desenhar-se, a partir dessa realidade, no chamado Primeiro Mundo, um movimento sociocultural novo. Na origem, a juventude metropolitana escolarizada e culta; nas diretrizes orientadoras, inter-relacionadas, interconexão, criação de comunidades virtuais, compartilhamento, invenção coletiva, abertura para o outro; na ação, a marca da coerência e da autonomia.

Esse movimento, independentemente de qualquer liderança orientadora, assume, gradativamente, com maior ou menor presença, amplitude planetária.

Na decorrência, uma nova corrente cultural, marcada de espontaneidade e de imprevisibilidade, impõe novas dimensões ao desenvolvimento tecnoeconômico.

No âmbito dessa ampla heterocomunicação, assinala Lévy, fermentam novas ideias, projetos sociais, interesses econômicos, estratégias de poder, mobilizações de massa, enfim, todas as decorrências da interação dos seres humanos em sociedade.

A informação virtualizada implica mudança global no comportamento comunitário que a ela se vincula.

Configura-se o que vem sendo chamado, não sem questionamentos, de cibercultura (*cyberculture*), uma nova instância cultural que passa a exigir a construção de novos modelos de conhecimento.

Destacam-se como elementos impositivos dessa exigência, entre outros: emergência de instâncias de conhecimentos não lineares, em fluxo, que se organizam em função de objetivos e contextos; ausência, em consequência, da necessidade de planejamento e definição precisa do que é preciso aprender; percursos e perfis de competência organizados para todos.

Os rumos da cibercultura, de fato, impõem, em decorrência, um novo desafio em várias instâncias comunitárias.

Exigem, por exemplo, reformulação radical dos sistemas de educação e de formação. Basta lembrar a aceleração do progresso científico e tecnológico e o que representam em termos de desenvolvimento de competência cognitiva: o conhecimento atual rapidamente se torna ultrapassado. Esse ritmo acelerado de mudança impõe a necessária adequação. O processo educacional passa a exigir urgentes metodologias de superação.

Conferem nova natureza ao trabalho, em termos de capacitação profissional, por força de novas exigências diante da aceleração assinalada.

Marcam as práticas estéticas de características inovadoras. A ponto de admitir-se a existência de uma ciberarte.

Nessa direção, há estudiosos que identificam algumas características singularizadoras, notadamente em termos de criação e de apreciação.

A mais presente é a efetiva coparticipação nas obras.

A produção individualizada de um sentido cede lugar à coprodução. O usuário "é chamado a intervir diretamente na atualização de uma sequência de signos ou de acontecimentos". (LÉVY, 2014: 138) O artista perde primazia como autor de propostas. Converte-se num "iniciador". Entenda-se por atualização a materialização, a exibição, a edição, o desenvolver-se efetivamente aqui e agora.

A essa coparticipação vinculam-se, de certo modo, "processos de criação coletiva". A organização desses processos implica: a colaboração entre "iniciadores" e coparticipantes; a presença em rede de vários "iniciadores" concorrendo à mesma produção; o registro de vestígios da interação ou do percurso que culminam por constituir a obra; a colaboração, de artistas, engenheiros, entre outras.

Associada a esses traços, configura-se "a criação contínua". A obra virtual é aberta, mas em termos de construção, e não, como acontece com a obra tradicional, no âmbito apontado por Umberto Eco, "de uma pluralidade de significados que coexistem num único significante". (ECO, 1965: 9)

Em consequência, cada atualização acrescenta um novo aspecto, as múltiplas interações possibilitam a imprevisibilidade de formas. Perde relevância o instante de concepção ou de materialização da obra. A música tecno é pródiga em exemplos.

Emergem formas e gêneros específicos da ciberarte.

Entre outros aspectos, a imagem abre-se à imersão: perde sua exterioridade como espetáculo. "A representação é substituída pela virtualização interativa de um modelo, a simulação sucede à semelhança. O desenho, a foto, o filme ganham profundidade, acolhem o explorador ativo de um modelo digital, ou até de uma coletividade de trabalho ou de jogo envolvida com a construção cooperativa de um universo de dados." (LÉVY, 2014: 152)

A ciberarte, em processo, ressalte-se, envolve, dessa forma, novos paradigmas e exige, em decorrência, novos critérios de apreciação. No mínimo.

Importa assinalar que a cibercultura é instância cultural em processo: envolve um horizonte em aberto. Além de, por essas mesmas razões, envolver posições divergentes a propósito de sua configuração.

Como quer que seja, põe em questão a "ilusão de totalidade" própria do ser humano.

A propósito, cabe destacar mais um pronunciamento de Pierre Lévy:

> Todos temos necessidade, instituições, comunidades, grupos humanos, indivíduos, de construir um sentido, de criar zonas de familia-

ridade, de aprisionar o caos ambiente. Mas, por um lado, cada um deve reconstruir totalidades parciais à sua maneira, de acordo com seus próprios critérios de pertinência. De outro lado, essas zonas de significação apropriadas deverão necessariamente ser móveis, mutáveis, em devir. (LÉVY, 2014: 163)

Essa, a grande abertura, o desafio que a cibercultura nos põe diante, no alvorecer do século XXI.

E vale acrescentar: a presença do texto na tela do computador, matizado de novas circunstâncias, possibilita, entre outros aspectos, não a leitura estática, mas uma leitura dinâmica do mundo.

E mais: a cibercultura em processo convive, com maior ou menor presença, em função das distintas realidades comunitárias em que se presentifica, com as configurações tradicionais hierarquizadoras, com a cultura de massa, marcada pela mescla e pela democratização, altera a dinâmica estruturadora da cultura como recurso.

No âmbito do ciberespaço, o livro como objeto físico, no modelo fixado tradicionalmente, encontra-se em questão.

Nuclearmente, esse modelo caracteriza-se por três possibilidades: ser feito de matéria verbal (palavras); constituir-se de matéria visual (desenhos e/ou imagens), associar elementos verbais e visuais (palavras, desenhos e/ou imagens).

Tais características cedem lugar, no ciberespaço, a duas instâncias: à mera transcrição digitalizada do texto tradicional e ao aplicativo, que envolve texto, hipertexto, imagem, movimento, música.

A prevalência dessa nova configuração, entretanto, ainda enfrenta resistências significativas.

As livrarias, as feiras de livro espalhadas pelo mundo, as bibliotecas tradicionais, os índices de leitura atestam significativamente a presença do modelo tradicional. Não há indícios, por ora, de sua plena e planetária substituição. Antes pelo contrário.

CULTURA, CIDADANIA E JUSTIÇA SOCIAL

Compreenda-se cidadania como a qualidade ou estado de cidadão, este entendido em sua tríplice condição: como habitante da cidade, no convívio comunitário; como indivíduo no gozo dos direitos civis e políticos de um Estado e no desempenho dos seus deveres para com esse Estado; como ser humano.

A condição de habitante da cidade envolve identificação e integração comunitárias, com a decorrente segurança de ter um espaço de referência, um domicílio, e de pertencer a um grupo.

A segunda acepção é a mais generalizada. A plenitude da cidadania, nesse caso, define-se pela posse da totalidade dos direitos assinalados: civis, políticos e sociais.

Quem só usufrui de parte desses direitos é considerado um cidadão incompleto. O indivíduo que não desfruta de nenhum deles não é, obviamente, um cidadão.

Ainda no âmbito dessa segunda significação, cidadania implica, tradicionalmente, universalização, isto é, garantia de direitos e obrigação de deveres concernentes a todos os integrantes de uma nação.

Constituem direitos civis, é sempre oportuno lembrar, os direitos à vida, à liberdade, à propriedade, à igualdade diante da lei. Envolvem, na síntese do historiador José Murilo de Carvalho:

> a garantia de ir e vir, de escolher o trabalho, de manifestar o pensamento, de organizar-se, de ter respeitada a inviolabilidade do lar e da correspondência, de não ser preso a não ser pela autoridade competente e de acordo com a lei, de não ser condenado sem processo legal e regular. (CARVALHO, 2014: 15)

Os direitos civis fundamentam a independência, a eficiência e a plena acessibilidade da justiça social.

Os direitos políticos vinculam-se à participação do indivíduo no convívio da sociedade que integra. Não se revestem da universalidade. Limitam-se a parte da comunidade. Caracterizam-se basicamente pela capacidade do cidadão de assumir a ação política na organização partidária, na condição de votar e ser votado. É comum a sua identificação com o direito de voto. Implicam, necessariamente, direitos civis.

Os direitos sociais são aqueles que asseguram a participação dos indivíduos na riqueza coletiva da sociedade. Estão entre eles o direito à saúde, à educação, ao trabalho, ao salário justo, à aposentadoria. Tais direitos fundamentam a justiça social.

A situação de ser humano amplia e planetariza os espaços da cidadania, em destaque os direitos de cada indivíduo, em termos abrangentes para cada um.

À explicitada conceituação convencional contrapõe-se, no bojo da dinâmica do processo cultural e a partir de uma perspectiva multiculturalista, o conceito de cidadania cultural.

Esclareço.

Essa nova conceituação, formulada por Renato Rosaldo, vincula-se à identidade cultural. Implica a não exclusão da participação nas esferas públicas de uma determinada constituição política de grupos constitutivos da comunidade unidos por determinados aspectos singularizadores, sejam eles de caráter físico, social ou cultural, com base em tais aspectos ou características. (ROSALDO, *in* YÚDICE, 2013: 45)

Entre estes aspectos, estão, por exemplo, marcas de etnia, determinados procedimentos diferentes das normas peculiares ao sistema de valores consagrado pela comunidade como um todo, práticas religiosas ou lúdicas próprias.

A vinculação entre cultura e comunidade envolve, ainda entre outros aspectos, preocupação com os mesmos direitos e com a justiça social, base dos direitos sociais.

Evidencia-se ainda a estreita relação entre cultura e sedimentação da sociedade civil, que cada vez mais destaca o convívio das diferenças.

Assumem forte presença, em decorrência, movimentos de afirmação de identidade cultural fundados na preservação de manifestações culturais peculiares, seja na arte, na religião, na culinária ou na defesa da participação igualitária na comunidade.

Passou também a ser consensual, desde o final do século XX, o entendimento da relevância da manutenção das tradições culturais para a preservação da biodiversidade, estreitados os laços entre cultura e natureza.

Em termos de comunicação e formação de opinião, tem-se evidenciado, na atualidade, a relevância da internet como veículo de eficiente informação e de rápida mobilização, como o demonstram as recentes manifestações de rua em vários lugares do planeta.

CULTURA E AÇÃO COMUNITÁRIA

É comum e quase imperativa, já há algum tempo, a utilização, com novos matizes, das manifestações culturais na melhoria das condições sociais comunitárias, no equilíbrio do convívio multicultural e na associação a movimentos de defesa dos direitos culturais e da cidadania cultural. A cultura ganha cada vez mais relevo na direção da coesão social e da democracia.

As manifestações culturais, notadamente no espaço das artes e do esporte, passaram a ser compreendidas como capazes de contribuir para a melhoria da educação, para diminuir conflitos étnicos, para abrir espaços de criação de empregos.

Os exemplos se multiplicam. Para ficarmos apenas na realidade brasileira: a mobilização de crianças e jovens de comunidades carentes na participação de atividades artísticas e desportivas, como a formação de grupos de dança e da prática de esportes vários; a emergência de manifestações musicais próprias em grupos comunitários da periferia das grandes cidades, como o Rio de Janeiro; os movimentos de ação afirmativa ligados à identidade cultural da etnia negra, entre outros.

Tenha-se em conta que a nova feição da cultura associa-se ao grau de desenvolvimento da comunidade em que se configura. Distintas são, por consequência, as dimensões e o tratamento das manifestações culturais em países desenvolvidos e em países em desenvolvimento.

Num momento histórico do mundo caracterizado por profundos conflitos ligados a identidades culturais e à cidadania, a nova percepção e os novos dimensionamentos da cultura assumem uma relevância significativa.

As posições brevemente explicitadas e a assunção deliberada das referências objetivam apenas converter-se num elemento mobilizador de reflexão crítica, como ponto de partida. Estão longe da exaustividade. A matéria, obviamente, exige, para um entendimento mais profundo, a leitura de obras especializadas. Ainda uma vez, evidencia-se a importância do livro e do ato de ler.

CULTURA E COMUNICAÇÃO

A Cultura, na perspectiva sociológica, integra saberes, fazeres e sentires inerentes à dinâmica da vida comunitária.

Mas como se desenvolve? Como é ampliada?

A resposta nos conduz à segunda preocupação fundamental da nossa condição de seres humanos: *transmitir a alguém o que sabemos.*

Transmitir o que sabemos é o mesmo que *tornar comum* a outrem os nossos conhecimentos, as nossas interpretações da realidade. Essas interpretações envolvem o que pensamos, o que sentimos, o que fazemos, o que queremos, os nossos estados de espírito, ou o que captamos do mundo que nos cerca.

Tornar comum é o mesmo que *comunicar.*

Comunicar implica *informar* algo a alguém. A comunicação, por consequência, é entendida, em sentido restrito, como *a troca de mensagens entre os seres humanos.* Restrito, porque o ato de comunicar envolve outros seres e outros espaços.

Alguns animais, de alguma forma, também se comunicam. Existem, há algum tempo, estudos sobre a "linguagem" das abelhas, das formigas, dos golfinhos, dos cães e dos macacos. Constatou-se ainda que algumas aves se comunicam por meio de determinado tipo de canto na ocasião do acasalamento.

É também conhecida a comunicação de sistemas próprios do interior do indivíduo, como os sinais transmitidos pelos feixes de nervos do organismo.

Com os avanços tecnológicos tornou-se corriqueira também a comunicação dos seres humanos com as máquinas, como os comunicadores eletrônicos e a comunicação, de alguma forma, entre esses comunicadores.

Em sentido amplo, portanto, a comunicação é entendida como *a troca de mensagens*. Por *mensagem* entenda-se uma determinada formatação de informações gerada por um emissor para permitir a sua inteligibilidade por um receptor.

As pessoas só podem comunicar aos outros, entretanto, aquilo que conhecem. Quanto mais ampliamos os nossos conhecimentos, quanto mais dominamos as múltiplas *interpretações* da realidade da vida, maior é a nossa capacidade de comunicação.

Não é só quem não se comunica que se complica: quem não tem o que comunicar também costuma sair-se mal.

Cada indivíduo encontra, desde que nasce, um mundo de conhecimentos que lhe vai sendo transmitido pela sociedade, por sua vez herdeira de conhecimentos anteriores e aberta a novas interpretações.

A vida é como um rio eternamente a fluir; ninguém se banha duas vezes nessas águas, como aponta Heráclito, outro filósofo grego de forte presença no Ocidente.

A tipologia da comunicação, dependendo do ponto de vista, também é múltipla e variável.

Em termos de espaço, é possível distinguir dois tipos: a *comunicação próxima* e a *telecomunicação*.

No primeiro caso, os interlocutores encontram-se no mesmo lugar e se valem dos canais naturais de que dispõem: falar, escutar, tocar etc. A segunda modalidade concretiza-se por meio de um canal artificial, que vai desde os tubos acústicos de um passado já bastante longínquo, a uma tecnologia cada vez mais sofisticada que envolve satélites artificiais entre outros recursos.

Em outro enfoque, tem-se a *comunicação bidirecional* e *comunicação unidirecional*. A primeira é usada no âmbito da educação a distância, remete ao ato de comunicar em que existe diálogo entre o aluno e o professor ou instituição, permitindo apoio maior no processo de aprendizagem. Implica, necessariamente, diálogo e participação crítica. A comunicação unidirecional se define quando uma determinada estação transmissora ouve outras sem conseguir ser ouvida.

Com base em mais uma perspectiva, situam-se a *comunicação interindividual* e que se dá entre dois interlocutores, e a *comunicação de difusão*, na qual um único emissor comunica-se, simultaneamente, com um grande número de receptores, como se evidencia nos meios de comunicação de massa, como o rádio, a televisão, e em grande escala, a internet, em especial nas redes sociais. Estas últimas envolvem dois novos aspectos: possibilitam a comunicação de todos com todos e a simultaneidade da informação e do fato informado.

Comunicação implica linguagem.

3
LINGUAGEM, SIGNO, LÍNGUA

CONCEITOS E INTER-RELAÇÕES

Uma das características da nossa condição de seres humanos é a permanente e complexa interação com a realidade, apreendida de várias maneiras, por exemplo, por meio dos cinco sentidos.

As informações, os sinais que a vida põe diante de nós, como explicita Iuri Lotman, exigem que os decifremos e os transformemos em *signos*, capazes de permitir-nos a leitura do mundo e a comunicação com as pessoas. É condição que se impõe ao nosso desempenho na luta pela sobrevivência.

Isso significa transformar essas informações e esses sinais, para garantia de sua efetiva compreensão, em elementos de uma *linguagem*. É essa compreensão que propicia a plenitude do aproveitamento de importantes oportunidades no nosso percurso existencial.

As linguagens de que nos valemos para transmitir alguma mensagem envolvem *signos* de diferentes modalidades.

Certos teóricos, cumpre assinalar, entendem que a linguagem, ao converter as informações em signos, ultrapassa as limitações da apreensão sensorial para permitir um desvelamento (um "retirar de véus") da realidade em relação a quem dela se utiliza. Ela se converte no "principal senão único modo de organizar o caos dos universais físicos". (FOWLER, 1970: 189)

Linguagem, entretanto, é mais um termo que divide os estudiosos. Alguns chegam a encará-lo com ceticismo. As conceituações vinculam-

-se como acontece, entre outros, com cultura e ideologia, à variedade dos enfoques a partir dos quais são formuladas.

Para Antenor Nascentes, o termo refere-se a "todo sistema de sinais que deem a seres conscientes a possibilidade de estabelecerem relações entre si". Lotman, a propósito, define linguagem como "todo sistema de comunicação que utiliza signos organizados de modo particular".

Por sistema entenda-se um conjunto organizado de elementos que operam solidários na configuração do todo.

A condição de *sistema* implica a interdependência dos elementos que o integram; o sentido de cada um está estreitamente vinculado ao conjunto de que faz parte.

Signo é outro termo cuja conceituação envolve várias interpretações. Em sentido geral, é *qualquer elemento que, sob certos aspectos, e em certa medida, representa outro.*

Trata-se, em princípio, da associação de uma forma a uma ideia. Esse é um aspecto que o distingue do *sinal* frequentemente tomado como sinônimo. Para alguns, entretanto, o sinal consiste em marca, voluntária ou involuntária, a que não se agrega a intenção de transmitir ideias.

Nesse sentido, as pegadas de um atleta no caminho percorrido são sinais. Essas mesmas marcas numa calçada de cimento como registro para a posteridade convertem-se em signos.

Inicialmente, a palavra "signo" denotava alguma coisa que, cortada e separada de outra, a representava. Ao fundo, *signum*, um dos tempos primitivos do verbo latino *secare*, cortar.

O linguista Charles Peirce, para lembrar uma das várias teorias sobre o termo, concluiu que podemos, em princípio, identificar três modalidades de signos.

Há um signo que reproduz parte do que representa e é chamado índice ou índex. Por exemplo: uma impressão digital. Outra modalidade caracteriza-se pela analogia ou semelhança com o que representa, e é conhecida como ícone. Uma fotografia e uma estátua são ícones.

Existe um signo baseado numa convenção; é o chamado *símbolo*. Os sinais de trânsito, a bandeira de um país, as palavras de uma língua são signos-símbolos.

Essas modalidades possibilitam superposições.

Se, diante de uma cruz, vemos nela apenas um instrumento de flagelação, ela é um ícone; mas, se a consideramos uma representação do cristianismo, constitui um símbolo.

Se uma impressão digital é usada como representação de uma instituição ou uma empresa, ela envolve as três modalidades: é um ícone, ao corresponder à reprodução da superfície de um dedo; é um índice se entendida como parte de uma pessoa; é um *símbolo*, na condição de representação da entidade ou empresa.

Podemos entender ainda linguagem, levando em conta sua função, como uma forma de organizar o mundo que nos cerca.

Já na definição do linguista Émile Benveniste, *a linguagem é um sistema de signos socializado*.

O adjetivo "socializado", presente na conceituação, assinala Francis Vanoye, "remete claramente à função de comunicação da linguagem". (VANOYE, 1998: 21)

À luz dos *Parâmetros Curriculares Nacionais,* estabelecidos pelo Ministério da Educação para o terceiro e quarto ciclos do ensino fundamental, linguagem é fundamentalmente "ação interindividual orientada para uma finalidade específica; um processo de interlocução que se realiza nas práticas sociais existentes nos diferentes grupos de uma sociedade, nos distintos momentos de sua história". (Brasil, MEC, 1997: 23-24)

No mesmo documento, afirma-se ainda que a linguagem verbal possibilita não só a representação do pensamento e da ação próprios e alheios, mas também serve para comunicar ideias, pensamentos e intenções de diversas naturezas e, desse modo, influenciar o outro e estabelecer relações interpessoais.

Podemos ainda defini-la, na lição clássica de Ernst Cassirer, configuradora de um sentido restrito, como "a faculdade que o ser humano tem de expressar seus estados mentais por meio de um conjunto de sons vocais chamado língua, que é, ao mesmo tempo, representativo do mundo interior e do mundo exterior". (CASSIRER, 2003: 91-92)

Assim conceituada, a linguagem envolve, como assinala o linguista Eugenio Coseriu, um aspecto psíquico (linguagem virtual) e um aspecto propriamente linguístico (linguagem realizada). A linguagem realizada abrange, por sua vez, o ato linguístico (realidade imediata) e o repertório dos atos linguísticos (material linguístico).

Em função desses termos, a *língua* constitui um conjunto organizado de aspectos comuns aos atos linguísticos.

Também restrita e dentro da mesma linha de pensamento é a conceituação de Tatiana Slama-Cazacu, ao afirmar que a linguagem "é um conjunto complexo de processos – resultado de uma certa atividade psíquica profundamente determinada pela vida social – que torna possível a aquisição e o emprego concreto de uma língua qualquer". (SLAMA-CAZACU, 1961: 20)

LINGUAGEM E LÍNGUA

As duas últimas conceituações referem-se especificamente à *linguagem falada e articulada*, ou seja, àquela que se concretiza numa língua. "Articulado" vem do latim *articulu*, diminutivo de *artus*, que queria dizer "pequeno". O sistema língua se faz do arranjo integrado de unidades mínimas, como os fonemas e os vocábulos.

Não nos esqueçamos de que a língua é viva e acompanha a dinâmica da cultura em que se insere.

As demais formas de comunicação, caraterizadoras de sentido amplo, envolvem signos de outra natureza. A comunicação pode efetivar-se, como constatamos no nosso cotidiano, por meio de gestos, de desenhos, de cores, de sons, da roupa que vestimos e da combinação desses elementos. Assinalemos alguns exemplos.

O dedo indicador esticado pode indicar um caminho, uma pessoa, um objeto.

Na Roma antiga, na versão amplamente divulgada pelo cinema nos filmes de época, o polegar abaixado indiciava a morte de gladiadores vencidos. Erguido, significava a preservação da vida. Na atualidade é, voltado para cima, sinal de algo positivo.

Desenhos em placas de trânsito indicam direções, interdições, perigos.

As cores dos semáforos ganham significação ao orientarem o fluxo de pedestres e veículos.

O soar da trompa pelos caçadores era usado, na Idade Média, como forma de sinalização e de comunicação dentro das florestas. Atualmente é usado, em certas circunstâncias, para anunciar a chegada de alguém importante ou o começo de alguma celebração.

O som dos sinos das igrejas, em alguns casos eletrônico, continua chamando os fiéis à oração ou simplesmente marca algumas horas do dia.

Na alegria das escolas de samba, o som da bateria comanda o ritmo e o do apito é o guia dos ritmistas.

O mesmo apito, na boca do guarda de trânsito, emite sons que orientam o movimento dos veículos nas ruas das cidades e nas estradas do mundo. Assinala ainda ocorrência de infração, quando usado pelo juiz, em diversos prélios esportivos.

O corpo comunica: o riso descontraído, por exemplo, traduz um momento alegre.

Uniformes indiciam profissões.

É comum, no cotidiano da comunicação, a associação de gestos e sinais gráficos, como, por exemplo, em mensagens como "Você é D+"; a união de gestos e palavras, como um movimento de adeus; a união de sinais gráficos, imagens, cores, palavras, como em certos cartazes de publicidade.

O rádio se vale do emprego simultâneo e integrado da palavra falada, de sons específicos e da música. A esses aspectos, o cinema e a televisão acrescentam imagem e palavra escrita.

O espaço virtual abre-se a inúmeras formas de transmissão de informações e a novos tipos de signos.

Essas características conduziram à ampliação dos espaços de leitura e de texto, que passou a abrangê-las. Podemos, por exemplo, "ler" manifestações traduzidas em linguagem não verbal ou que associam elementos verbais e não verbais.

"Verbal" deriva de "verbo", que se origina do termo latino *verbum*, que significava "palavra". Os demais signos usados na comunicação são, por oposição, não verbais.

A comunicação, em consequência, envolve várias *linguagens*.

A língua que falamos é, obviamente, o principal meio de comunicação e expressão de que nos valemos. Ela se constitui de signos verbais.

Em sentido restrito, língua "é o sistema de expressão falada particular de tal ou qual comunidade humana" (CÂMARA JR., 1964: 213) ou, em outros termos, "é todo sistema de sons vocais por que se processa numa dada comunidade humana o uso da linguagem". (CÂMARA JR., 1964: 213)

Para o filólogo Celso Cunha, é "um sistema gramatical pertencente a um grupo de indivíduos" e, na condição de expressão da consciência de uma coletividade, "o meio pelo qual ela concebe o mundo que a cerca e sobre ele age". (CUNHA, 1965: 17)

Ao adjetivar desse modo o termo "sistema", o filólogo limita o conceito ao espaço da gramática, ou seja, ao estudo de uma língua como sistema de meios de expressão.

Sob outra perspectiva, a língua pode ser entendida como um conjunto organizado de elementos representativos e ainda como um conjunto organizado de valores.

O adjetivo "organizado" implica princípios organizatórios que conferem singularidade ao conjunto. Diante das múltiplas modalidades de linguagem, conhecê-los é uma forma de nos assenhorearmos do sistema língua e assegurarmos a eficácia da comunicação que por seu intermédio se processa.

O conhecimento e o domínio da língua que falamos, recordemos, são adquiridos de duas maneiras: assistematicamente, no convívio comunitário e, sistematicamente, por meio da ação pedagógica.

Os princípios que comandam a organização da língua envolvem dimensões fônicas, morfológicas, sintáticas e semânticas. Cada uma delas, por sua vez, é regida por princípios organizatórios próprios. Caracteriza-as também um significativo inter-relacionamento. A língua é, na verdade, um conjunto de subsistemas integrados.

Observemos a palavra "fala". A sua significação está relacionada com o jogo de oposições próprio do sistema fônico da língua portuguesa, a rigor, um subsistema. Isso se torna claro quando a comparamos com palavras como "*m*ala", "*v*ala" ou "*t*ala" ou com "m*e*la", "m*o*la" e "m*u*la".

Examinemos ainda a palavra "amou". No jogo morfológico dos verbos em português, termina com o fonema /u/, que indica pessoa, tempo, modo e aspecto da ação nela expressa. Trata-se da terceira pessoa do pretérito perfeito do indicativo e exprime uma ação totalmente feita, como ensina a gramática. No sistema língua, "amou" opõe-se a "amavas", "amássemos", "amarei", que apresentam desinências indicadoras de outras pessoas, tempos, modos, aspectos do sistema morfológico, na verdade outro subsistema do idioma que falamos.

Cada uma das unidades de som que forma a palavra envolve aspectos físicos e acústicos: é o que vai da boca de quem fala para o ouvido do interlocutor.

De acordo com esse duplo aspecto, essa unidade é identificada como *som da fala*. Cabe lembrar que a maneira de emitir tais sons varia de pessoa para pessoa.

Ao associar-se a uma significação vinculada à língua, cada unidade de som é entendida como *fonema*. Daí o caráter distintivo de que se reveste.

Pode-se entender por fonema, por consequência, *cada um dos sons de valor distintivo e opositivo que, numa língua, diferenciam uma palavra de outra*. O valor distintivo pode ser percebido quando comparamos, por exemplo, *l*ua, *r*ua, *t*ua, *s*ua, ou b*a*la, b*e*la, b*o*la, b*u*la.

As diferentes formas de emissão do fonema não interferem nesse jogo de distinções.

Os aspectos sintáticos, associados aos fonéticos e morfológicos, tornam-se presentes na combinação das palavras umas com as outras na frase de que fazem parte: "Amou com a total entrega de si mesmo."

Examinemos esta última frase. *Amou* corresponde no caso ao ato de amar exercido plenamente num tempo passado em que foi exercido completamente. A noção de tempo passado e de ação totalmente realizada está indicada, como foi assinalado, pela desinência "u", própria do pretérito perfeito do indicativo. O fonema "u" associa-se assim à dimensão morfológica, e implica, no plano sintático, a identificação do sujeito na frase que, ainda que oculto, remete à pessoa verbal de quem se fala. O sentido pleno da forma verbal vincula-se por sua vez à sua relação com os outros termos que integram a frase: *"com a total entrega de si mesmo."*

A significação integral das palavras emerge, como se pode depreender, das relações fono-morfossintático-semânticas que estão na base desse complexo conjunto organizado que se chama língua. Os múltiplos significados atribuídos aos vocábulos em estado de dicionário o evidenciam.

Em outro enfoque, na linha do linguista e filósofo Ferdinand de Saussure, Roland Barthes entende que a língua (*langue*) é *"a linguagem menos a fala (parole), é ao mesmo tempo uma instituição social e um sistema de valores"*. (BARTHES, 1964: 85-86) Para ele, na condição de instituição social, a língua configura um ato. "É a parte social da linguagem." A língua é semelhante a uma moeda: cada uma vale por força de seu poder aquisitivo, mas detém um valor relacionado com as outras moedas.

NÍVEIS DA LINGUAGEM

Ainda no âmbito da relação entre linguagem e língua, examinemos o conceito de Eugenio Coseriu, para algumas considerações complementares.

Para ele, "a linguagem é uma atividade humana universal, que se realiza individualmente, mas sempre segundo técnicas historicamente determinadas (línguas)". (COSERIU, 1980: 91)

O mestre de Tübingen nos põe diante dos diversos níveis que caracterizam a linguagem, em sentido restrito: o universal, o histórico, o individual.

Vale relacionar exemplos explicitadores.

Ao dizermos, por exemplo, que um recém-nascido ainda não fala, isto significa que ele não se vale da linguagem verbal para comunicar-se.

Estamos nos referindo ao falar em geral. Esse nível de linguagem é universal.

A referência ao uso por alguém do português, do italiano, do francês e outras línguas estrangeiras situa o ato de usar concretamente o idioma, num momento dado. Esse uso configura o nível histórico.

Se o enfoque situa-se em quem fala, ou seja, indicia o ato linguístico individual numa situação dada, caracteriza-se o nível individual.

Coseriu situa ainda a linguagem, em relação a cada um desses níveis, sob três pontos de vista: como atividade criadora, ou, simplesmente, atividade; como saber, ou fato de técnica, e como produto.

A partir de tais critérios, caracteriza, na estrutura geral da linguagem em termos de atividade, saber e produto, nove seções. Explicitemos, com as palavras do linguista entre aspas:

No nível universal, a linguagem, como atividade, vale reiterar, "o falar (em geral) não situado historicamente"; como saber, é "o saber falar em geral"; como produto, é "o 'falado', a totalidade do que se disse ou ainda do que se pode dizer, sempre que se considere coisa feita".

No nível histórico, é, como atividade, "a língua concreta, tal qual se manifesta no falar, como determinação histórica deste"; como saber, "é o saber 'idiomático', a língua enquanto saber tradicional de uma comunidade"; como produto, "a linguagem não se apresenta nunca de modo concreto, uma vez que tudo o que nesse nível se 'produz' (se cria) ou redunda numa expressão dita uma única vez, ou se adota e se fixa historicamente, passa a fazer parte do saber tradicional".

No nível individual, na mesma ordem, é o discurso, que ele identifica como "o ato linguístico (ou a série de atos linguísticos conexos) de um determinado indivíduo numa dada situação" (atividade); "o saber relativo à elaboração do discurso" (saber); um texto, falado ou escrito (produto).

Aos três níveis citados o linguista associa ainda três tipos de "conteúdo" linguístico que se apresentam simultaneamente nos textos: a designação, o significado e o sentido.

A designação constitui a referência à "realidade", isto é, a relação cada vez mais determinada entre o signo e a "coisa" designada.

O significado é, na palavra do linguista, "o conteúdo de um signo ou de uma expressão enquanto dada numa determinada língua e exclusivamente por intermédio dessa mesma língua".

Por sentido, Coseriu entende "o conteúdo próprio de um texto, o que o texto exprime além e através da designação e do significado". (COSERIU, 1980: 91 e segs.)

Ainda segundo o mestre de Tübingen, o plano do sentido e o plano do significado são diferentes, admitem-se, entretanto, coincidências: entre significado e designação, entre sentido e significado. Esta última é comum na linguagem informativa do cotidiano. (COSERIU, 1980: 91 e segs.)

A linguagem configurada nas línguas naturais, caracterizadora, portanto, de um sistema articulado, é objeto da linguística.

As linguagens de outra natureza, como, entre outras, as que caracterizam as comunicações táteis, os códigos da música, do gosto, da pintura e da literatura são estudadas pela semiologia, também chamada de semiótica. O advento das formas de comunicação no ciberespaço envolve novas considerações.

O exercício da linguagem implica um processo.

4
O PROCESSO LINGUÍSTICO DA COMUNICAÇÃO

FATORES DO PROCESSO

Ao nos comunicarmos oralmente ou por escrito, é fato notório, enviamos uma *mensagem* a um *destinatário*, por meio de um *código* – a língua – estabelecido um *contato* com ele. O que comunicamos refere-se a um *determinado aspecto da realidade*.

Esse é o processo linguístico da comunicação, evidenciado, na linguagem comum, em cada ato de comunicação verbal.

Processo implica sucessão de estados de um sistema, no caso, o sistema língua.

O processo em exame envolve, como é fácil depreender, seis fatores: um *emissor* ou *remetente*; a *mensagem* enviada; o *código* por meio do qual se configura; o *receptor* ou *destinatário*; o *contexto extraverbal* a que a mensagem se refere, ambos anteriores e exteriores ao ato da fala; o *contato*, que envolve um canal físico e a necessária conexão psicológica.

Essa é a lição clássica do linguista Roman Jakobson, a propósito da matéria. Ela nos possibilita algumas observações.

Se o receptor não conhece a língua por meio da qual o emissor transmite a mensagem, obviamente deixa de haver comunicação, em função do desconhecimento do *código* que está sendo utilizado.

O mesmo acontece, em menor escala, entre falantes da mesma língua, quando o receptor desconhece o significado de certas palavras utilizadas pelo emissor.

Nessas situações, ocorre *ruído* na comunicação. *Ruído*, nessa acepção, é qualquer elemento que provoca perda de informação na transmissão da mensagem.

Trata-se de um acontecimento bastante comum e que, por vezes, gera sérias consequências. A crônica policial carioca de algum tempo registra, por exemplo, o caso de um cidadão que agrediu violentamente o interlocutor porque este se referiu elogiosamente à *fisionomia* de sua companheira... Difícil saber o que ele entendeu diante do substantivo, mas obviamente o considerara altamente ofensivo ou desrespeitoso.

Também importantes para a plena compreensão do que se quer comunicar são as condições materiais que envolvem o que é dito ou escrito.

Pensemos num enunciado como "Por favor, use o cinto". Dito a alguém que está com a calça frouxa, tem um sentido; se está escrito no porta-luvas de um carro, a descodificação é diferente; já numa tira humorística, poderá remeter a outras significações.

A ligação física envolve os mais variados suportes: entre eles o ar que leva a voz na fala das pessoas, a página manuscrita ou impressa, o disco, a fita cassete, o telefone, o videocassete, a tela do aparelho de televisão, do cinema, do computador e dos comunicadores eletrônicos, a página dos e-books etc.

Em termos de conexão psicológica, por exemplo, se o receptor, ouvindo ou não o que o emissor está dizendo, estiver "desligado", desatento, não se efetiva a comunicação.

O processo comunicativo também fica interrompido se o interlocutor, pelas mais variadas razões, não tem a menor ideia do que o emissor está tentando lhe transmitir.

Para que se efetive a comunicação entre as pessoas é necessário, portanto, o atendimento a determinadas condições: que se estabeleça o contato entre emissor e receptor; que o receptor seja capaz de entender o que lhe está sendo comunicado ou que conheça o contexto extraverbal a que a mensagem se refere; que emissor e receptor dominem o código que está sendo usado na transmissão da mensagem; que a mensagem seja transmitida com clareza. A situação de fala é também importante para a perfeita compreensão do que se quer comunicar.

A plena compreensão do que se diz ou se escreve, em síntese, envolve: as informações que fazem o saber das pessoas, ou seja, o *contexto vivido*; o conjunto das palavras que, organizadas, constituem o que se diz ou se escreve, isto é, o *contexto linguístico*; as circunstâncias em que o enunciado é dito ou escrito, vale dizer, o *contexto situacional*.

A propósito das condições assinaladas, reexaminemos a frase "Por favor, use o cinto", afixada em algum lugar de um automóvel.

Descodificamos plenamente a mensagem nela traduzida em função de quatro razões básicas: sabemos o que é um cinto de segurança, porque a expressão remete ao *contexto vivido*; falamos a língua portuguesa, ou seja, conhecemos o código, situado no *contexto linguístico*, em que está sendo transmitida a mensagem; a frase está escrita naquele lugar, naquelas circunstâncias: identificamos o *contexto situacional*, o que se solicita é uma obrigação determinada por lei.

Sabemos que se trata de uma lei porque temos o hábito de conhecer a legislação, ou por estarmos familiarizados com ela, ou por força de campanhas de esclarecimento promovidas pelos responsáveis pelo trânsito.

É fácil concluir que a compreensão de um enunciado se prende sempre a um sem-número de outros que possibilitam que nós o entendamos plenamente.

O domínio da língua que falamos se faz, ao longo de nossa vida, de uma série de discursos, de falas, que se vão acumulando e se esclarecem uns aos outros. Viver é compartilhar discursos.

FUNÇÕES DA LINGUAGEM

Vinculadas aos seis fatores do processo linguístico da comunicação – remetente ou emissor, mensagem, código, destinatário ou receptor, contato e contexto – Jakobson identifica seis funções para a linguagem. Em tempo: são *fatores* porque *fazem* o processo; esse processo é *linguístico*, porque caracteriza uma linguagem.

Vejamos quais são as funções identificadas pelo linguista.

Por meio da linguagem, nós nos *referimos* a aspectos do contexto vivido. A linguagem, portanto, tem uma *função referencial*, relacionada com esse contexto. Por meio dela, de outra perspectiva, estruturamos a nossa experiência mentada, ou seja, tudo que temos na nossa mente. Exemplos: *O dia amanheceu azul. A alegria tomou-me inteiro.*

A linguagem permite-nos traduzir nossos estados de espírito. É um *meio de exteriorização psíquica*. As interjeições são um exemplo marcante dessa função: *Ai! Ui! Oh! Uau!* É a sua *função emotiva*.

Ao falar ou escrever, mobilizamos, de alguma forma, o nosso interlocutor. Se houver efetivamente a necessária conexão psíquica, exercemos *maior ou menor influência sobre ele*: a linguagem funciona como *apelo* ou como *atuação social*. Tem, por consequência, uma *função conativa*. Esse adjetivo é da família de *conação*, que quer dizer tendência consciente para atuar. Os verbos no imperativo demonstram bem essa função. Exemplo: *Proteja a natureza: a vida agradece.*

A linguagem nos possibilita também verificar *se está ou não havendo contato* com o nosso interlocutor. Permite que estabeleçamos ou interrompamos a comunicação. É a *função fática* que se evidencia. "Fática" significa "relativa ao fato", ao que está ocorrendo. Exemplo: *Você está me entendendo?*

Ela nos permite também *criar intencionalmente novos sentidos* para as palavras. Configura-se, nesse caso, a sua *função poética* ou *fantástica*. Esta função aparece na imagística e, especialmente, nos textos de criação artística. Exemplo: "Amor é fogo que arde sem se ver." (CAMÕES) "Deixa em paz meu coração, que ele é um pote até aqui de mágoa." (CHICO BUARQUE DE HOLANDA)

A linguagem torna também possível que emissor e receptor verifiquem *se estão usando o mesmo código*. Isso ocorre quando explicitamos termos da própria linguagem que estamos usando. Nesse caso, ela debruça-se sobre si mesma. É a *função metalinguística*. Exemplo: *A literatura é a arte da palavra.*

As três primeiras funções que explicitamos foram anteriormente caracterizadas por Karl Bühler, num enfoque apoiado na Psicologia. Para ele, a linguagem é um meio de exteriorizarmos estados de alma, como

Jakobson referenda, quando aponta a função emotiva; exerce uma atuação sobre o próximo na vida comum, que Bühler identifica com atuação social ou apelo, ou função apelativa; estrutura a nossa experiência mentada, por ele designada função representativa.

Normalmente, ao falarmos ou escrevermos, a maioria dessas funções está presente. Há uma espécie de hierarquia entre elas.

Examinemos, a propósito, a seguinte frase: *Dois mais dois são quatro.*

Nela predomina a função referencial: o que expressa refere-se a uma realidade que integra o sistema decimal; estão presentes, em menor escala, a função metalinguística, quando explicita o que significa "dois mais dois"; e a função conativa, porque exerce um apelo sobre quem ouve ou lê.

Imaginemos que se diga a um iniciante em matemática: *Puxa, dois mais dois são quatro, você não me entende?*

É fácil perceber que estão presentes, nesse enunciado, as funções referencial, metalinguística, conativa, emotiva e fática, esta última configurada nesse "você não me entende" indagador, na direção de verificar se está havendo contato entre emissor e receptor.

Passemos a outra frase, parte da letra de uma composição musical de Caetano Veloso: *Tudo certo, como dois e dois são cinco.*

Nesse caso, predomina a função poética: cria-se na frase uma realidade que não corresponde a algo anterior e comprovável no sistema numérico de que nos valemos. No fundo, o que nela se traduz é que tudo é incerto. É a função que predomina nos textos de literatura.

Entenda-se, e Roman Jakobson explicita, que a predominância da função poética sobre a referencial não a anula e torna-a ambígua.

O linguista inglês M. A. K. Halliday, por seu turno, retoma a questão das funções da linguagem e as situa em número de sete: a *função instrumental*, caracterizada quando, por meio da linguagem, se busca a efetivação de algo; a *função reguladora*, quando, com ela, procuramos regular o comportamento do interlocutor; a *função interpessoal* ou *interativa*, evidenciada quando se busca, com a linguagem, estabelecer uma interação entre as pessoas; a *função pessoal*, quando o emissor, por meio da linguagem, refere-se a si mesmo; a *função heurística*, que ocorre quando usamos a linguagem para resolver problemas; a *função imaginativa*, presente quando a linguagem estabelece uma relação entre o emissor e o ambiente, quando o emissor cria o ambiente que imagina; e a *função representativa*, configurada quando expressamos nossos pensamentos, comunicamos alguma coisa a respeito de algo. (HALLIDAY, 1973)

A caracterização deliberadamente privilegiada nestas considerações situa-se, como se depreende, no âmbito da linguística. Não se trata, porém, de um espaço exclusivo.

Além dos estudiosos dessa área, inúmeros outros especialistas, dos mais variados campos do conhecimento, têm-se dedicado ao assunto, entre eles, filósofos, sociólogos, antropólogos, etnólogos, psicólogos.

A perspectiva filosófica do citado Aristóteles, para comparar com o enfoque linguístico, distingue duas funções básicas da linguagem: a primeira, representativa, de caráter lógico, centrada *no que se diz*; a segunda, centrada no *como se diz*, apoiada no caráter significante da linguagem. É esse *como se diz* que se converte em objeto da retórica, na Antiguidade Clássica. Ao fundo, as noções de significado e significante.

Ainda nos domínios da filosofia, o pensador Wittgenstein, numa visão pragmática, destaca o dinamismo que entende caracterizar a linguagem e a ela atribui uma utilização marcada pela pluralidade, por múltiplos usos, por ele designados *jogos de linguagem*.

O conceito de jogo de linguagem implica uma vinculação entre o significado e o contexto em que se concretizam as expressões linguísticas e os objetivos por meio delas pretendidos.

Assim situado, o significado relativiza-se: deixa de ser entendido como algo estático e determinado. Ou seja: a marca do significado é, no caso, a variação, em função do contexto e dos propósitos de utilização da expressão linguística.

Uma palavra ou expressão admitem, consequentemente, distintos significados, em função dos contextos diferenciados em que sejam utilizadas.

Os *jogos* centralizam-se no emissor e, por força da dinâmica do processo linguístico, não se caracterizam pela perenidade e estão sujeitos ao desaparecimento e à renovação.

Em síntese, a expressão *jogo de linguagem* remete a qualquer atividade entre as múltiplas e várias que configuram o uso que fazemos da linguagem. Para Wittgenstein, o que nomeamos "signo", "palavras", "frases" remete a uma pluralidade de espécies marcada pelo dinamismo, portanto não se referem a alguma coisa fixa ou dada para sempre. Ele entende que novos jogos de linguagem surgem e outros envelhecem e caem no esquecimento.

Na sua concepção, "jogo de linguagem" implica que o "falar da linguagem é uma parte de uma atividade ou de uma forma de vida".

Cita, entre os exemplos de "jogos": comandar; agir de acordo com o que foi comandado; descrever um objeto, com base na aparência ou em medidas que o configurem; desenhar; narrar; fazer conjecturas sobre algo que aconteceu; apresentar uma hipótese e comprová-la; apresentar resultados de uma experiência por intermédio de diagramas e de tabelas; inventar uma história; ler o texto de uma história; representar uma peça teatral; cantar uma cantiga de roda; solucionar enigmas; inventar uma anedota; contá-la; resolver problemas de matemática; fazer tradução de uma língua; solicitar; agradecer; maldizer; orar; saudar. (WITTGENSTEIN, 2000: 35-36)

A caraterização das funções da linguagem é, como se pode depreender, matéria complexa e sujeita a controvérsias. A apresentação simplificada dos conceitos deve ser entendida como ponto de partida motivador de consulta aos textos dos autores citados para uma visão mais precisa e ampla.

É a leitura crítica que conduzirá à ampliação do desejado repertório de conhecimentos e à visão crítica transformadora.

5
ENUNCIADO, DISCURSO, TEXTO

CONHECIMENTO E LÍNGUA

As pessoas só podem comunicar aos outros aquilo que conhecem.

Quanto mais ampliamos nossos saberes, mais nos familiarizamos com as múltiplas interpretações da realidade da vida e maior é o nosso potencial de comunicação.

O conhecimento do processo comunicativo e das funções a ele inerentes favorece um uso consciente do código, notadamente em termos da função conativa.

A comunicação eficiente está ainda associada ao domínio, pelo emissor e pelo receptor, do código em que a mensagem está sendo transmitida.

A língua portuguesa é a linguagem básica de comunicação entre os falantes da comunidade lusófona.

É uma língua de cultura, isto é, constitui, na conceituação de Antônio Houaiss, "um universo de práticas de comunicação e expressão linguageiras que só se fazem compreender dentro de certos níveis de análise, mais ou menos numerosos". (HOUAISS, 1992: 13)

Situa-se, por consequência, entre as línguas capazes de possibilitar a reflexão e permitir a ampliação do nosso repertório cultural.

O uso da língua que falamos envolve procedimentos peculiares.

ATO DE FALA, ENUNCIADO, FRASE

Sempre que uma pessoa se dirige a outra, oralmente ou por escrito, tem uma intenção: fazer com que a outra tome conhecimento de algo.

Tal procedimento constitui um ato de linguagem, também chamado de *ato de fala* ou *ato de enunciação*.

Enunciar é, por meio das palavras de uma língua, exprimir com clareza o que se deseja comunicar. É fazer, desse modo, com que os outros saibam aquilo que quem fala ou escreve conhece.

Como explicitam Mário Vilela e Ingedore Villaça Koch, enunciado é a concretização de uma frase numa situação de interlocução: "Assim, por exemplo, 'Hoje irei ao cinema' é uma frase (gramatical) do português. Cada vez que ela é pronunciada – por indivíduos diferentes ou pelo mesmo indivíduo em momentos diferentes – tem-se um enunciado." (VILELA E KOCH, 2001: 413)

Frase ou sentença, nas palavras dos mesmos especialistas, é "a unidade formal do sistema língua, estruturada de acordo com os princípios da gramática, passível de um sem-número de realizações". (VILELA E KOCH, 2001: 413)

Os conceitos de frase e enunciado estão, por consequência, estreitamente vinculados.

No espaço dessa vinculação, o enunciado constitui-se de uma palavra ou uma sequência de palavras portadoras de sentido completo e consideradas numa situação de fala.

Vale explicitar, na esteira da lição de Bernard Pottier: "Hoje irei ao cinema" é um *enunciado* quando entendemos essa sequência de palavras numa situação dada, que envolve interlocutores; é uma *frase*, quando é entendida como uma forma de manifestação linguística em que é possível reconhecer regras de encadeamento fono-morfossintático-semântico. Uma frase é, por consequência, uma das possibilidades de concretização de um enunciado, como conceitua Claude Vargas.

Cumpre esclarecer que os conceitos correspondentes a ambos os termos, como é comum em várias áreas de estudos, variam de acordo com o ponto de vista a partir do qual são considerados pelos seus autores.

O termo *enunciado*, por exemplo, abre-se a outros sentidos.

Entendido como *o traçado verbal da comunicação*, pode ser constituído de uma palavra, uma sequência de palavras, uma frase, uma sequência de frases.

Em função de sua *concretização oral efetiva*, o enunciado é feito de "uma palavra ou uma sequência de palavras compreendida entre dois silêncios". (VARGAS, 1995: 22)

Em função da *significação*, é, para alguns linguistas, a unidade elementar da comunicação verbal, uma sequência dotada de sentido e sintaticamente completa, além de admitir ampla tipologia: pode constituir-se, por exemplo, de uma palavra, de uma sequência de palavras, de uma sequência de frases.

Para outros, é uma sequência verbal que forma uma unidade de comunicação completa, relacionada com determinado gênero de discurso.

Nesse último sentido, admitem-se enunciados curtos, como provérbios, adágios, e enunciados longos, entre eles, um artigo de jornal, um boletim do tempo, uma receita culinária, um conto, um romance, uma comédia etc. Nesse segundo caso, o *enunciado* confunde-se com *texto*.

Voltemos à *frase*.

Em termos de sentido, vale dizer, do ponto de vista semântico, a frase é entendida como a unidade linguística mínima completa que permite dizer algo de alguém ou de alguma coisa.

Em função dos arranjos da língua, portanto sob o ponto de vista morfossintático, é uma unidade linguística autônoma, constituída de palavras ligadas, de acordo com as regras gramaticais, em torno de um ou de vários predicados.

À luz de um critério prosódico, isto é, de sua concretização fônica, pode-se admitir que a frase corresponde a uma sequência de sons modulados de acordo com determinados esquemas de entoação particulares e separada de outras frases por uma pausa mais ou menos longa.

Segundo um critério gráfico constitui um conjunto de palavras delimitadas por uma letra maiúscula e um ponto, definição que esbarra na abertura da representação gráfica na linguagem da literatura e da publicidade, por exemplo.

As conceituações, como se depreende, não primam pela simplicidade nem se caracterizam pela perfeição.

Examinemos, a propósito, uma sequência como "O, os, a, as". Começa com maiúscula, termina por um ponto e não constitui uma frase. Mesmo que seja dita com entoação exclamativa ou interrogativa.

Para efeito didático, entretanto, os vários conceitos podem ser considerados associativamente, como reforços auxiliares na direção do entendimento.

A visão apoiada na prosódia ajuda na orientação da leitura expressiva; o critério gráfico, na produção do texto escrito; já o critério semântico e o enunciativo vinculam enunciado e frase, o que permite estabelecer a ponte entre os dois conceitos.

Em síntese, entendamos a diferença na explicitação dada por Bernard Pottier no volume do *Dictionnaire du savoir moderne*, dedicado à linguagem:

> A diferença entre enunciado e frase não é quantitativa, mas qualitativa: não se trata de uma questão de "extensão"; um enunciado não é uma adição de frases, mas uma mudança de nível. Com efeito, o emprego da palavra "frase" implica que o texto seja já recortado em unidades as quais é possível reconhecer, sejam quais forem os critérios empregados: forma, função, sentido, entoação, pausas etc. O fato de falar de frase, como o ato de falar de morfemas, de sintagmas ou de fonemas, deixa entender que tais unidades são definidas, que é possível segmentar a cadeia do discurso. O termo "enunciado" é, desse modo, um conceito mais primitivo, uma etapa antes da análise, *antes da segmentação*. (POTTIER, 1973: 121-122)

Recordemos: morfemas ou elementos mórficos são as inúmeras partes que integram a estrutura das palavras, cada uma delas com uma parcela de significação e contribuindo todas para a significação total.

Há um morfema que confere às palavras uma base comum de significação e as congrega numa mesma família etimológica: é o radical. Exemplo: *am-*, em amar, amante, amável, amigo, amor, amorável. É o morfema lexical, pois é o núcleo de significação da palavra. Léxico é sinônimo de vocabulário.

Os demais morfemas exercem outras funções: indicam flexões, formam palavras a partir de outras, juntam-se ao radical para constituir o tema de uma palavra; tornam mais fácil a pronúncia das palavras.

Os morfemas flexionais indicam: flexões de gênero, como o "o" de *amigo*, o "a" de *bela*; flexões de número: o "s" de *amigos* e de *belas*; pessoas e números de formas verbais, como o "o" de *amo*, o "mos" de *amamos*; modos, tempos e aspectos dos verbos: o "va" de *amávamos*, o "re" de *amaremos*, o "ve" de *amáveis*.

Os morfemas formadores das palavras, chamados derivacionais, são os prefixos e os sufixos. Exemplos: "in" em *inimigo*, "des" em *desamor*; "igo" em *amigo*, "vel" em *amável*.

Os que ajudam a formar o tema de uma palavra são as chamadas vogais temáticas: o "a" de *amar*, o "e" de *temer*, o "i" de *partir*, por exemplo.

Os que facilitam a pronúncia das palavras são as vogais e consoantes de ligação, como o "ô" de *gasômetro*, o "z" de *cafezinho*.

Por sintagma, termo criado por Ferdinand de Saussure, entende-se "a combinação de formas mínimas numa unidade linguística superior", ou seja, "um conjunto de duas formas combinadas em que 'um elemento determinante cria um elo de subordinação com outro elemento, que é o determinado'".

O sintagma, segundo o mesmo linguista, pode ser: lexical, caso de uma palavra primitiva, composta ou derivada; por exemplo: os sintagmas *gata*, *aguardente* e *auriverde*; locucional, quando se trata de uma locução: "*estou lendo*", "*sem cabelos*"; suboracional, que corresponde a uma das partes de uma oração, como o sujeito, o predicado: "*O amor constrói*"; "*A saudade exaure*"; ou superoracional, que se constitui de uma oração subordinada a outra: "pessoa *que trabalha*"; "espero *que te cases*"; "*quando tu me queiras*".

De fonemas, tratamos páginas antes.

Prossigamos com as nossas reflexões sobre enunciado e frase.

Retomemos a sequência de palavras "Eu irei ao cinema". Vimos que constitui um enunciado se a consideramos produto de enunciação, logo entendida numa situação dada, que envolve interlocutores; é interpretada como uma "frase" se é vista como uma forma de manifestação linguística em que é possível reconhecer regras de encadeamento fono-morfossintático-semânticas.

O idioma, como se depreende, pode ser considerado em função das relações que norteiam a estruturação do discurso e em função de uma gramática da língua.

Para alguns estudiosos, o enunciado constitui, em termos de significação, a unidade elementar da comunicação verbal.

Os interlocutores de um enunciado têm em comum um *discurso* sobre os mundos exterior e interior.

Discurso, no âmbito da enunciação, pode ser entendido como um enunciado ou um conjunto de enunciados ditos ou escritos por alguém e direcionados a um destinatário ou receptor.

Uma sequência de enunciados marcada pelo encadeamento de sentido, vale dizer, pela *coerência* e pela *coesão*, constitui um *texto*.

A coerência vincula-se estreitamente à possibilidade de o texto ser estabelecido em função da maneira como os elementos nele expressos ou implícitos pelos usuários. Um texto incoerente é, portanto, aquele que não possibilita a instituição de um sentido. A fundamentação da coerência consiste na unidade ou na relação entre os elementos constitutivos do texto.

Ela pode estar relacionada com a organização semântica global do texto, independe de eventuais marcas formais singularizadoras. Exige uma lógica na disposição das partes e subpartes que o integram. É um traço que liga a organização textual ao pensamento, e não propriamente à língua. Num texto semanticamente coerente não pode haver elementos contraditórios.

Um sintagma como "executar problemas", por exemplo, não é semanticamente coerente; *problemas* a pessoa *cria, enfrenta, ultrapassa, transfere, resolve*.

Falta coerência também numa afirmação como "A felicidade onde não se desenvolvem técnicas científicas para sua manifestação dificilmente será alcançada": neste caso, a incoerência situa-se no âmbito da sintaxe. A coerência sintática implica a adequação dos elementos linguísticos usados para traduzir a coerência semântica.

Uma sequência como "Amanhecia. Um crepúsculo fulvo iluminava a terra, ainda quente do calor noturno. A atmosfera abafada nos incomodava. Aí, a gente nos reunimos e fomos para a piscina" caracteriza a ausência de coerência estilística, ao não manter o mesmo registro sociocultural. A ausência de coerência, em casos similares, como assinalam Koch e Travaglia, pode ser intencional: acontece, quando, por exemplo, se objetiva, sem prejuízo do sentido, um efeito humorístico, ou na caracterização de um personagem de ficção, evidenciados pelo contexto linguístico.

O texto é mediador da coerência. Ela se concretiza no espaço da interlocução entre o produtor do texto e o receptor. Daí a importância do universo cultural de ambos e do conhecimento que cada um tem das interpretações que constituem o saber das pessoas.

A coesão envolve, segundo o conceito de Halliday e Hassan, as relações de sentido presentes no interior de um texto e que o definem como tal. Vincula-se à continuidade textual. Esta é assegurada por marcas formais, como os conectivos, a progressão temática, as anáforas etc. Situa-se, assim, na estrutura da sequência linguística e superficial do texto, que envolve as palavras e as frases. O que confere a ela um caráter linear. Implica uma relação gramatical ou léxica. Relaciona-se estritamente com a coerência.

Em outro ângulo de visão, os *textos* são entendidos como produções orais ou escritas cuja estruturação permite que durem e circulem longe do contexto original de emissão.

O discurso, quando produzido, manifesta-se, assim, linguisticamente, por intermédio de enunciados e textos.

Todo ser humano desenvolve, ao longo de sua existência, uma disposição para traduzir e interpretar enunciados, em consonância com as múltiplas e várias situações da vida. É a aptidão para inserir-se no mundo por intermédio da língua, própria da natureza humana, que caracteriza a sua *competência comunicativa*.

Essa aptidão é adquirida por impregnação no curso do convívio comunitário, ao mesmo tempo que aprendemos a nos comportar em sociedade.

Ela, por si só, entretanto, não é bastante para assegurar a nossa participação numa atividade *verbal* na sua dupla função de traduzir e interpretar enunciados. Para tanto, é necessário também, de um lado, um número considerável de conhecimentos; de outro, o domínio da língua, de que o falante se vale para expressá-los e transmiti-los. Ou seja, envolve uma *competência enciclopédica ou cognitiva* e uma *competência linguística*.

Tais instâncias associam-se ainda, no desempenho da comunicação, ao domínio de gêneros ou tipos de discurso, tão numerosos quanto as atividades humanas. É o espaço da *competência genérica*.

Essas são, como assinala Dominique Maingueneau, as três grandes instâncias que intervêm na atividade verbal, "na sua dupla dimensão de produção e interpretação de enunciados". (MAINGUENEAU, 1998: 27)

A comunicação impõe-nos assim três condições: saber o que comunicar; dominar o código da língua que falamos; familiarizar-nos com os tipos ou gêneros de discurso de que possamos nos valer. É uma forma de garantia da maior eficiência.

Para a compreensão de um enunciado, é necessário que tenhamos outros conhecimentos além das palavras e dos princípios gramaticais.

Pensemos, a propósito, num título de matéria jornalística: "Samba derruba tango." O entendimento de que se trata de uma vitória da seleção brasileira de futebol sobre a da Argentina só se torna possível porque ela figura na página esportiva, e por força dos enunciados subsequentes. Se fosse um título de matéria sobre um concurso de música ou de dança, o entendimento seria diferente.

Todo discurso, vale reiterar, é iluminado por outros que, ao longo da vida, vão caracterizando o nosso domínio do idioma que falamos.

É, sobretudo, por intermédio desses discursos que aprendemos as coisas do mundo.

Não nos esqueçamos de que as palavras são carregadas de história. Pensemos.

As pessoas usam espontaneamente as formas da língua que vão conhecendo ao longo do seu percurso existencial.

Esse processo começa nos primeiros anos da infância.

Na adolescência, o jovem está normalmente com o sistema linguístico consolidado na cabeça. Conhece as relações que o caracterizam e domina um determinado número de palavras.

Nesse espaço, associam-se, portanto, a essa altura da vida, dois níveis de conhecimento: a aquisição do mecanismo da língua e o domínio de um vocabulário de uso mais comum.

Esse domínio configura um vocabulário ativo e um vocabulário passivo, ambos, com duas modalidades.

O vocabulário ativo envolve: a) o vocabulário coloquial, que usamos na nossa expressão oral e atende às necessidades de nossa comunicação cotidiana; b) o vocabulário que usamos na manifestação escrita, que envolve termos do vocabulário coloquial e palavras ordinariamente dela exclusivas, como *porém*, *porventura*, *todavia*, entre muitas.

O vocabulário passivo abrange a) palavras que não são utilizadas normalmente nem na linguagem falada nem na escrita, mas que nos são familiares e que entendemos sem auxílio do dicionário; b) palavras ouvidas ou lidas cujo significado nos escapa e exigem a consulta a um dicionário.

LÍNGUA E CIDADANIA

O atendimento às três instâncias anteriormente assinaladas – a competência enciclopédica ou cognitiva, a competência linguística e a competência genérica – é importante para o nosso desempenho existencial, o nosso convívio comunitário e para a plena assunção da cidadania.

O conhecimento do mundo possibilita plena familiaridade com nossos direitos e deveres, e abre-se a ampliações e atualização.

O domínio do idioma nos habilita para a plena expressão e comunicação do que, em termos de cidadania, julgamos pertinente e de direito, no âmbito individual e no comunitário.

O nosso domínio dos gêneros de discurso nos familiariza, em termos de elaboração e de recepção, com o discurso e os textos relacionados com a nossa condição existencial e a nossa condição cidadã.

Vale ressaltar que essa condição vem sendo relativizada diante das mudanças vividas pela cultura ocidental na contemporaneidade, marcada pela globalização.

A cultura como recurso, a sua transnacionalização, a cibercultura e, os novos desenhos do mundo abrem-se a novas formulações e posicionamentos. Heráclito, ao que tudo indica, tinha razão: ninguém se banha duas vezes nas águas do mesmo rio-vida.

6
LÍNGUA, DISCURSO, ESTILO

LÍNGUA, FALA E ESTILO

Língua, entendida como meio de comunicação, envolve o uso comunitário. É, como assinalamos, uma instituição social. Assim configurada, ela abre um múltiplo repertório de possibilidades.

O discurso, ou fala, implica a utilização individual da língua. É um ato de seleção e atualização, para usarmos um conceito de Roland Barthes.

Isto significa que, quando fazemos uso do discurso, selecionamos e atualizamos os meios de expressão que melhor traduzam nossas ideias, nossos sentimentos, nossos desejos, nossa visão do mundo e as circunstâncias em que nos inserimos. Essa seleção implica, muitas vezes, desvio, em nome da expressão das normas que caracterizam a língua, patrimônio comunitário comum.

A maneira como cada pessoa utiliza a língua de que se vale na formulação dos discursos é o que se entende por estilo.

Estilo é, por consequência, o aspecto particular que caracteriza a utilização individual da língua e que se revela no conjunto de traços situados na escolha do vocabulário, na ênfase em aspectos concretos ou abstratos, na preferência por determinadas formas, tudo isso vinculado à organização do que se diz ou se escreve e a um intento de expressividade.

Esta conceituação, apoiada em Helmut Hatzfeld, é mais uma entre as muitas citadas neste livro que está longe de ser pacífica.

A dicotomia língua/fala ou discurso (*langue/parole*) é um dos conceitos fundamentais da linguística saussuriana.

Langue (língua), para Ferdinand de Saussure, "é um sistema de elementos vocais comum a todos os membros de uma dada sociedade e que a todos se impõe como norma definida".

Já *parole* (fala ou discurso) é "a atividade linguística nas múltiplas e infindáveis ocorrências da vida do indivíduo". (SAUSSURE, 1972) É, portanto, um ato mental individual.

Os saussurianos, porém, advertem: o indivíduo, ao falar, não cria uma linguagem; utiliza, isto sim, o material linguístico que a comunidade lhe ministrou, ou, como querem alguns, lhe impôs.

Segundo esse ponto de vista, é possível ensinar noções de estilo a partir da determinação de certos aspectos da língua utilizados ou utilizáveis pelos artistas da palavra, como pretendem Charles Bally, Albert Sechehaye e outros discípulos do mestre: "a tarefa da estilística consiste em procurar quais são os elementos expressivos que, num momento dado, servem para produzir os movimentos da razão e do sentimento." (BALLY, 1951)

Em contrapartida, a corrente da escola alemã de Karl Vossler, à qual se filiam críticos como Leo Spitzer, Dámaso Alonso, Helmut Hatzfeld e outros, aceita inicialmente a tese de Saussure, mas se preocupa, entretanto, com o depreender da fala o que nela existe de individual. Isto é, busca estudar o empenho do falante em expressar-se da forma mais adequada possível às circunstâncias em que se encontra, afastando-se, por meio de uma criação pessoal, da automatização na formulação linguística de que se vale.

Estilo, sob esta última óptica, é criação do indivíduo, impossível de ser ensinado, ainda que possa ser caracterizado. São, a propósito, esclarecedoras as palavras de Karl Vossler: "com a forma que falamos sucede o mesmo que com a forma que vestimos. A vida prática nos impõe o modelo, mas nosso gosto decide o corte e a cor." (VOSSLER, *in* PROENÇA FILHO, 2002: 25)

Houve tentativas de conciliação entre os dois posicionamentos, como a de Jules Marouzeau, explicitada em seu livro *Précis de stylistique*

Française. Ao mesmo tempo não faltam controvérsias contundentes com outros autores em torno das conceituações.

Há quem, como, por exemplo, Aline Levavasseur, assinale que os saussurianos correm o risco de confundir estilo com fala ou discurso, na medida em que, na linguagem, tudo resulta de uma escolha do usuário da língua, consciente ou não.

Ela lembra que o termo "estilo" é usado também como designação de determinados tipos de formulação presentes no discurso ditados rigorosamente pela tradição, como estilo telegráfico, estilo administrativo, estilo jurídico, estilo diplomático etc. Adverte que o estilo se situa do lado oposto desse extremo: ao tempo do seu ensaio, 1969, todo o empenho do escritor consistia em buscar a originalidade a qualquer preço e em fraturar os moldes da expressão tradicional ou um pouco mais usuais. (LEVAVASSEUR, *in* MARTINET, 1969: 359)

O estilo, sob esse ponto de vista, pode ainda ser confundido com o chamado idioleto, entendido na definição de Bally como "o sistema de expressões de um indivíduo isolado" ou, nas palavras reiteradoras de Mattoso Câmara Jr., como "o nome dado pelos linguistas americanos à língua tal como é observada no uso do indivíduo". (CÂMARA JR., 1964: 135-136)

A confusão seguiu acompanhando a questão, pois a conceituação dada pelo segundo grupo também se revelava controversa.

A condição de desvio em relação à norma torna necessário conceituar esse último termo: a norma é entendida, na lição de Coseriu, como uma soma de abstrações, "um sistema de realizações obrigatórias consagradas social e culturalmente: não corresponde ao que se pode dizer, mas ao que já se disse e tradicionalmente se diz na comunidade considerada". (COSERIU, 1979: 50)

Trata-se de mais uma relação que não é consensual. Tzvetan Todorov, por sua vez, no dicionário que escreveu com Oswald Ducrot, publicado em 1972, entende o estilo como "uma escolha que todo texto deve operar entre um certo número de disponibilidades contidas na língua" e propõe que ele seja examinado no plano do enunciado e da enunciação. (DUCROT & TODOROV, 1972: 383-384)

Acrescente-se a posição de Roland Barthes, para quem, "sob o nome de estilo, se forma uma linguagem autárquica, que só mergulha na mitologia pessoal e secreta do autor, nessa hipofísica da fala, onde se forma o primeiro par das palavras e das coisas, onde se instalam de uma vez por todas os grandes temas de sua existência". (BARTHES, 1974: 122)

Para ele, existe outra realidade formal entre a língua e o estilo. É o que denomina *escritura (écriture)*. Define-a como "a relação entre a criação e a sociedade, é a linguagem literária transformada por sua destinação social, é a forma apreendida na sua intenção humana e ligada assim às grandes crises da História".

Ele apresenta um exemplo esclarecedor:

> o caso de Mérimée e Fénelon separados por fenômenos de língua e por aspectos de estilo, mas cujas linguagens têm a mesma intencionalidade, referem-se à mesma ideia da forma e do fundo, aceitam a mesma ordem de invenções, são o lugar dos mesmos reflexos técnicos, empregam os mesmos gestos, a um século e meio de distância, em instrumento idêntico, um pouco sofisticado no seu aspecto, sem dúvida, mas de modo algum na sua situação e no seu uso: eles têm, em suma, a mesma escritura. (BARTHES, 1974: 124)

Barthes entende a escritura como uma função, diferentemente da língua e do estilo, que são objetos.

A complexidade se acentua se pensamos na teoria de Mikhail Bakhtin, que, entre outras observações, considera que o estilo é pelo menos dois homens, como explicitarei adiante.

Mesmo diante dos variados enfoques apontados, centrados basicamente na natureza e na precisão do termo, a caracterização apresentada por Helmut Hatzfeld, nuclearizada nos traços indiciadores do estilo, permanece válida, notadamente no âmbito do texto de literatura, enquanto não se chega a uma conceituação precisa ou à conclusão, no extremo, da irrelevância da categoria.

O estilo também admite uma configuração coletiva, vinculada a uma perspectiva diacrônica: o chamado estilo de época, ou estilo epocal. Vale dizer, em mais uma adaptação da definição de Hatzfeld, relacionado com a atitude de uma cultura que surge com tendências análogas nas manifestações artísticas, na religião, na psicologia, na sociologia, nas formas de polidez, nos costumes, vestuários, gestos etc.

No que se refere à literatura, essa modalidade só pode ser avaliada "pelas contribuições dos estilos individuais, ambíguas em si mesmas, constituindo uma constelação que aparece em diversas obras e autores da mesma era e parece informada pelos mesmos princípios perceptíveis nas artes vizinhas". (HATZFELD, *in* COUTINHO, 1966: 211; 1976: 24)

Esses traços aproximam textos de autores de um mesmo momento histórico e os situam como representativos de uma época, o que não impede que se diferenciem por força dos caracteres próprios, do estilo individual de cada um, entre outros aspectos.

No caso brasileiro, os autores se valem da língua portuguesa. A partir de um uso especial que dela fazem, eles criam, no texto, diferentes realidades. Evidenciam-se visões de mundo e atitudes individuais que singularizam seus textos. Ao mesmo tempo, vários deles apresentam traços comuns que os aproximam, como representativos de um determinado momento da cultura e da arte literária do Brasil.

A categoria se torna mais pertinente se a consideramos integrada a um processo dinâmico: cada estilo epocal traz, em seu bojo, a sua própria ultrapassagem. Os limites temporais são meramente didáticos e relativos. Os textos de um mesmo autor, por outro lado, podem perpassar distintos estilos, ao longo de sua obra. É o caso da produção de Machado de Assis, de Manuel Bandeira, de Cassiano Ricardo, de Carlos Drummond de Andrade, entre muitos.

A configuração do processo cultural e literário com base na categoria estilos epocais chegou a experimentar breve instância de estigmatização na área dos estudos especializados. Mesmo diante dos riscos da "didatização", entretanto, culminou por consagrar-se pela tradição na totalidade das manifestações artísticas e, nesse sentido, com a terminologia já carregada de história e incorporada ao vocabulário específico.

Críticos de reponsabilidade seguiram e seguem valendo-se, em suas leituras e em seus ensaios, de substantivos e adjetivos a eles vinculados.

Mesmo os mais radicais. É frequente a referência à arquitetura, escultura, música e pintura renascentistas, barrocas, neoclássicas, românticas, e a movimentos como realismo, simbolismo, impressionismo, expressionismo que, nesses espaços, frequentam a melhor crítica de arte.

Outro dado, de forte evidência, é a designação adotada por muitos para as tendências dominantes na contemporaneidade, mesmo diante da complexa realidade multifacetada dos tempos hodiernos: pós-modernismo, associada ao pós-moderno e à pós-modernidade.

Essas circunstâncias implicam uma condição necessária: saber a que os termos utilizados se referem, qual a carga semântica de que se revestem.

A perspectiva a partir da categoria é uma, entre as múltiplas e várias opções de interpretação abertas aos estudiosos. Sobretudo em termos de visão diacrônica do processo cultural do Ocidente.

A exigência de novos paradigmas diante da dinâmica que marca esse processo na contemporaneidade conduzirá necessariamente a reformulações conceituais, nesse como em inúmeros outros espaços.

Retornemos às considerações sobre o discurso e os aspectos que o caracterizam.

GÊNEROS DO DISCURSO

Vimos que o discurso pode concretizar-se num único enunciado ou num conjunto de enunciados ditos ou escritos por alguém e dirigidos a um destinatário.

Quando um conjunto de enunciados é mais ou menos estável no âmbito de uma cultura, caracteriza, à luz de uma perspectiva linguística, um *gênero de discurso*.

Percebemos, desde logo, diante do critério caracterizador da estabilidade, o alto índice de relativização do conceito. Trata-se, entretanto, de conceituação referendada pelo consenso.

Os gêneros de discurso, assim configurados, variam de acordo com a sociedade e com as atividades nela desenvolvidas.

São gêneros do discurso, entre muitos, para citar alguns exemplos, uma conversa; um bilhete; uma carta íntima, cerimoniosa, comercial ou oficial; um e-mail; um comentário esportivo; uma receita de bolo; uma notícia de jornal; um artigo sobre qualquer assunto; um relatório, o roteiro de um filme, de um programa de rádio, de televisão ou de um videoclipe.

O discurso também varia de acordo com a intenção do enunciador em relação ao destinatário. Nesse sentido, por meio de vários gêneros do discurso pode-se: narrar um acontecimento; descrever um objeto, uma pessoa, um animal, um sentimento; explicar algo; argumentar, ou seja, apresentar razões que comprovem o que se quer provar; mandar fazer ou pedir alguma coisa.

Os textos em que se configuram os gêneros do discurso podem ser, portanto, quanto aos modos de organização, narrativos, descritivos, explicativos, argumentativos, solicitativos-ordenativos.

Essa classificação relaciona-se com a ação do enunciador e com a ação da mensagem sobre o destinatário.

As designações *narração*, *descrição*, *dissertação*, usadas tradicionalmente, envolvem modos de realização do ponto de vista meramente linguístico, centrados na maneira de fazer do texto.

Examinemos, brevemente, as características das modalidades de gênero apontadas.

O TEXTO NARRATIVO

Narrar é contar histórias reais ou fictícias.

A produção de textos narrativos implica alguns requisitos prévios: ter o que contar; dizer coisa com coisa, ou seja, assegurar a coerência da história contada; usar com eficiência o idioma.

Um texto narrativo se faz de uma sequência de fatos, coerentemente encadeados, atribuídos a um ou a vários personagens, contados por um narrador, num tempo e num espaço, em torno de um ou de vários temas, a partir de determinado ponto de vista também chamado ângulo de visão.

Objetiva dar ciência desses fatos ao destinatário. Configura uma história, real ou fictícia.

A narração pode ser conduzida, basicamente, pela primeira ou pela terceira pessoa do discurso.

Os fatos podem ser apresentados na ordem que o narrador quiser adotar.

Os enunciados que constituem o texto narrativo vinculam-se à intenção do enunciador.

Os enunciados que integram o discurso dos textos narrativos, em função da intenção do enunciador, podem envolver diversos tipos de frase.

Um exemplo: um trecho de *Iracema,* de José de Alencar:

Martim sorriu; e quebrando um ramo do maracujá, a flor da lembrança, o entrelaçou na haste da seta, e partiu enfim seguido por Poti.

Breve desapareceram os dois guerreiros entre as árvores. O calor do sol já tinha secado seus passos na beira do lago. Iracema, inquieta, veio pela várzea, seguindo o rasto do esposo até o tabuleiro. As sombras doces vestiam os campos quando ela chegou à beira do lago.

Seus olhos viram a seta do esposo fincada no chão, o goiamum trespassado, o ramo partido, e encheram-se de pranto.

Ele manda que Iracema ande para trás, como o goiamum, e guarde sua lembrança, como o maracujá guarda sua flor todo o tempo até morrer.

A filha dos tabajaras retraiu os passos, lentamente, sem volver o corpo nem tirar os olhos da seta de seu esposo; depois tornou à cabana. Aí sentada à soleira, com a fronte nos joelhos esperou, até que o sono acalentou a dor em seu peito. (ALENCAR, 1958: 290)

O TEXTO EXPLICATIVO

O texto explicativo privilegia as causas do que se vê, do que se faz, do que se sente, do que se pensa, do que se diz.

Objetiva, portanto, a compreensão pelo destinatário de um acontecimento, uma situação, um pensamento.

Envolve a intenção de propiciar a compreensão de um fato, uma sensação, uma ideia.

Responde a uma pergunta implícita ou explícita que, a cada passo, nos fazemos: "Por quê?" As respostas implicam tomadas de posição, ideias, sentimentos, sensações, desejos.

Centraliza-se na relação entre causa e efeito vinculada a uma determinada situação.

Pode ter como elemento deflagrador a realidade ou outro texto.

Pode ser conduzido, como acontece com os demais gêneros, em primeira ou em terceira pessoa.

Admite um enfoque objetivo, centrado, por consequência, no objeto da explicação, e um enfoque subjetivo, centrado na opinião do enunciador.

A visão subjetiva pode ser declaradamente assumida ou traduzida indiretamente, por meio de adjetivações, de verbos e outros requisitos.

Podemos explicar o que desejarmos por meio de vários gêneros do discurso, entre eles, a conversa, a carta, o e-mail, o comentário, a notícia de jornal, o ensaio.

Este livro está carregado de passagens que exemplificam o gênero. Retomemos uma delas:

> O conhecimento associa-se estreitamente ao pensar e ao dizer a realidade.
>
> A plenitude do conhecer, entretanto, escapa à aptidão do ser humano, em que pese o desenvolvimento científico e tecnológico a que atingiu.
>
> Todo e qualquer conhecimento configura uma *representação*.

O significado literal de *representar*, a partir de sua origem latina, é *tornar presente, pôr diante dos olhos*. O termo *representação*, nesse sentido, refere-se a tornar presente a realidade em que vivemos, para que dela tenhamos uma compreensão mais precisa do que a decorrente de imediato dos nossos sentidos. Des-realiza-se o real, para possibilitar uma visão para além de sua concreção.

O TEXTO DESCRITIVO

O texto descritivo constitui-se de uma sequência de aspectos, objetivando uma definição ou uma denominação.

Privilegia o ato de retratar.

Apoia-se nos sentidos. Em especial no olhar, voltado para fora ou para dentro de nós. Constitui uma imagem do que se vê, do que se observa, do que se sente, do que se pensa, a partir de um ponto de vista, de maneira objetiva ou subjetiva.

É possível, assim, descrever objetos, seres, cenas, ambientes, sensações, personagens de textos ficcionais etc.

O texto descritivo pode limitar-se à sua função ou estar vinculado a outros modos de organização: o texto narrativo ou argumentativo. No primeiro caso, trata-se de uma função extratextual, no segundo, intratextual.

A produção do texto descritivo implica uma seleção de aspectos, objetivando uma definição ou uma denominação. Não somos capazes de abranger a percepção da totalidade. Claro está que esta escolha vincula-se ao repertório de conhecimentos do emissor.

A estruturação do texto descritivo implica uma determinada hierarquia na disposição dos aspectos. Nesse sentido, a descrição envolve temas e subtemas.

A título de exemplo aberto às nossas constatações, observemos uma passagem de *O cortiço*, romance de Aluísio Azevedo:

Eram cinco horas da manhã e o cortiço acordava, abrindo não os olhos, mas a sua infinidade de portas e janelas alinhadas.

Um acordar alegre e farto de quem dormiu de uma assentada sete horas de chumbo. Como que se sentiam ainda, na indolência da neblina, as derradeiras notas da última guitarra da noite antecedente, dissolvendo-se à luz loura e tenra da aurora, que nem um suspiro de saudade perdido em terra alheia.

A roupa lavada, que ficara de véspera nos coradouros, umedecia o ar e punha-lhe um farto acre de sabão ordinário. As pedras do chão, esbranquiçadas no lugar da lavagem e em alguns pontos azuladas pelo anil, mostravam uma palidez grisalha e triste, feita de acumulações de espumas secas.

Entretanto, das portas surgiam cabeças congestionadas de sono; ouviam-se amplos bocejos, fortes como o marulhar das ondas; pigarreava-se grosso por toda a parte; começavam as xícaras a tilintar; o cheiro quente do café aquecia, suplantando todos os outros; trocavam-se de janela para janela as primeiras palavras, os bons-dias; reatavam-se conversas interrompidas à noite; a pequenada cá fora traquinava já, e lá dentro das casas vinham choros abafados de crianças que ainda não andam. No confuso rumor que se formava, destacavam-se risos, sons de vozes que altercavam, sem se saber de onde, grasnar de marrecos, cantar de galos, cacarejar de galinhas. De alguns quartos saíam mulheres que vinham dependurar cá fora, na parede, a gaiola do papagaio, e os louros, à semelhança dos donos, cumprimentavam-se ruidosamente, espanejando-se à luz nova do dia. (AZEVEDO, 2005: 461)

O TEXTO ARGUMENTATIVO

O texto argumentativo envolve uma sequência de razões e objetiva basicamente convencer o destinatário.

Centraliza-se num ponto de vista fundamentado, a partir da concordância ou da discordância do enunciador. Por seu caráter não admite meio-termo.

No texto dessa natureza, a mensagem expressa, de maneira subjetiva ou objetiva, o que se pensa a propósito do que se vê, do que se sente, do que se depreende do que alguma coisa é feita.

Dois textos, literários e clássicos, que integram a peça *Júlio César*, de Shakespeare, exemplificam essa modalidade de discurso: a fala de Brutus e o famoso discurso de Marco Antonio, o libelo que, carregado de ironia, pontua o veemente elogio fúnebre do imperador. Recordemos as passagens, na tradução de Bárbara Heliodora. Primeiro, o discurso de Brutus:

> Romanos, concidadãos e amigos. Ouvi a exposição de minha causa e fazei silêncio, para que possais ouvir. Crede em minha honra e respeitai minha honra, para que possais acreditar nela. Julgai-me segundo vossa sabedoria e ficai com os sentidos despertos, para que possais julgar melhor. Se houver alguém nesta reunião, algum amigo afetuoso de César, dir-lhe-ei que o amor que Brutus dedicava a César não era menor que o dele. E se esse amigo, então, perguntar por que motivo Brutus se levantou contra César, eis minha resposta: não foi por amar menos a César, mas por amar mais a Roma. Que teríeis preferido: que César continuasse com vida e vós todos morrêsseis como escravos, ou que ele morresse, para que todos vivêsseis como homens livres? Por me haver amado César, pranteio-o; por ter sido feliz, alegro-me; por ter sido valente, honro-o; mas por ter sido ambicioso, matei-o. Logo: lágrimas para sua amizade, alegria para sua fortuna, honra para o seu valor e morte para sua ambição. Haverá aqui, neste momento, alguém tão vil que deseje ser escravo? Se houver nessas condições, que fale, porque eu o ofendi. Haverá alguém tão grosseiro para não querer ser romano? Se houver, que fale, porque eu o ofendi. Haverá alguém tão desprezível, que não ame sua pátria? Se houver, que fale porque eu o ofendi. Farei uma pausa, para que me respondam.
>
> Neste caso, não ofendi ninguém, não fiz a César se não o que faríeis a Brutus. O inquérito de sua morte se acha depositado no Capitólio; sua glória não foi depreciada, com referência a seu mere-

cimento; não tendo sido, também, exagerados os crimes pelos quais veio a sucumbir.

Aí vem o seu corpo, chorado por Marco Antonio que, muito embora não houvesse tomado parte em sua morte, será beneficiado por ela, pois passará a ocupar um cargo na República. Quem de vós também não ocupará um cargo? Despeço-me com isto: assim como matei o meu melhor amigo por amor de Roma, assim também conservarei o mesmo punhal para mim próprio, quando minha pátria necessitar que eu morra. (http://www.Ig.com.br/home/igler/artigos/0435,00.html)

Agora o de Marco Antonio:

Amigos, cidadãos de Roma, ouvi-me:
Vindes enterrar a César, não louvá-lo.
O mal que o homem faz vive após ele.
O bem se enterra às vezes com seus ossos.
Com César, assim seja. O honrado Brutus
Disse que César era ambicioso.
Se isso é verdade, era uma dura falta.
E duramente César a pagou.
Com permissão de Brutus e dos outros
(Pois Brutus é um homem muito honrado,
Tal como os outros, todos muito honrados)
Venho falar no funeral de César.
Foi meu amigo, justo e dedicado;
Mas Brutus diz que ele era ambicioso.
E Brutus é um homem honrado.
Ele trouxe para Roma mil cativos
Cujo resgate enchia nossos cofres;
Mostrou-se assim a ambição de César?
Quando o povo clamava, ele sofria;
Ambição deve ter mais duro aspecto;
Mas Brutus diz que ele era ambicioso,

E Brutus é um homem honrado.
Vós todos vistes que no Lupercal
Três vezes lhe ofertei a coroa:
Três vezes recusou. Isso é ambição?
Mas Brutus diz que ele era ambicioso.
E sabemos que é um homem muito honrado.
Não falo para negar o que diz Brutus
Mas aqui dizer tudo o que sei:
Todos vós o amastes, não sem causa;
Que causa vos impede de chorá-lo?
Bom senso hoje existe só nas feras;
O Homem perde a razão! Mas perdoai-me,
Meu coração com César vai, no esquife,
E eu calarei até que ele me volte
(http//www.ig.com.br/home/igler/artigos/0,/0,436.00.html)

O TEXTO SOLICITATIVO-ORDENATIVO

O texto solicitativo-ordenativo centraliza-se em ordens ou pedidos. Privilegia a função conativa da linguagem.

Envolve formas diretas e indiretas de solicitação ou de ordem. Exemplo de forma direta: *Não fume*. Exemplo de forma indireta: *Solicitamos o obséquio de não fumar neste recinto*.

Um exemplo, vinculado à realidade do cotidiano, adaptado de textos de utilidade pública publicados em jornais:

O QUE FAZER NO CASO DE CHEIRO DE GÁS EM CASA

Feche os registros de entrada e de todos os aparelhos em que é utilizado. Abra as portas e janelas, para assegurar a boa ventilação do ambiente. Não ligue nem desligue interruptores ou aparelhos elétricos. Não acenda isqueiros, não risque fósforos, não fume. Não use nada que possa provocar faíscas. Ligue para o setor de emergência da Companhia de Gás ou para o Corpo de Bombeiros. Não abra os registros até que seja detectada e eliminada a causa do vazamento.

Outro exemplo, um fragmento de texto do Dalai Lama:

Abra seus valores para mudanças, mas não abra mão de seus valores.
    Leia o que está nas entrelinhas.
    Reparta o seu conhecimento. É uma forma de alcançar a imortalidade.
    Seja gentil com o planeta Terra, sua casa.
(DALAI LAMA, IB Ecológico, 2003: 12)

A elaboração dos textos, seja qual for o gênero do discurso, é inerente a cada pessoa.

Podemos dizer, parodiando o poeta espanhol Antonio Machado, que o caminho é feito no caminhar.

A caminhada, entretanto, se torna muito mais grata e facilitada se conhecemos as estações do percurso, a natureza das nossas escolhas e fazemos uso de uma bagagem pertinente de conhecimento.

A produção de textos de qualquer natureza vincula-se às citadas instâncias: o conhecimento do mundo, o domínio da língua, a aptidão para inscrever-se no mundo por meio da língua.

Essa constatação não envolve qualquer juízo discriminatório. Traduz objetivamente um dado de realidade.

Se nos familiarizamos com acervos de conhecimento, com as circunstâncias da vida que nos cercam, temos, efetivamente, uma garantia muito maior da eficiência do ato comunicativo que nos propusermos, seja qual for o gênero em que se concretize. Nessa direção, a leitura é uma fonte de alta relevância.

O mesmo podemos dizer dos recursos que o idioma põe à nossa disposição. O que não significa qualquer procedimento coercitivo em relação às variantes regionais, socioculturais ou expressivas. Trata-se apenas de uma constatação da potencialidade da língua como meio de comunicação.

Na produção de textos narrativos, descritivos, explicativos, argumentativos ou solicitativo-ordenativos, convém observar, para maior eficiência da comunicação, alguns princípios: falar ou escrever somente sobre o que sabemos; ter em mente, com clareza, o que desejamos comunicar; levar em conta o destinatário da mensagem, o seu universo cultural, e a situação de fala; adequar o discurso a essas duas circunstâncias; transmitir informações apropriadas ao que queremos comunicar, não fugir do assunto; ter em conta a natureza e o veículo de comunicação.

GÊNEROS LITERÁRIOS

O conceito de gênero que acabamos de explicitar é um dos muitos relacionados com o termo.

Nos espaços da teoria literária, narrativas ficcionais e manifestações em verso, livre ou tradicional, conduziram a classificações fundadas em distintos e múltiplos critérios.

A teoria dos gêneros literários reveste-se também de complexidade. A matéria é controvertida. Muitas são as caracterizações. Há mesmo especialistas que negam a sua pertinência e a existência do objeto de estudo.

Desde Platão e a preceptiva aristotélica até a contemporaneidade, os estudos sobre a categoria envolvem duas teorias.

A primeira considera os gêneros com base em critérios rígidos. Entende-os como entidades de estrutura nitidamente configurada, regulada por normas, ainda que não tão coercitivas como, de imediato, se poderia supor. Identifica-os. Estabelece uma distinção entre os diversos gêneros em termos de natureza e hierarquia e determina separações. É a teoria clássica.

Aristóteles, para citar um exemplo, a partir do seu conceito de mímese, estabelece distinções entre poesia narrativa e poesia dramática, trata de tragédia e comédia, preconiza distinções apoiadas na natureza dos assuntos tratados e nos elementos formais, como a métrica e a linguagem figurada.

Os dois filósofos gregos, Platão e Aristóteles, com os quais começa, de certo modo, a crítica literária, já apontam para a distinção entre poesia lírica, épica e dramática com base no "modo de imitação" ou de "representação". Aristóteles identifica a poesia lírica com a "pessoa" do próprio poeta. Na poesia épica, para ele, configura-se uma narração mista: o poeta, na condição de narrador, fala em primeira pessoa e, em parte, faz falar, em estilo direto, suas personagens. No teatro, o poeta obnubila-se, por intermédio da distribuição de papéis.

Em Roma, o poeta Horácio, ao tratar do assunto, caracteriza os gêneros a partir de traços estilísticos e de variedades métricas. Preconiza uma rigorosa separação que não permite, por exemplo, a mescla, num mesmo texto, de tragédia e comédia; e exige um tom adequado para cada gênero.

As teorias aristotélicas e platônicas, codificadas por Horácio, orientam basicamente, não sem polêmica, a literatura e a crítica ocidentais nos séculos XVI, XVII, XVIII, e em boa parte do XIX.

Situo-me entre os que entendem que os gêneros sob tal óptica dividem-se em modalidades ou formas.

A ficção narrativa envolve, nesse enfoque, conto, novela, romance, como modalidades principais.

Nelas configuram-se visões de mundo e um sistema que integra narração, personagens, ação, tempo, espaço, enfoque, estilo.

A dificuldade consiste em estabelecer objetivamente os limites dessas formas, como se evidencia nas conceituações tradicionais.

Entende-se tradicionalmente que o conto focaliza um momento representativo da vida. Constitui-se de uma história curta que envolve economia de elementos estruturais.

O romance, por sua vez, corresponde a uma narrativa longa centrada numa ampla faixa de vivência concretizada numa estrutura mais complexa.

A novela é uma forma intermediária entre as duas outras.

Já há algum tempo, os limites de difícil identificação começaram a ser diluídos.

Passou-se a opor narrativa curta a narrativa longa, ambas sem contornos objetivamente definidos.

Configuraram-se textos literários na fronteira dos limites entre prosa e verso, entre realidade e ficção.

Emergiram formas como romances-reportagem, esfumaram-se os rigores do ritmo do verso.

As vanguardas apontaram caminhos diversificados.

No processo literário brasileiro, desde o século XIX, ganhou forte presença e desenvolvimento marcante uma modalidade que associa o literário e o não literário: a crônica.

Como a designação indica, vincula-se à dinâmica do tempo, de cujos limites se libera, por força da dimensão estética da linguagem em que se concretiza.

A crônica é feita de fatos e comentários do autor sobre uma realidade próxima ou distante, mas sempre a partir de uma perspectiva atualizada.

É uma forma literária que encontrou nos meios de comunicação de massa, em especial nos jornais e revistas, seu principal instrumento de divulgação, com alguma presença na veiculação via rádio. Frequenta também, ainda que em segundo plano, os espaços de livro.

Exemplos representativos remontam a Machado de Assis, e chegam a autores como Rubem Braga, Carlos Drummond de Andrade, Antônio Maria, Sergio Porto, Rachel de Queiroz, Henrique Pongetti, Fernando Sabino, Paulo Mendes Campos, Carlos Eduardo Novaes, Luis Fernando Verissimo, João Ubaldo Ribeiro, Zuenir Ventura e vários outros.

A teoria moderna adota critério aberto. Entende que os gêneros são entidades dinâmicas que admitem mudanças, variações, imbricações. Privilegia a descrição e não o normativo.

As novas posições emergentes no mesmo século XIX destacam a liberdade e o ecletismo. Não há regras nem modelos "além das leis da natureza que planam sobre toda a arte e das leis especiais que, para cada composição, derivam das condições próprias de cada assunto", defende Victor Hugo. (HUGO, 1963: 235)

Outra tese da centúria entende que os gêneros nascem, crescem, desenvolvem-se, transformam-se e desaparecem, como defende o crítico literário Ferdinand de Brunetière.

A posição mais radical é assumida pelo historiador italiano Benedetto Croce. Ele atribui significação secundária à teoria dos gêneros. Considera-os extrínsecos à obra. Entende que esta deve ser estudada em si mesma, como expressão única de realidades, e que seu valor estético não está subordinado a este ou àquele gênero, cuja configuração é arbitrária.

Outras perspectivas colocam o centro de atenção na estrutura linguística da obra. É o caso da posição de Roman Jakobson, que vincula a poesia lírica à primeira pessoa verbal e ao tempo presente, a épica à terceira pessoa e ao tempo passado.

O professor Emil Staiger propõe uma classificação marcada de dinamismo. Para ele, configuram-se, nas obras literárias, em termos ideais, um estilo lírico, um estilo épico e um estilo dramático.

A ideia a que cada um deles se refere vincula-se ao que ocorre com as pessoas diante de um fato que não necessita ser especialmente literário. Para ele, qualquer obra literária autêntica participa dos três gêneros literários – o lírico, o épico e o dramático.

Ele esclarece: "Posso ter vindo a conhecer a 'significação ideal' – para falar como Husserl – do 'lírico', por meio de uma paisagem, e do 'épico' talvez por uma leva de imigrantes; uma discussão pode ter-me incutido o sentido de 'dramático'." (STAIGER, 1969: 14-15)

A classificação em obra épica, lírica ou dramática, segundo o pensador, é ditada respectivamente pelo predomínio dessas características

No século XX, entre outros posicionamentos, concebe-se, numa visão dinâmica, que "os gêneros formam no interior de cada período, um sistema; eles só podem ser definidos a partir de suas relações mútuas. Não haverá mais um gênero 'tragédia', único; a tragédia se *re-definirá* a cada momento da história literária, em relação aos outros gêneros coexistentes. Abandona-se a poética geral, para entrar na história da literatura". (DUCROT & TODOROV, 1972: 195)

Em síntese, segundo entendo, pode-se concluir que se concretizam, no âmbito literário, três gêneros – o lírico, o épico e o dramático – que se configuram em formas ou modalidades como o poema, o romance, o conto, a novela, a tragédia, a comédia etc., admitindo-se variantes, formas mistas e o aparecimento de novas realizações artísticas, a cada passo evidenciadas nas rupturas dos movimentos de vanguarda e, mais recentemente, anunciando-se no âmbito da chamada ciberarte.

As tradicionais modalidades da narrativa de ficção, bem como as manifestações em verso, vêm, há algum tempo, efetivamente perdendo contornos. Descaracterizam-se as formas e novos modelos surgem, desafiando a argúcia e a ciência dos estudiosos.

Por outro lado, como assinala o professor Saulo Neiva:

> ocorre que os autores de uma época posterior à vigência de determinados gêneros procedem a um reinvestimento desses mesmos gêneros que caíram em desuso. Esses autores os "exumam" e os reativam a partir de outro contexto histórico e sociocultural, o que implica inevitavelmente uma modificação da significação de seus traços característicos e das funções que são a eles atribuídas mesmo nos casos em que o autor pretende uma adesão marcada de fidelidade (...).
>
> Esse reinvestimento se sedimenta num processo dinâmico em que a transmissão dos códigos esquecidos é indissociável da transformação. (NEIVA, 2014: 10)

Se a teoria dos gêneros sofre, há muito, inúmeras contestações, essas mudanças acentuam ainda mais a problemática que a envolve.

Mais recentemente, notadamente no começo do século atual, há ainda estudiosos que consideram que não apenas os gêneros, mas todos os conceitos ligados à terminologia da teoria da literatura devem ser postos em questão, inclusive a própria teoria. Em decorrência, também a atividade crítica. Fratura-se o cânon. Há como que uma intensificação da síndrome da crise, frequente no percurso da arte da literatura.

No horizonte, próximo ou distante, três possibilidades: o estabelecimento de novos paradigmas, a revitalização dos princípios consagrados pela tradição próxima ou remota, a diluição ou a negação da categoria. Impossível, nessa direção, o exercício da futurologia.

No alvorecer do século XXI, persistem, entretanto, os esforços de assegurar à literatura o seu lugar de centro como produto cultural e a permanente preocupação com perscrutar o seu mistério.

7
LITERATURA, LINGUAGEM E LÍNGUA

LITERATURA: NO RASTRO DO CONCEITO

Durante muito tempo a palavra "literatura" foi usada com um sentido distinto do atual. Inclusive entre os gregos e os romanos.

Termo erudito, corresponde em latim a *literatura*, por seu turno calcado no grego *grammatiké*. *Gramma*, em grego, tem como correspondente a palavra latina *littera*, ambas com o significado de "letra".

Na língua latina, "literatura" significava instrução, saber relativo à arte de escrever e de ler, ou ainda gramática, alfabeto, erudição.

Esse é basicamente o significado que acompanhará a palavra, com pequenas variações, até o século XVIII. Servia para designar a ciência em geral ou para nomear a cultura do homem de letras.

Durante o século XVII e a primeira metade do século seguinte, o que atualmente nomeamos com a denominação na área das artes era chamado de "poesia" ou "belas letras". Usava-se ainda no caso de formas específicas da prosa o vocábulo "eloquência".

A partir da penúltima década do século XVIII, o termo passa a ser empregado para designar o fenômeno literário em geral, vinculado à "criação estética". Esse conteúdo significativo, entretanto, estava longe da homogeneidade.

O início de sua utilização nos distintos países também variou ao longo do tempo. Em Portugal e na Alemanha, começou a aparecer no século XVI e na Rússia no XVII.

A palavra, posteriormente, passou a ter uso generalizado, independentemente da época e das obras a que se referia, incluídas as antigas produções gregas e romanas.

A concepção aristotélica que a entendia, com o significado restrito do seu tempo, como arte da palavra, passou a designar a arte literária em geral, marcada pelo caráter estético.

Em síntese, duas concepções básicas passaram a identificar, com maior ou menor relevo, a literatura no espaço da cultura ocidental.

Existem os que entendem que a obra literária envolve uma "representação" e uma "visão do mundo" e uma "tomada de posição diante dele". A dimensão estética resulta, de um lado, da originalidade da visão, de outro, da adequação da linguagem às coisas expressas. Privilegia-se, segundo Maurice-Jean Lefebvre, o que se traduz no texto literário. É a concepção clássica da literatura.

No século XIX, à luz da ideologia que está na base do Romantismo, acrescenta-se um novo aspecto a essa conceituação: ao artista da palavra cabe a visão das coisas como ainda não foram vistas e como são profunda e autenticamente em si mesmas. "O que um poema significa é o que ele significa." (LIMA, 1981: 217)

Na segunda metade da mesma centúria, destaca-se uma mudança de enfoque: a conceituação passa a concentrar-se no "como" a literatura se concretiza. O espaço de especificidade é o "uso da linguagem" que nela se configura. Acentua-se, nessa direção, o seu caráter de obra de arte na linguagem.

As duas concepções explicitadas acima perpassam a história da literatura.

LITERATURA E LÍNGUA

A literatura, na verdade, esquiva-se, desafiadora e esfíngica, a qualquer conceituação totalizadora. Situa-se num espaço que resiste à plena clarificação. Mesmo porque acompanha a dinâmica da cultura em que se insere. Admite, entretanto, a identificação de alguns aspectos. Nunca é demais repassá-los, para melhor compreensão de sua relevância.

Trata-se de uma forma de linguagem que tem uma língua como suporte. Vale-se, portanto, de um produto cultural.

Distingue-se, nessa condição, das demais artes, que utilizam produtos naturais na sua configuração, como, entre outros, tela, de distintos materiais, pedras, como mármore e outras, como madeira, metal: a pintura, a escultura, a arquitetura.

É, tradicionalmente, uma arte verbal. A presença do advérbio neste enunciado justifica-se por força de determinadas proposições na direção do aproveitamento de elementos não verbais na sua concretização. Notadamente nas propostas de vanguarda.

É o caso, por exemplo, na realidade brasileira, do movimento do Poema/Processo, lançado em dezembro de 1967, ainda que, na condição de vanguarda, tenha-se declarado autoencerrado em manifesto de 1973.

Manifestação de arte, o texto literário reveste-se de caráter estético.

Até que a dinâmica do processo cultural propicie mudanças significativas na sua configuração, o texto dessa natureza caracteriza-se, assim, entre outros aspectos, por uma dupla dimensão: a dimensão semiótica e a dimensão transfiguradora do real.

A primeira envolve recursos técnicos peculiares, que marcam a maneira como o autor ou autora estrutura o texto. Abrange, portanto, um uso específico da língua-suporte, ponto de partida.

A dimensão transfiguradora ilumina aspectos individuais, sociais e universais. É marcada, nas obras representativas, por dois traços dominantes: multissignificação e universalidade.

Por força do caráter polissêmico, ou seja, multissignificativo, o texto literário abre-se a múltiplas leituras. É tanto mais relevante quanto maior é o índice de polissemia que nele se configura.

Por outro lado, o texto se universaliza na medida em que o que nele se revela resiste, na condição de marca do psiquismo humano, à ferrugem do tempo. O ciúme, a inveja, a busca da felicidade, a indagação sobre o mistério da vida e da morte, para citar alguns exemplos, estão nesse caso.

Essas duas dimensões integradas associam-se ao caráter específico da linguagem na configuração da dimensão estética que singulariza a obra de arte literária.

A língua, na condição de linguagem de uma comunidade, restringe-se à representação de fatos ou situações particulares, observados ou inventados.

A literatura, um uso especial da língua, ao tratar desses fatos ou situações, envolve elementos universais, na direção de sua natureza profunda.

Ao transformar a realidade em signos-símbolos, a linguagem verbal caracteriza, como ficou assinalado, uma "desrealização" dessa realidade. O texto de literatura amplia esse desrealizar-se, ao envolver, a partir do fingimento do particular, dimensões universais.

As palavras, numa obra de arte literária, tornam-se multissignificativas e adquirem um sentido específico no momento em que nela se integram e passam a fazer parte dos elementos que, interligados e interdependentes, constituem o todo ficcional.

O texto literário traduz uma *verdade de coerência*: configura uma realidade que emerge dele como tal.

O texto não literário centraliza-se numa *verdade de correspondência*: remete a algo que preexiste a ele. Na comunicação cotidiana, um ato de fala sempre depende de um contexto extraverbal e de uma situação extralinguística anteriores e exteriores a ele.

No texto literário, tal contexto e tal situação dependem do próprio discurso. O leitor nada conhece a respeito de um e de outra antes da leitura.

A linguagem literária é semanticamente autônoma. Admite explicação, nunca verificação. Remete, entretanto, a uma determinada circunstância histórica e a dimensões ideológicas.

O texto de literatura converte-se numa forma específica de comunicação que evidencia um uso especial do discurso, posto a serviço da criação artística reveladora.

Como revelação, compreenda-se, nesse contexto, a configuração *mimética* da realidade.

O adjetivo *mimética* nos remete a *mímese*, um dos conceitos básicos ligados à arte literária.

A conceituação do termo é mais uma que não é simples. Caracterizada pelos gregos, tem mobilizado, ao longo do tempo, preocupações e questionamentos de pensadores e críticos literários. Lembro alguns aspectos inerentes ao assunto.

Os pitagóricos descodificavam o termo como expressão ou representação de estados oníricos. O produto vinculado à mímese revestia-se de função terapêutica: a encenação de estados emocionais possibilitaria ao artista ou ao receptor liberar as suas próprias emoções.

O conceito é também objeto da reflexão de Platão e Aristóteles, com os quais começa, de certo modo, o que viria a ser a crítica literária, embora ainda não assumida como tal.

Platão não trata sistematicamente de literatura. Em sua obra, entretanto, notadamente no livro X de *A República,* assume pronunciamentos sobre arte que se tornarão relevantes na história da cultura ocidental.

Com Aristóteles, nasce a preceptiva, ou seja, a codificação de preceitos vinculados à arte poética.

Os dois filósofos identificam a mímese como "imitação", mas com interpretações distintas para esta última palavra.

Na sua concepção de mundo, Platão entende que a realidade é "imagem" ("fantasma") de ideias eternas. A obra de arte da palavra configura "imagem de imagem", um simulacro da realidade. Não envolve conhecimento do real. Corresponde, portanto, a uma representação do mundo das aparências e das opiniões.

A "imitação" nela configurada está muito afastada da realidade. Não permite conhecê-la em profundidade. A mímese, no âmbito da concepção platônica, é mera *imitação de aparências.*

Para seu discípulo Aristóteles, a arte, por meio da mímese, configurava uma "imitação" que equivale a muito mais do que "copiar" ou "duplicar" a realidade. Caracteriza uma busca em profundidade da natureza do ser humano e do mundo. Converte-se num produzir algo análogo ao que a caracteriza.

A mímese, para ele, corresponde, consequentemente, à imitação das essências; constitui um mergulho na direção do ser; logo, ao contrário do que propõe Platão, a arte da palavra é um veículo de pleno conhecimento.

Ao conceito aristotélico de mímese vincula-se a assinalada dimensão universalizante do texto literário. Lemos na *Arte poética* do filósofo:

> O historiador e o poeta não se distinguem um do outro pelo fato de o primeiro escrever em prosa e o segundo em verso (pois se a obra de Heródoto houvesse sido composta em verso, nem por isso deixaria de ser obra de História, figurando ou não o metro nela). Diferem entre si porque um escreveu o que aconteceu e o outro o que podia ter acontecido.
>
> Por tal motivo, a poesia é mais filosófica e de caráter mais elevado do que a História, porque a poesia permanece no universal e a História estuda apenas o particular. O universal é o que tal categoria de homens diz ou faz em tais circunstâncias, segundo o verossímil e o necessário. (ARISTÓTELES, 1964: 278)

Da associação da universalidade assinalada com a noção de mímese, depreende-se na linha do pensamento aristotélico, e José Guilherme Merquior assinala que, "ao mesmo tempo que vincula a poesia com a realidade, Aristóteles acentua a autonomia do reino estético ante as normas do mundo exterior" e essa autonomia "parece ligada à sua universalidade, já que a tragédia, embora dê nomes próprios a seus personagens, lida com o homem, mais do que com homens singulares". (MERQUIOR, 1972: 6-7)

De par com a tradição aristotélica, que a entende como a citada imitação das essências, o conceito de mímese envolve ainda, na estética ocidental, como assinala Stefan Morawski, uma tradição platônica, centrada na referida imitação das aparências, e ainda uma tradição democrítica, que a entende como imitação das ações da natureza. (MORAWSKI, 1970: 36)

NOS RUMOS DA MÍMESE

O conceito de mímese perpassa a literatura ocidental e atravessa os séculos, entendido, durante muito tempo, com o sentido de "espelho" ou "fotografia" da realidade.

A interpretação correta da teoria aristotélica sobre a arte em geral e a literatura em particular esperará os fins do século XIX. Relevantes, nesse sentido, são as reflexões de Kant, de Hegel e de Croce, a tradução e interpretação da *Arte poética* de Aristóteles, empreendidas pelo escritor inglês S. H. Butcher, e os estudos de Friedrich Hölderlin.

O crítico e professor Eduardo Portella, que prefere utilizar a forma grega do termo, lembra, a propósito, que "devemos ao poeta Hölderlin a moderna revitalização do conceito de *mímesis*. Ele faz ver que imitar não é copiar; é descer ao plano de articulação das possibilidades subjacentes na *coisa*. A arte supre a natureza e, desse modo, se relacionam sem se confundirem". (PORTELLA, 1973: 34)

É quase consenso entre os especialistas do Ocidente, ao considerarem a articulação entre arte e representação, que

> A literatura é representacional quando produz uma *figura* de uma realidade, seja psicológica ou social, particular e historicamente reconhecida, seja, de maneira mais abstrata, uma *figura* de uma realidade ideal, mítica, metafísica – quando apresenta ou torna visíveis os traços "essenciais" ou característicos de algo "externo" de um espaço ou contexto diverso do "estritamente literário". (CARROL, *in* DAVID, 1980: 201, LIMA, 1981: 217)

Como quer que seja, a mímese converteu-se, não sem questionamento, num conceito fundamental para a compreensão da arte, em especial da arte literária.

É também corrente a admissão de que o produto artístico que se concretiza a partir dela tem o efeito de catarse, também conceituado por Aristóteles.

O filósofo não esclarece plenamente o sentido da palavra. Emprega-o em *A Política* (1341, livro VIII, cap. VII: 4) e o entende como "purificação", "purgação", "uma expulsão provocada de um humor incômodo por sua superabundância". Do mesmo modo que a música apaixonada, a tragédia bem concebida "deve determinar no auditório, que se deixou empolgar pelas paixões expressas, um gozo que, no final do espetáculo, dá impressão de libertação e de calma, de apaziguamento, como se a obra tivesse dado ocasião para o escoamento do excesso de emoções". (ARISTÓTELES, 1964: 258-259).

O discurso mimético tem sido objeto de reflexão de inúmeros especialistas. Em destaque, o que se configura no livro *Mimésis* [Mimesis], de Erich Auerbach. Para ficarmos no Brasil, aponto dois livros de relevância sobre o assunto: *A astúcia da mímese*, de José Guilherme Merquior, e *Mímesis e modernidade*, de Luís Costa Lima.

No âmbito do pensamento grego, cabe destacar em outra direção a posição explicitada no tratado intitulado *Do sublime*.

A obra foi, durante muito tempo, atribuída a Cássio Longino, um erudito e crítico que viveu aproximadamente entre 213 e 273. Para vários estudiosos, porém, o texto não é de sua autoria. Teria sido escrito por um mestre anônimo de retórica grega. No texto, considera-se que a retórica é uma arte e, nessa condição, uma atividade criadora.

São trazidas, por outro lado, para o exame da arte literária, tal como entendida na época, preocupações com o escritor e com os efeitos que a linguagem, ao atingir a "sublimidade", provoca no leitor.

Compreenda-se a "sublimidade", na explicitação de Ferrater Mora como uma "eminência e excelência da linguagem". O que, evidentemente, diz pouco.

Como quer que seja, o termo aponta, como fontes da culminância de tal excelência, duas de caráter natural e três de caráter artificial. As duas primeiras são a apreensão de grandes pensamentos e a paixão; as demais são as figuras de linguagem, a dicção e a composição.

Essa obra teve influências significativas sobre as reflexões a propósito do sublime e suas relações com o belo.

O conceito de beleza, por sua vez, tem sido objeto de numerosas e distintas interpretações, entre elas as de Edmund Burke e Immanuel Kant. Está também na origem da futura crítica psicológica que emergiu no século XVIII e que será adiante explicitada.

Burke entende, por exemplo, que, na verdade, a poesia e a retórica não alcançam, na descrição exata, o mesmo êxito da pintura; sua tarefa "consiste em comover mais pela empatia do que pela imitação, em manifestar mais o efeito das coisas no espírito do falante ou dos outros do que em apresentar uma ideia clara das coisas em si mesmas. Esta é sua competência mais extensa, e aquela em que tem mais êxito". (BURKE, *in* SOUZA, 2011: 29)

Kant fundamenta as suas reflexões sobre a arte na autonomia do estético, contraposto a dimensões vinculadas à moral ou à utilidade. Privilegia, assim, a relação entre a arte e o belo. Entende este último como resultado da combinação de fatores como "o alcance universal, a finalidade sem fim, a contemplação desinteressada". (KANT, *in* SOUZA, 2011: 289) Para uma visão mais pormenorizada da sua reflexão cumpre ler o seu texto intitulado "Crítica do juízo estético".

Os retóricos da Grécia e de Alexandria, vinculados à famosa biblioteca dessa cidade, deixaram como contribuição estudos sobre o texto literário, especialmente sobre o material linguístico que nele é utilizado.

As teorias gregas, em especial as doutrinas de Platão e Aristóteles, são codificadas em Roma pelo poeta Horácio.

Na sua *Epístola aos Pisões,* também conhecida como *Arte poética,* ele apresenta as normas de realização da obra de arte que deveriam ser seguidas pelo escritor.

Tais normas vinculam-se ao pensamento platônico, ao defender que a literatura deve ser *dulce et utile,* ou seja, "doce e útil", e que *aut prodesse volunt, aut delectare poetae,* isto é, que os poetas querem ser úteis ou proporcionar prazer. Elas representam o pensamento aristotélico, ainda que "horacianamente" codificado, na medida em que acrescentam uma visão prática, moralista, judicante, ética que era própria dos romanos.

Outros em Roma trataram do texto de literatura, como Cícero, Demóstenes, Quintiliano, Tácito, Demétrio, Dionísio. É, entretanto, a dogmática horaciana a influência maior que domina a Idade Média, chega ao Renascimento e ao Barroco e, com grande presença, avança pelo Neoclassicismo.

No século XIX, é o pensamento platônico que predomina, por intermédio das repercussões do posicionamento de Horácio, das ideias contidas no tratado *Do Sublime* e das doutrinas dos retóricos da Grécia e de Alexandria.

As múltiplas correntes da crítica literária que, ao longo do século, se desenvolvem a elas se vinculam.

Repercussões do posicionamento horaciano presentificam-se em alguns procedimentos críticos. A saber:

- a crítica que avalia a obra literária em função do seu caráter moralizador: vincula a valorização da obra literária à sua maior ou menor eficácia como veículo de ação moral e de divulgação de princípios éticos que devem ser obedecidos; é o caso, por exemplo, da valorização da obra de José de Anchieta como meio de catequização e não por suas características estéticas ou de outra ordem;
- a crítica que considera a representatividade do fato literário em função de sua significação política ou ideológica;
- a crítica que vincula a representatividade às determinações do meio, da raça e do momento, por isso mesmo chamada de determinista, de forte influência no Brasil, notadamente nas duas décadas finais do século XIX;
- a crítica histórica, que se preocupa basicamente com as motivações da época que estão na base da origem da obra literária;
- a crítica sociológica, caracterizada por múltiplos matizes, que privilegia as relações da obra com as origens sociais do escritor e os efeitos do contexto social sobre ela;
- a crítica culturalista, centrada no modo como a ambiência cultural de um período afeta a produção e a apreciação da literatura.

(DAICHES, 1967: 34-35)

Repercussões do tratado *Do sublime* tornam-se presentes em duas correntes:

- a crítica psicológica, preocupada com o estado de espírito que estaria na base da criação literária e as repercussões do texto no receptor, em termos emocionais;
- a crítica biográfica, extensão da anterior, centrada na vida do autor como explicação para a obra.

Repercussões do posicionamento dos retóricos da Grécia e de Alexandria estão na base na crítica filológica, centrada na palavra como instrumento da criação literária, mas sem considerar a dimensão estética, o tratamento especial que a ela confere o artista.

Ressaltemos que é comum a associação de posicionamentos, por exemplo, da crítica histórica com a sociológica, desta última com a psicológica ou com a culturalista.

Observemos que todas essas manifestações do pensamento crítico ocidental destacam na obra literária elementos extrínsecos, encaram-na como um "documento".

A crítica impressionista

No final do século XIX, emerge uma atitude crítica especial, de caráter esteticista, na contracorrente do positivismo e do racionalismo, então dominantes, e centralizada nas reações que a obra desperta no crítico.

Trata-se da crítica impressionista, de forte presença no Brasil, com manifestações remanescentes ainda na atualidade. Ela coincide, na época de seu florescimento, com a projeção do pensamento de Friedrich Nietzsche, Henri Bergson e Benedetto Croce e com a valorização da intuição e da filosofia irracionalista.

Lembremos, breve e sumarissimamente, apenas como motivação para a leitura mais aprofundada de seus textos básicos, alguns aspectos das reflexões desses três pensadores.

A partir de uma análise profunda dos valores da cultura europeia, encarnados no cristianismo, no socialismo e no igualitarismo democrático, Friedrich Nietzsche opõe-se aos ideais vigentes no seu tempo. Sustenta que tais ideais não passam de formas de uma moral que deve ser superada diante de um ponto de vista situado mais além do bem e do mal, manifestações de uma vitalidade descendente e de um ascetismo ao qual ele opõe como calor supremo a vitalidade ascendente, a vontade de viver e, em última instância, nas palavras de José Ferrater Mora, a "vontade de poder".

O filósofo questiona o que entende como "a falsidade radical do pretenso objetivismo do homem de ciência como do espírito decadente do cristão", no qual vê uma manifestação de ressentimento moral.

Henri Bergson revoluciona a teoria do conhecimento. Para ele, a filosofia é um retorno consciente e reflexivo aos dados da intuição.

Trata-se, no entanto, de uma intuição que busca penetrar na profundidade do real e extrair dela, por meio de imagens, o que "os conceitos não conseguem revelar plenamente, pois estes se situam na área da inteligência que só parece operar por meio de esquemas. Os atos da inteligência são para Bergson inoperantes, se pretendemos não um esquema, mas a compreensão plena da realidade". (BRÉHIER, 1948, v. 2: 854)

Croce, entre outros posicionamentos, restringe a experiência artística à intuição-expressão. Ou seja, como conhecimento e representação do que é individual numa elaboração independente da lógica e, por consequência, não repetível, de determinados conceitos.

A redescoberta da teoria aristotélica

O começo do século XX assiste a uma redescoberta da teoria de Aristóteles no âmbito da arte em geral e da literatura em particular. Esta passa a ser entendida como "a arte da palavra".

Várias correntes da crítica moderna apoiam-se nesse fundamento. Entre elas, o formalismo russo, o *new criticism* anglo-americano, a crítica de base estilística e o estruturalismo.

O núcleo de estudo dos formalistas é basicamente a modalidade de linguagem concretizada no texto. Considera-se que este é um produto verbal. Objetiva-se estabelecer a diferença entre a chamada linguagem prática e a linguagem poética. A primeira é por eles entendida como "todo enunciado que tem como alvo principal comunicar o conteúdo extralinguístico". A linguagem poética caracteriza-se por um "enunciado que se orienta para a expressão, na qual a comunicação objetiva fica em segundo plano". (STEMPEI, WOLF-DIETER, *apud* LIMA, 1983, v. 1: 397) À luz de tal procedimento, a linguagem poética é considerada um sistema de signos de natureza específica, um "sistema de procedimentos", enquanto a linguagem prática é um "sistema de signos automatizado". Busca-se configurar a chamada "literariedade", vale dizer, o que faz com que uma obra literária seja como tal considerada.

Os múltiplos estudos terminam concretizando uma teoria poética. Esclareça-se que o posicionamento, multifacetado, vai muito além dessa brevíssima caracterização, que é apenas um ponto de partida.

O *new criticism* não apresenta uma unidade rígida de princípios e métodos. Podemos destacar, entretanto, alguns traços dominantes: preocupação exclusiva com o objeto literário, eliminadas as reações pessoais do leitor-crítico; objetividade nos juízos sobre o valor estético das obras; consideração da obra como uma estrutura; centralização nos elementos intrínsecos dessa estrutura (tema, estilo, imagem, personagem, enredo, ritmo, rima, cenário etc.); preocupação com o que é literário na obra, considerada um todo indivisível: não há divisão de fundo e forma; a denúncia das quatro falácias ou ilusões relacionadas com as obras de literatura: a da intenção, a da afetividade, a da comunicação e a do mimetismo e da expressividade da forma.

A crítica de base estilística preocupa-se também com a linguagem literária. Tem como centro de atenção o estudo imanente do texto. Considera que o ponto de partida para a análise textual é a intuição. Entende que cada estilo exige uma abordagem única. Pressupõe três etapas para a atividade crítica: a intuitiva, ou "primeira impressão", a análise dos elementos estilísticos, e a emissão de um juízo de valor. Presentifica-se marcadamente na Espanha.

O estruturalismo ultrapassa os limites de uma mera corrente da crítica de literatura. É uma posição científica de caráter geral: aplica-se a todas as áreas do conhecimento. Em sentido restrito, centrado no fenômeno literário, caracteriza-se por posicionamentos heterogêneos. Possibilita a depreensão de alguns elementos comuns: nuclearização no universo de signos que constitui a obra literária; consideração de que o texto literário é mais uma construção verbal do que a representação de uma realidade; entendimento de que toda obra é a manifestação de uma estrutura abstrata geral da qual ela constitui simplesmente uma das realizações possíveis. Nucleariza a atenção na caracterização da literariedade, ou seja, dos traços que singularizam o texto literário como tal.

Outros posicionamentos críticos

Duas outras linhas de crítica de notoriedade nos países ocidentais ganham presença a partir da década de 1960 e ganham força nos anos 1970: a contribuição bakhtiniana, configurada nas obras e nas ideias do pensador e teórico russo Mikhail Bakhtin, e a estética da recepção e do efeito. Ambas são constituídas de uma caracterização complexa, cuja explicitação consta das obras citadas na bibliografia do final deste livro.

No posicionamento do primeiro, podemos, entretanto, destacar a relevância da paródia, nos termos em que a define; a transposição do carnaval à literatura, também à luz da sua teoria, a chamada "carnavalização"; a configuração da intertextualidade nos textos literários; a nova visão que os gêneros literários possibilitam.

A paródia, no caso, deve ser entendida, não como "canto paralelo" ou "imitação burlesca", conceitos tradicionalmente atribuídos ao termo. Para Bakhtin, trata-se de um discurso que estabelece um diálogo com outro, assumida uma atitude crítica irônica, sem reverência e para além da paráfrase.

O pensador se preocupa, vale acrescentar, sobretudo com "a paródia de registro essencialmente cômico, que revira o texto parodiado e privilegia o farsesco, o sexual, o coprológico, a grande gargalhada das ruas e das praças, o carnavalesco, a irrupção do riso, a caçoada com os grandes temas, a irreverência do espírito popular, sua esfuziante alegria, posta de lado durante séculos pela cultura oficial". (SCHNAIDERMAN, 1983: 121)

Ao conceito de paródia vincula-se o de carnavalização: é do carnaval, como fonte cultural, que emergem os gêneros cômico-sério-críticos e a paródia é um dos seus frequentes elementos constitutivos.

Nos termos bakhtinianos, carnaval é entendido em suas dimensões antiga e medieval.

É o riso que leva que conduz à natureza carnavalesca da paródia: "na Antiguidade, a paródia era inerente à percepção carnavalesca do mundo. Ela criava um duplo desentronizador que não era senão o 'mundo invertido' (*le monde à l'envers*)." (BAKHTIN, 1970: 175) "Na paródia literária formal, no atual sentido restrito, o vínculo com a percepção carnavalesca desaparece quase totalmente. Durante o Renascimento, entretanto, esteve bem presente." (BAKHTIN, 1970: 176)

Para o crítico, "no curso dos séculos, as categorias carnavalescas e, antes de todas, a familiarização do homem e do mundo transpuseram-se à literatura, principalmente em sua corrente dialógica". (BAKHTIN, 1970: 171)

Na sociedade modernizada da cidade industrial, transmuda-se em espetáculo, folcloriza-se, mas guarda algo relevante das origens: dimensões sígnicas, como as inversões e as máscaras. Cabe destacar, a propósito, a tipicidade do carnaval latino-americano, em especial o carnaval brasileiro em seu caráter multifacetado. A festa carnavalesca, importa lembrar, vincula-se ao tipo de sociedade em que se desenvolve.

Assim, a literatura carnavalesca é "aquela que recebeu diretamente, sem intermediários, ou indiretamente, depois de uma série de estágios transitórios, a influência de tal ou qual aspecto do folclore carnavalesco (antigo ou medieval)". (BAKHTIN, 1970: 152)

Cumpre observar que a carnavalização ganhou foros de tradição em termos de sua presença em inúmeras manifestações literárias em todos os tempos, em função da natureza e da prática do próprio carnaval.

Na Antiguidade clássica, na Idade Média e no Renascimento, a carnavalização e o carnaval, enquanto festa, prática social, são bastante próximos.

Quando o carnaval muda sua feição e já não atua tão diretamente, sua presença continua a repercutir na arte literária, uma vez que as marcas carnavalescas já se incorporaram a determinadas dimensões da linguagem da literatura.

Para usarmos um termo bakhtiniano: a tradição carnavalizante modifica-se em função do "cronotopo" (a "força do tempo") da obra. Assim, há carnavalização na obra de Rabelais e Cervantes, como há em Joyce, Garcia Márquez, Jorge Amado, Roberto Drummond, Nélida Piñon. Esse fato, entretanto, não invalida a proposta de Bakhtin, na medida em que permanecem as marcas fundamentais da festa.

A estética da recepção e do efeito começa a ganhar força em 1967; tem como centro deflagrador um grupo de professores alemães da Universidade de Konstanz, na Suíça. Entre os teóricos que o propugnam, destacam-se Hans Robert Jauss, Wolfgang Iser, Hans Gombrecht e Karlheiz Stierle. Embora também sem marca de unidade, permite apontar algumas características:

- prioridade analítica à recepção do texto pelo destinatário; centralização do interesse no leitor;
- abertura do "horizonte de significação da literatura, e da contribuição iniludível do receptor que, antes de mais nada, realiza e articula essa abertura". (STIERLE, *in* LIMA, 1979: 133-4);
- entendimento de que a literatura envolve a relação autor/texto/leitor, mas o significado de uma obra de arte literária só é apreendido pela análise do processo de relação em que a obra se expõe em seus múltiplos aspectos;
- entendimento, como explicita Stierle, de que a recepção é sempre o momento de um *processo*. Esse processo se inicia pelo "horizonte de expectativa de um primeiro público" e envolve a seguir um movimento de lógica interpretativa de pergunta e resposta que "relaciona a posição do primeiro receptor com os seguintes e as-

sim resgata o potencial do significado da obra, na condução do diálogo com ela";
- relacionamento do posicionamento do primeiro receptor com os que a ele se seguirem, entendido como a "forma de resgate do potencial do significado da obra no diálogo com ela estabelecido". (STIERLE, *in* LIMA, 1979: 134);
- entendimento de que o horizonte de expectativa do leitor vincula-se a múltiplos fatores – ideológicos, sociológicos, históricos, culturais etc. – condicionadores da sua relação com o texto literário: faz-se, como assinalam Oswald Ducort e Tzvetan Todorov, de "um conjunto de regras preexistentes que orienta sua compreensão e lhe permite uma recepção apreciativa".

A análise feita por Jauss do poema "Spleen II", de Charles Baudelaire, constitui um exemplo de leitura crítica proposta. Ela envolve três "leituras" sucessivas: a) os horizontes de uma primeira leitura de percepção estética, quando examina verso a verso o texto; b) uma segunda leitura de recuperação retrospectiva; c) uma terceira leitura, a histórica, que começa com a reconstrução do "horizonte de expectativa" no qual o poema se insere como aparecimento das *Fleurs du mal* e que depois acompanha a história de sua recepção em "leituras".

Outras propostas de leitura crítica do texto de literatura também se fizeram presentes, ao longo do século XX, entre elas, a semântica literária de Ivor Armstrong Richards, o neo-aristotelismo da Escola de Chicago, a estilística estrutural de Michael Riffaterre, as contribuições do Grupo *Tel Quel*, as posições de Georg Lukács e sua teoria do reflexo, as contribuições de Jacques Derrida, de Alain Badiou, da crítica lacaniana.

No final do século passado e no início do atual, começa a esboçar-se uma visão crítica radical.

Ela se caracteriza pelo posicionamento contra a interpretação do texto de literatura. Autoriza o estudioso a converter-se em leitor–autor, numa visão marcadamente subjetiva.

Há mesmo quem negue a necessidade da interposição da crítica: o autor põe o texto à disposição do leitor e este dele dispõe e usufrui literalmente a seu bel-prazer, iluminado pelo seu repertório cultural, sem necessidade de intermediários. Essa linha de leitura tem encontrado adeptos inclusive no Brasil.

Essas múltiplas possibilidades de abordagem do texto e do fenômeno literários trazem implícitas marcas especificadoras da literatura e demonstram a natureza especial da linguagem que nela se explicita: a polissemia dos textos que a integram abre-se às mais variadas leituras. A marca primeira da teoria que a ela se vincula talvez seja precisamente essa estruturação múltipla e multifacetada.

As inúmeras propostas de leitura explicitadas evidenciam a multiplicidade e a variabilidade de enfoques que a multissignificação do texto literário possibilita. Por outro lado, a designação da arte a que ele se vincula também tem sido objeto de entendimento distinto.

A LINGUAGEM DA LITERATURA E AS VANGUARDAS DOS ANOS 1920-1930

A inquietação caótica da Europa do começo do século XX dá origem a uma multiplicidade de movimentos de vanguarda altamente questionadores dos conceitos e valores até então estabelecidos.

Lembremos que era o começo de um novo tempo: a era da máquina. Transatlânticos passam a cruzar os mares; o canal da Mancha é atravessado por via aérea em 1909; a Ford ultrapassa a marca de dez mil veículos anuais; a radiofonia começa a diluir fronteiras, entre outros notáveis avanços.

As propostas radicais incidem, especificamente, sobre a matéria a ser objeto da arte literária e aspectos da linguagem em que esta última se concretiza. Indiretamente, conduzem a um repensar as linhas de força delineadoras das artes, entre elas a literatura.

O Futurismo, marcado de preocupação teórica, foi objeto de pelo menos vinte manifestos definidores. O primeiro, datado de 22 de fevereiro de 1909, assinado por Filippo Tommaso Marinetti, foi publicado no jornal *Le Figaro*.

Nele, entre outras proposições radicais, postula-se como propõe o Manifesto Futurista de 1909, o amor ao perigo, o hábito da energia, a temeridade; a poesia baseada essencialmente na coragem, na audácia, na revolução, como "um violento assalto contra as forças desconhecidas, para intimá-las a prostrar-se diante do homem"; o entusiasmado canto da velocidade; a abominação do passado; o canto, em poesia, das "grandes multidões agitadas pelo trabalho, o prazer ou a rebeldia"; o canto das estações de veículos, as locomotivas, os aeroplanos, os navios a vapor; a exaltação da guerra, do militarismo, do patriotismo; a certeza do caráter perecível da própria obra que pretendiam concretizar. Configura-se a integração poética da civilização material.

Um trecho da "Ode triunfal", de Álvaro de Campos, heterônimo de Fernando Pessoa, exemplifica a proposta:

(...)
Eia! Eia! Eia!
Eia eletricidade, nervos doentes da Matéria!
Eia telegrafia-sem-fios, simpatia metálica do Inconsciente!
Eia túneis, eia canais, Panamá, Kiel, Suez!
Eia todo o passado dentro do presente!
Eia todo o futuro dentro de nós! eia!
Eia! Eia! Eia!
Frutos de ferro e útil da árvore-fábrica cosmopolita!
Eia! eia! eia! eia!-hô-ô-ô!
Nem sei que existo para dentro. Giro, rodeio, engenho-me.
Engatam-me em todos os comboios.
Içam-me em todos os cais.
Giro dentro das hélices de todos os navios.
Eia! eia-hô! eia!
Eia! sou o calor mecânico e a eletricidade!
(...)

(PESSOA, 1960: 265)

Os manifestos trataram de matérias várias e diversificadas, entre elas, pintura, música, escultura, mulher, moral, luxúria, arte mecânica e, com destaque, literatura.

No "Manifesto Técnico da Literatura Futurista", de 11 de maio de 1912, Marinetti radicaliza ainda mais. Propõe, entre outros procedimentos, a destruição da sintaxe, com os substantivos distribuídos ao acaso, nos textos; "a abolição dos adjetivos, para que o substantivo guarde sua cor essencial"; a abolição do advérbio; a supressão de elementos de comparação; a substituição dos sinais tradicionais de pontuação por signos matemáticos; a supressão do "eu"; a liberdade absoluta no uso das imagens e analogias.

Apesar do impacto que provocou, o movimento foi muito mais programa do que obra realizada. Teve, entretanto, alguma repercussão, inclusive em Portugal e no Brasil modernistas.

O Cubismo estruturou-se com forte presença no âmbito das artes plásticas. Trata-se de um movimento que revoluciona a pintura. Abandona-se a natureza como ponto de partida. Assume-se a criação de uma realidade na tela, valorizada a figuração geométrica, em destaque o cubo. A obra de arte deve bastar-se a si mesma, e, em relação à natureza, deve ser uma transformação ao mesmo tempo subjetiva e objetiva e não uma representação objetiva. E que a busca da verdade deve centralizar-se na realidade pensada e não na realidade vivida.

Em termos de literatura, o movimento propõe alguns procedimentos: a eliminação do anedótico e do descritivo; a supressão, no texto, da continuidade cronológica e da lógica aparente; preconiza o "pensamento-associação", a "enumeração caótica"; a valorização do humor, a partir da visão instantânea do mundo e da utilização do elemento-surpresa.

O movimento deixou poucas marcas na literatura, entre elas o desdobramento de planos e a simultaneidade de espaço e tempo, e, já em 1920, perdeu intensidade e interesse.

O Expressionismo marca presença notadamente entre 1910 e a década seguinte. Tem forte atuação nas artes plásticas, como demonstram telas de Van Gogh, de Cézanne, de artistas do grupo *Die Brücke* (*A ponte*), fundado em Dresden, em 1905. Não efetivou nenhum conjunto doutrinário coerente. Assinalemos alguns traços, na área da literatura: tendência para o hermetismo e o alogicismo e oposição ao Realismo e ao Naturalismo.

Tais movimentos trouxeram contribuições, deixaram marcas, algumas fundas, mas que permaneceram vanguarda. A mais relevante delas é que a arte literária ganha autonomia: deixa de ser uma imagem ou reflexo da realidade. Passa a ter uma significação em si mesma, embora remeta para a realidade do ser humano no mundo.

NOVOS RUMOS NO PROCESSO

Novos pensares, fazeres e sentires marcam a dinâmica do processo cultural no Ocidente com reflexos nas manifestações artísticas.

Na arquitetura, desde 1945, uma série de edificações representam uma reação à funcionalidade dos modernos. Os artistas permitem-se um estilo eclético, marcado, com frequência, por experiências do passado.

Na pintura, nos anos 1950-1960, emerge o retorno do figurativo, com uma singularidade: "A obra é um simulacro de segundo grau, o que dá uma impressão alucinante de realidade, que a simples realidade não pode ter; ela é, literalmente, uma hiper-realidade." (ROUANET, 1987: 252)

Além disso, *happenings* e *performances* trazem ênfase à arte como ação, fruto de espontaneidade, ao sabor do espetáculo.

No teatro, ganha destaque a "produção", em substituição ao "produto" teatral, e a "presentação", em lugar da "representação". O que se procura levar à cena não é mais o espetáculo que determinadas pessoas preparam e oferecem aos consumidores.

A preocupação desloca-se para a organização de experiências teatrais, nas quais se busca uma total integração, onde ninguém se limite a assistir passivamente a algo que se representa. Todos devem atuar de alguma forma. Tudo se dá no "aqui e agora". Tudo isso repercute no texto e na linguagem de que é feito.

Na literatura, evidenciam-se alguns aspectos; entre eles, a permanência da concepção lúdica da arte; o fragmentarismo textual; a ênfase na metalinguagem: o texto voltado frequentemente sobre si mesmo; a tendência à utilização deliberada da intertextualidade, quase sempre acompanhada de forte sentido irônico; a "metamorfose da semiose literária", na expressão de José Guilherme Merquior.

Este crítico e pensador de cultura lembra que os textos clássicos e românticos pautam-se em uma estrutura semiótica superficialmente transparente. No período moderno, a escrita passa a ser ostensivamente ambígua e polissêmica, privilegia a figuração alegórica. Ao passar para o neomoderno ou pós-moderno, a alegoria continua a ser o regime semiótico de base da literatura ocidental. Só que agora ela é de outro tipo: "Talvez se possa dizer que a alegoria moderna, especialmente em sua forma extrema, inerente a certos estilos de vanguarda da primeira metade deste século (como o surrealista, embora não necessariamente o de escola), é de índole *surreal* e *metafórica*, ao passo que o alegorismo pós-moderno é de cunho *hiper-real* e *metonímico*." (MERQUIOR, 1980: 20-21)

O Dadaísmo surge em Zurique, com o manifesto de Tristan Tzara, lido em 14 de julho de 1916, o primeiro de sete manifestos dada. Trata-se de um movimento que nega qualquer teoria. Defende a liberdade plena de criação. Propõe, entre outras atitudes radicais: a abolição da lógica, da memória, dos profetas, do futuro; a percepção da vida em sua lógica incoerência primitiva; a busca de uma linguagem totalmente nova e inusitada; o corte do nexo de ligação com a realidade vital. Na área específica do texto, propõe-se um estilo antigramatical, uma linguagem simplista e interjeicional. Na culminância, declara que arte não é coisa séria.

Em que pese o tom iconoclasta, altamente exclusivista e pessoal da proposta, o Dadaísmo constitui uma realidade destacada na França, na Alemanha e nos Estados Unidos. Teve seu momento de maior repercussão entre março e junho de 1920.

O Surrealismo, limitado o termo ao círculo ortodoxo liderado por André Breton, tem seu primeiro manifesto, assinado por ele, lançado em 1924. A este documento seguem-se outros dois, em 1930 e 1942.

Entre outras proposições, os manifestos destacam o conflito entre a vida vivida e a vida pensada; valorizam a imaginação; preconizam o desejo de redenção psicológica, social e universal do ser humano; defendem o irracionalismo, a rebeldia contra "o reinado da lógica"; valorizam o inconsciente; propugnam o automatismo verbal, o emprego da imagem liberada; cultivam o humor negro.

O movimento tem forte presença e repercussão na cultura ocidental. Mobiliza inúmeros artistas. Abre espaços na literatura para procedimentos novos no uso do vocabulário, na imagística, nas formas de expressão artística.

Todas essas manifestações, como podemos deduzir, influíram, com maior ou menor presença, nos rumos da arte literária. Colocaram em questão os princípios que pautavam a estruturação dos textos. Abriram amplos espaços de questionamento sobre o fazer literário. Não questionaram, entretanto, a natureza da literatura na sua condição de arte da palavra. Centralizaram as propostas no que fazer com ela na construção dos textos.

O posicionamento radical emergirá nas décadas finais do século XX e será a seguir explicitado.

DE VOLTA AO CONCEITO

Na década de 1970, na esteira das vanguardas desestruturadoras, acrescenta-se à definição de literatura uma nova perspectiva, relativizante.

Alguns teóricos consideram que "a literatura é o conjunto dos textos recebidos como literários numa sincronia sociocultural dada". (ARRIVÉ, *in* POTTIER, 1973: 271) Em outras palavras, é a comunidade que, num tempo histórico dado, conceitua o que considera literatura.

O linguista Algirdas Julien Greimas escreve que "a literatura enquanto discurso autônomo que comporta em si mesmo suas próprias leis e sua especificidade intrínseca é quase unanimemente contestada e o conceito de 'literariedade' que pretende ser o seu fundamento é facilmente interpretado como uma 'conotação' sociocultural, variável segundo o tempo e o espaço humanos". (GREIMAS, 1972: 6)

Mesmo diante da multiplicidade de posições e do questionamento a que vem sendo submetida a arte literária e os estudos a ela dedicados, a maioria dos especialistas, entretanto, seguem defendendo, no alvorecer do século atual, a sua condição de arte da palavra.

Eles entendem também que, pela opacidade e pela multissignificação dos textos em que se concretiza, a arte literária abre-se a múltiplas possibilidades de leitura.

Esses dois posicionamentos se estendem ao consenso comunitário.

Nos espaços da cibercultura em processo, amplia-se, vale reiterar, a abertura do texto literário, apontada por Umberto Eco, para além da possibilidade de múltiplas interpretações textuais. Surgem novos modos de fazer, novas modelizações.

Dilui-se a relevância do autor. Ele segue sendo a condição de possibilidade de "um horizonte de sentido estável". A cibercultura, entretanto, coloca em questão: a limitação da interpretação ao texto; o autor como fiador do sentido do texto. Este passa a ser variável, múltiplo, por força da coparticipação dos "exploradores" e a ação coletiva na construção textual que implica da definição da leitura e da leitura e da impregnação de outros textos.

O texto abre-se, no ciberespaço, fisicamente, à ativa imersão de um "explorador" "e à interpenetração de outras obras presentes na rede"... A leitura implica a consideração de uma nova estruturação que envolve uma variedade de intercorrências oriundas das múltiplas possibilidades decorrentes da interconexão, da interação e da criação coletiva. A autoria do texto passa a ser multidividida. No limite, todos produzem dinamicamente para o consumo de todos.

A universalidade e a multissignificação próprias de texto de literatura vinculam-se, nessa nova configuração, à ubiquidade da "presença na rede, por conexão com outros textos e copresença, por abertura material, e não mais necessariamente pela significação válida ou conservada em todas as partes". (LÉVY, 2014: 149).

O autor segue sendo a condição de possibilidade de "um horizonte de sentido estável". A cibercultura, entretanto, coloca em questão: a limitação da interpretação ao texto; e o autor como fiador do sentido do texto. Essas novas configurações implicam, entre outras, profundas revisões do conceito de texto literário, dos critérios de interpretação textual, dos conceitos de autoria e dos decorrentes direitos autorais.

O dinamismo que acompanha o processo cultural e, no seu âmbito, o processo literário, seguirá seguramente iluminando o percurso e ampliando espaços.

8
LITERATURA, LEITURA E INTERPRETAÇÃO TEXTUAL

TENSÕES E AMBIGUIDADE

Divergências e convergências teóricas e novos paradigmas e modelizações à parte, é consenso, tradicionalmente, que, no texto de literatura, estrutura-se uma "realidade" que passa a "existir" como tal a partir dele.

Nessa "realidade" se caracteriza, nos textos representativos, uma apreensão profunda do ser humano e do mundo, a partir de tensões de caráter individual ou coletivo.

Dom Casmurro e *Memórias póstumas de Brás Cubas*, de Machado de Assis, e ainda *A paixão segundo G.H.*, de Clarice Lispector, são romances em que as tensões de caráter individual estão presentes. *O cortiço*, de Aluísio Azevedo, exemplifica a segunda possibilidade.

O duplo tensionamento pode, inclusive, configurar-se num mesmo texto, com prevalência de uma ou de outra natureza, como se pode perceber em *Grande sertão: veredas*, de João Guimarães Rosa.

Essa dúplice condição permanece, mesmo diante do citado questionamento a que, desde os fins do século XX, vêm sendo submetidas, por alguns, a literatura e a crítica literária e inúmeros conceitos a elas vinculados.

Outro entendimento que permanece dominante é que o sentido de um texto resulta da inter-relação autor-texto-leitor. Pelo menos até que as novas modelizações da ciberarte ampliem representativamente sua presença.

Entende-se que o significado do texto literário decorre do que a ele é conferido pelo autor e, sobretudo, pelo receptor. No limite, o texto, tal como estruturado pelo autor e que se converte num significante aberto a uma pluralidade de significados.

A obra de literatura admite diferentes interpretações, entendido o termo interpretação, na acepção de determinar o sentido de um texto. A linguagem que a caracteriza, vale reiterar, é necessariamente ambígua, aberta, e passível de permanente atualização.

A abertura a leituras diferenciadas vincula-se estreitamente ao caráter conotativo que singulariza a linguagem em que o texto literário se concretiza.

Examinemos, a título de exemplo, um conhecido poema de Carlos Drummond de Andrade:

NO MEIO DO CAMINHO

No meio do caminho tinha uma pedra
tinha uma pedra no meio do caminho
tinha uma pedra.
No meio do caminho tinha uma pedra.
Nunca me esquecerei desse acontecimento
na vida de minhas retinas fatigadas.
Nunca me esquecerei que no meio do caminho
tinha uma pedra
tinha uma pedra no meio do caminho
no meio do caminho tinha uma pedra.
       (ANDRADE, 1964: 61-2)

No nível manifesto do discurso, um eu que fala no poema narra uma experiência pessoal: o deparar-se com uma pedra que marcou a sua vida e da qual nunca irá esquecer-se.

Essa síntese corresponde a uma paráfrase: reproduz-se, com enunciados paralelos ao evidenciado no texto o que nele se informa. Limitado a esse espaço, o texto pode, inclusive, levar à falsa impressão de ser prosaico e provocar, como provocou inicialmente, estranhamento e até reações negativas do leitor comum.

No espaço latente do texto, entretanto, o poema abre-se, na sua multissignificação, a múltiplos entendimentos.

Entre outras possibilidades, a pedra do poema, por força da conotação de que se reveste, deixa de ser entendida como um mero elemento material, um obstáculo de difícil ultrapassagem, efetivamente encontrado num percurso qualquer. Ganha uma significação que vai além do real imediato e passa a configurar-se em função do conjunto em que a palavra se encontra.

Na minha leitura, podemos entender a pedra desse caminho como um problema pessoal relevante, num determinado momento da vida; como a necessidade de uma tomada de decisão numa demanda difícil, de qualquer natureza; como uma situação de impasse pessoal, comunitário, ou uma questão nacional. Pode ser até, como propõe o filólogo Rodrigues Lapa, ser identificada com a complicação da alma moderna e seu caráter impressionável.

Trata-se de uma pedra que o contexto do poema carrega de conotações, transforma em símbolo. Pedra que fica para sempre na vida das "retinas fatigadas". Inesquecível e mobilizadora. Pedra que transcende a motivação inicial do poeta, seja ela qual tenha sido, para atingir espaços de universalidade, numa sintonia com o leitor ou ouvinte do poema.

Nessa condição, a sua leitura do poema, leitor, pode levar a outras interpretações. Mas com um cuidado, elas terão que se fundamentar em elementos constantes do texto. Não se trata do que o leitor ou ouvinte acha, mas do que o texto permite, por força da conotação, que ele depreenda.

TEXTO LITERÁRIO E CONOTAÇÃO

É da combinação entre denotação e conotação que decorre a significação integral de uma forma linguística. A distinção entre ambas vincula-se às funções da linguagem.

A conotação centraliza-se na parcela de significado das palavras associadas às funções emotiva e conativa. Relaciona-se com o universo cultural do destinatário. A leitura interpretativa dos textos vincula-se, consequentemente, ao repertório de conhecimentos do leitor.

Lembre-nos, como registra Mattoso Câmara Jr., que a conotação depende de vários fatores: de dimensões fônicas do vocábulo, que podem impressionar por seus aspectos harmônicos ou cacofônicos; da associação entre palavras de um determinado campo semântico, ou entre frases usuais e frequentes; de a palavra usada no texto integrar um determinado uso especial da língua, como a gíria ou a própria linguagem literária; de situar-se entre arcaísmos ou regionalismos; de serem marcas de estilo individual ou coletivo; da denotação, com que se combina na integração que confere significação a uma forma linguística.

Por denotação entende-se a parcela de significação de uma palavra vinculada, na linguagem, à "representação compreensiva em face do mundo objetivo e do mundo subjetivo interior". (CÂMARA JR., 1964: 103) Prende-se, assim, ao contexto vivido e, consequentemente, à função referencial.

Pensemos no sistema de significação das palavras. Em termos de estrutura, ele resulta da relação de dois planos: um plano de expressão e um plano de conteúdo, como propõem os linguistas Louis Hjelmslev e Roland Barthes.

Observe-se que essa proposição amplia os conceitos saussurianos de significante e significado. Essa é a relação configuradora da denotação. Se, por exemplo, diante da palavra "flor", num enunciado, a entendemos simplesmente como parte de um vegetal, situamos o sentido nesse nível.

Recorde-se que, para Saussure, significante e significado são elementos integrantes de uma palavra, na sua condição de signo. O primeiro, o significante, é perceptível, audível. O segundo, o significado, contido no primeiro, é produto dele. O significante é, assim, numa dada língua, a parte fônica do signo que, na relação com o significado, garante a significação. Envolve aspectos físicos, ou seja, vibrações sonoras, e aspectos psicológicos que implicam um comando cerebral. O termo se reveste, porém, da mesma complexidade dos seus correlatos, signo e significado.

O significado, como explicita Eugenio Coseriu, corresponde ao "conteúdo de um signo ou de uma expressão enquanto dados numa determinada língua e exclusivamente por meio desta mesma língua". (COSERIU, 1980: 99)

A conotação se apresenta quando, na relação entre significante e significado, o *plano de expressão* é constituído de um *sistema de significação* já dado. Vale dizer, como assinala Vitor Manuel de Aguiar e Silva, que a conotação acrescenta novas dimensões à carga significativa, inerente ao código denotativo, mas aberta às regras articulatórias desta última.

Voltemos, para um exemplo, à citada palavra "flor".

Examinemos o enunciado do personagem Brás Cubas, de Machado de Assis: "Uma flor, o Quincas Borba". O sentido, no caso, vai além da referência à parte de um vegetal.

Entendamos: esse novo sentido, que podemos chamar de S2, corresponde à relação que se estabelece entre a significação fundada na relação entre plano de expressão/plano de conteúdo no discurso comum, que podemos chamar de S1, e plano de conteúdo (que já não corresponde mais à ideia de simples parte de um vegetal). A sua plena significação emerge ainda do contexto da narrativa em que se insere.

Esse algo mais que se acrescentou ao signo "flor" situa-se no âmbito da conotação.

Comparemos esse enunciado com outro, do eu lírico do poema "A flor e a náusea", de Carlos Drummond de Andrade: "uma flor nasceu na rua."

Essa flor drummondiana ganha sentido totalmente distinto, em função do poema de que o enunciado faz parte. E esse sentido emerge também do caráter conotativo da palavra.

Nos dois exemplos, a conotação se vincula à criação de uma metáfora, uma figura de linguagem que, por sua natureza, torna mais expressivo o uso do idioma, mesmo no discurso cotidiano. No caso, trata-se de uma figura de palavra.

Figura de linguagem, cabe lembrar, é, segundo Mattoso Câmara Jr., qualquer aspecto que a linguagem assume, fugindo, com finalidade expressiva, do valor linguístico normalmente aceito, em função do uso do idioma.

Essa modalidade de figura envolve o significado dos termos, caracteriza-se pelo uso de uma palavra com significado diferente do literal, ou seja, do que ela denota. A flor do poema evidentemente está longe de identificar um dos componentes de um vegetal. Observe estes exemplos de outras figuras de palavra, agora de Fernando Pessoa: "O teu silêncio é uma nau com todas as velas pandas.../Brandas, as brisas brincam nas flâmulas, teu sorriso..."

A língua admite também, na direção da expressividade, sempre é válido assinalar, figuras de sintaxe ou de construção frasal e figuras de pensamento.

As primeiras alteram a ordem usual da frase. Os primeiros versos da letra do Hino Nacional Brasileiro, escrita por Joaquim Osório Duque Estrada, constituem um bom exemplo: "Ouviram do Ipiranga as margens plácidas/De um povo heroico o brado retumbante." A ordem usualmente esperada seria: "As margens plácidas do Ipiranga ouviram o brado retumbante de um povo heroico."

As figuras de pensamento resultam, como explicita Mattoso Câmara Jr., "de uma discrepância entre o verdadeiro propósito da enunciação e sua expressão formal". Um exemplo extraído do *Dom Casmurro*, de Machado de Assis: "Os amigos que me restam são de data recente: todos os antigos foram estudar a geologia dos campos santos."

Em tempo: as figuras de linguagem assim utilizadas, notadamente as figuras de palavras e de pensamento, privilegiam a conotação, mas, se não integram um texto literário, não se revestem da especificidade que o caracteriza.

A conotação vincula-se ao repertório de conhecimentos do destinatário. O linguista André Martinet, a propósito, "considera conotativos os elementos do sentido que não pertencem a toda a comunidade utilizadora de determinada língua", lembra José Guilherme Merquior, que assinala ainda que "a conotação das palavras, mais do que a sua denotação, varia entre os grupos etários, as classes sociais etc.; ela é uma função das múltiplas estratificações da comunidade linguística". (MERQUIOR, 1974: 129) Os dois especialistas citados e também Georges Mounin, entre outros, são categóricos ao admitir que nas conotações reside "o segredo do valor poético de um texto". (MERQUIOR, 1974: 129) Evidencia-se a relação entre língua e repertório cultural, antes assinalada.

A relevância da dimensão conotativa ajuda-nos a compreender a polissemia do texto literário. Por outro lado, se varia em função das circunstâncias, justifica as interpretações na medida em que podem contribuir para a ampliação do horizonte de leitura que acabamos de apontar.

O texto de literatura é, em síntese, um sistema semântico eminentemente conotativo.

A conotação, por todos os aspectos assinalados, abre-se à relação do texto literário com o social.

Em termos de universo cultural, vincula-se estreitamente às diferenças individuais e sociais. Seu fundamento, a chamada "literariedade", admite ser interpretado como uma conotação sociocultural, variável no tempo e nos espaços comunitários.

É necessário considerarmos ainda que só há literatura onde existe um povo e, consequentemente, o desenvolvimento de uma cultura.

A matéria literária é cultural.

Não nos esqueçamos de que a obra de arte literária é também matéria ficcional. Revela uma realidade que não se identifica de imediato com a realidade socialmente dada. É capaz, entretanto, de iluminá-la na direção de uma apreensão mais profunda.

Estudiosos há que chegam a negar a presença do referente no texto de literatura.

Mobilizemos, a propósito, a nossa reflexão.

O referente situa-se no contexto extraverbal, por consequência, fora do âmbito da linguagem.

O sentido das palavras que integram o texto de literatura vincula-se estreitamente ao arranjo que, nesse âmbito, as inter-relacionam.

Essas palavras já chegam ao texto com uma significação, como assinalamos. Nele é que ganham novo sentido, por força da conotação.

Se entendermos, à luz da mímese das aparências, que esse referente presente no texto é fictício ou imaginário, a negação se fundamenta.

Alguns fatos, entretanto, lembrados por alguns especialistas, perturbam a tranquilidade dessa conclusão.

Aceita a configuração, no texto literário, como nos termos que assinalamos, se consideramos os textos carregados de matéria autobiográfica e certas narrativas hiper-realistas, ou diluidoras das fronteiras entre real e imaginário e os textos situados na fronteira dos limites, coloca-se em xeque a ausência do referente.

Evidenciam-se, a propósito, duas tendências: a consideração de que o texto literário é um simulacro de referente e o entendimento de que os espaços do ficcional implicam algo da realidade.

O problema, entretanto, permanece em aberto.

Como quer que seja, mesmo nos albores do século XXI, marcado de relativismos, muitos assumem o entendimento de Maurice-Jean Lefebve para quem é certo que a linguagem literária, aberta sobre o mundo, põe diante dele uma questão que impossibilita respostas da ciência, da moral ou da sociologia. Ela propõe uma interrogação ao ser humano "sobre sua obsessão de uma adequação perfeita ao ser do mundo. Não é uma solução, uma fuga para fora da linguagem e do humano. Ela encarna uma nostalgia". (LEFEBVE, 1971: 28-29)

Percebe-se a importância da literatura, se acreditamos, com o poeta e ensaísta Alfonso Reyes, que "não se trata de uma atividade de adorno, mas da expressão mais completa do ser humano". (REYES, 1944: 207)

Penso que são afirmativas que permanecem válidas, até que, por força da dinâmica do processo cultural, outros e distintos sejam os paradigmas canonizadores.

LITERATURA, HISTÓRIA E IDEOLOGIA

A literatura é também uma modalidade de arte que envolve dimensões históricas e ideológicas. Insere-se plenamente na história de um povo. Traduz o grau de cultura de uma sociedade. Reflete visões de mundo predominantes na sincronia sociocultural em que se insere. Converte-se em poderoso nutriente do imaginário nacional. É relevante na construção da identidade nacional.

Pensemos em *Os Lusíadas,* de Luís de Camões. A leitura do texto possibilita, a propósito, algumas depreensões.

O poema sintetiza a história de Portugal, a partir da viagem de Vasco da Gama na descoberta do caminho para as Índias.

Fundamenta-se no antropocentrismo renascentista: revela uma visão de mundo centrada no Humanismo, entendido como interesse pelo ser humano, por tudo que ele pode realizar de alto e glorioso.

Exalta a expansão universal da civilização cristã; associa essa dimensão da aventura ao cortesão, que cultiva a dança, a música e as letras.

Incorpora a cultura clássica greco-romana.

Evidencia um novo conceito do homem no qual a noção de poder converte-se em expressão representativa da psicologia humana.

Traduz uma nova visão do mundo e um novo fazer poético, em relação à Idade Média.

Caracteriza exemplarmente uma perspectiva renascentista da realidade que predomina na cultura ocidental ao longo do século XVI.

A imagem valorizadora decorrente do poema sintetiza um conjunto de aspectos identificadores de uma imagem nacional que passa a integrar o imaginário lusitano.

Ao fundo, ideologia renascentista, história de Portugal. Voltaremos ao texto no capítulo 10 com uma leitura da "proposição" do poema.

Por ora, comparemos o poema camoniano com outras epopeias.

A *Divina Comédia*, de Dante Alighieri, carrega-se da ideologia dominante na Idade Média, marcada pelo teocentrismo, voltada para a Terra e para o Céu. O narrador, projeção do poeta, percorre os círculos infernais, conduzido pelo poeta Virgílio, da antiguidade clássica, perpassa o purgatório e, conduzido pela amada Beatriz e, a partir de determinado momento por São Bernardo, conhece o Paraíso.

O *Cantar de Mio Cid*, composto possivelmente em 1140, atribuído a Per Abbat, narra os feitos de Rodrigo ou Ruy Díaz de Vivar, O Cid Campeador, ao tempo do domínio árabe na Península Ibérica, que se estendeu do século V ao século VIII. Situa o ambiente histórico de formação do que será a Espanha. Evidenciam-se, no poema, traços de realismo e humanidade do modo de ser espanhol. O texto consubstancia esses traços que se convertem em identificadores da nacionalidade.

A *Chanson de Roland*, talvez a mais antiga das canções de gesta francesas, remonta ao tempo do imperador Carlos Magno. Gira em torno do último combate e da morte do herói Rolando, integrante da vanguarda imperial. O núcleo da narrativa é a batalha do desfiladeiro de Roncesvales, onde o herói e seus companheiros, vítimas de traição, perecem, cercados de milhares de sarracenos. O poema associa-se à formação da identidade cultural da nacionalidade.

Por canções de gesta entende-se um tipo de epopeia medieval onde são relatadas ações heroicas.

A narrativa epopeica caracteriza uma visão totalizante, e em tom grandiloquente. Entretanto, com as mudanças ocorridas no curso da História, diante da emergência de novas ideologias, de novas visões de mundo, cede espaço às narrativas centradas num universo particular, dirigidas a um leitor particular: essa nova maneira de contar histórias passou a chamar-se *romance*.

Não sem razão, esta última modalidade narrativa ganha força num outro momento da história, marcado por dois grandes acontecimentos: a Revolução Industrial e a Revolução Francesa. Recordemos os princípios que fundamentam esta última: liberdade, igualdade, fraternidade.

É um tempo em que se prenunciam novas ideias norteadoras do comportamento coletivo, ideias de forte presença, orientadoras de novos enfoques dos modos de pensar, sentir e fazer. Entre elas, a valorização da imaginação criadora, o subjetivismo, o sentimentalismo.

A dimensão epopeica, assinalemos, na forma de romance e mesmo em composições em verso, seguiu e segue perpassando a literatura, fiel à sua perspectiva totalizante. Recordemos, à guisa de exemplo, a saga do povo gaúcho, contada por Érico Verissimo em *O tempo e o vento*, e, em especial, o citado romance *Grande sertão: veredas*, de Guimarães Rosa.

O escritor é poderosa testemunha do seu tempo e de sua gente. A literatura brasileira é uma manifestação cultural que tem se destacado como ponto de partida importante para a reflexão sobre a história, a sociedade e a cultura do nosso país.

Os textos que a integram alternam a condição de espelho ou de proposta, configuram tradição e ruptura, denúncia e liberação, e são o resultado de um olhar armado, capaz de captar aspectos e dimensões que escapam à observação imediata.

Nossos costumes, nossa realidade social, nossa psicologia, nossas peculiaridades, nossa sensibilidade, muitos dos nossos problemas, entre eles a violência urbana, a destruição da natureza, perpassam, internalizados, os textos dos nossos escritores. Vale reiterar: uma das relevantes funções da literatura consiste em ajudar as pessoas a estruturar o seu universo cultural.

E mais: é a partir da literatura que se corporifica o instinto de nacionalidade emergente com o processo de independência vivido pelo país. Os escritores românticos, por exemplo, conseguiram ultrapassar os riscos da mera adoção de modelos europeus importados e conferiram à arte, que terminam por singularizar, marcas específicas e nacionais.

O movimento romântico, dominante no país entre 1836 e 1881, coincidiu com a afirmação do Brasil como nação. O modo de ser característico do movimento definiu, de certa maneira, num estilo de vida e traduziu muito da nossa singularidade e da nossa dimensão coletiva, sobretudo o marcante sentimentalismo.

Nos rumos da afirmação da nacionalidade, elegeu o indianismo como a "mitologia" representativa da jovem nação que se consolidava.

Tratava-se de um indianismo peculiar, ao associar a doutrina do "bom selvagem" de Jean-Jacques Rousseau às tendências antiportuguesas. O sentimento nativista brasileiro fez do índio e da sua civilização um símbolo da independência espiritual, política, social e literária.

A busca de inspiração em elementos nacionais encontrou um Brasil recém-independente. Numa fase de afirmação de sua identidade como nação.

Os escritores do tempo conseguiram, a partir da ênfase na linguagem oral e do posicionamento antilusitano, instaurar o que podemos chamar de uma linguagem literária brasileira.

A letra vigorosa de José de Alencar organiza nos seus romances a presença desse sentimento instaurador e da língua em que o brasileiro começa a "dizer-se". O mesmo acontece com os poemas indianistas de Gonçalves Dias.

Por outro lado, as *Memórias de um sargento de milícias*, de Manuel Antônio de Almeida, vinculam-se à intuição e à figuração de uma dinâmica histórica profunda. Essa intuição presentificada na narrativa deixa perceber a dialética da ordem e da desordem subjacente ao ordenamento social brasileiro. A percuciência de Antonio Candido o demonstrou à saciedade. O movimento histórico assim intuído e refletido no romance alterna-se com a estilização que visa aos arquétipos folclóricos da esperteza popular. A marca forte do romance de Manuel Antônio de Almeida é a tensão entre essas duas linhas de força.

Esaú e Jacó, na segunda metade do século XIX, obra-prima de Machado de Assis, espelha magistralmente a passagem do Império à República, não na frieza do registro factual, mas nas repercussões emocionais no espírito das gentes.

E mais ainda: a sedimentação e as transformações da língua oficial do Brasil têm nos textos literários lugar privilegiado de atualização e testemunho.

A literatura é uma prática estética que contribui fundamentalmente para a construção da identidade cultural da comunidade. Mesmo quando essa identidade parece esfumar-se na perspectiva transnacional dominante nas últimas décadas.

Como se depreende, a leitura de textos literários possibilita a compreensão de inúmeros traços da realidade cultural brasileira.

LITERATURA, SINGULARIDADE E COMPLEXIDADE

O fenômeno literário, cumpre assinalar, reveste-se de singularidade e complexidade. O reconhecimento dessa condição é consenso na época contemporânea.

Para um grande número de estudiosos, essas duas características vinculam-se a dois aspectos específicos: a dimensão epistemológica e a dimensão estética, que não coincidem necessariamente.

A primeira, recordemos, situa-se no âmbito do conhecimento: epistemologia é o mesmo que teoria do conhecimento. A segunda insere-se no campo semântico da beleza, outro conceito extremamente problemático.

O texto literário envolve produção intelectual e criação artística.

Esse duplo envolvimento implica valores espirituais e valores estéticos, relativizados por determinadas visões de mundo.

Como destaca Robert Escarpit, a literatura

> inicialmente, como todas as artes, dirige-se diretamente aos sentidos e atinge a consciência por uma cadeia de associações afetivas, ou, ao menos, subconscientes. Dirige-se, por outro lado, ao entendimento segundo um código arbitrário que é necessário conhecer-se para compreender, para receber verdadeiramente a mensagem. Eficácia estética e eficácia intelectual estão, no ato literário, completamente ligadas e agem uma sobre a outra. (ESCARPIT, 1962: 370)

Em termos de linguagem, o texto literário é um sistema marcado por uma organização singular. Em relação à língua-suporte, constitui, como assinalamos, um sistema secundário que a ela se superpõe. O adjetivo "secundário", no caso, remete à natureza complexa do discurso literário e não apenas ao fato de que o sistema a que se superpõe é uma língua.

Não nos esqueçamos que a linguagem literária é eminentemente conotativa. Os signos verbais, no texto em que se concretiza, por força do processo criador a que são submetidos pela arte do escritor, carregam-se de traços significativos que a eles se agregam em função do processo sociocultural a que a língua se vincula.

O texto literário pode envolver dimensões denotativas, nos termos que assinalamos, quando tratamos da conotação. Nesse sentido, costuma apresentar não uma fotografia do real, mas uma imagem desse real, associada a outros elementos que fazem o texto. Não se trata, entretanto, de seu traço dominante. Este, como destacamos, reside na conotação. E a imagem que nele se retrata é inerente a ele.

A título de exemplo, observemos uma breve passagem de *O mulato*, romance de Aluísio Azevedo:

> Era um dia abafadiço e aborrecido. A pobre cidade de São Luís do Maranhão parecia entorpecida pelo calor. Quase que não se podia sair à rua: as pedras escaldavam; as vidraças e os lampiões faiscavam ao sol como enormes diamantes; as paredes tinham reverberações de prata polida; as folhas das árvores nem se mexiam; as carroças de água passavam ruidosamente a todo o instante, abalando os prédios, e os aguadeiros, em mangas de camisa e pernas arregaçadas, invadiam sem cerimônia as casas para encher as banheiras e os potes. Em certos pontos não se encontrava viva alma na rua; tudo estava concentrado, adormecido, só os pretos faziam as compras para o jantar ou andavam ao ganho.
>
> A Praça da Alegria apresentava um ar fúnebre. (AZEVEDO, 1964: 33-34)

Estamos diante de uma descrição em que o olhar do narrador privilegia aspectos negativos.

Se pensarmos que ele está situando o cenário das ações que nele serão desenvolvidas, entendemos o trecho como *uma imagem* de São Luís integrada aos demais elementos que fazem a narrativa, associada ao tempo-espaço da ação. Pode ou não corresponder a uma realidade preexistente, passível de ser comprovada, funciona como elemento de verossimilhança. Ganha sentido no romance de que faz parte.

A linguagem não literária reproduz, a linguagem literária, produz.

Esse trecho do livro de Aluísio Azevedo permite perceber a complexidade de que se reveste a literatura.

Essa característica evidencia-se ainda mais ao verificarmos que as informações transmitidas pelos signos verbais extrapolam o nível semântico que os caracteriza no discurso cotidiano. Convertem-se em mensagens carregadas de ambiguidade. A natureza do que no texto literário se comunica não é passível de tradução por intermédio das estruturas elementares do discurso cotidiano.

E mais: o texto de literatura realmente representativo nos atinge com mensagens fundamente reveladoras da nossa condição humana.

À dimensão semiótica nele contida associa-se uma dimensão transfiguradora do real. Da integração de ambas emerge a dimensão estética.

A dimensão semiótica envolve recursos técnicos peculiares, que marcam a maneira como o autor compõe o texto.

A dimensão transfiguradora ilumina aspectos individuais, sociais e universais. É marcada, até que a dinâmica do processo literário conduza a natureza da literatura a outras configurações, cumpre redizer, por dois traços dominantes: a multissignificação e a universalidade.

Por força da primeira, é que o texto possibilita múltiplas interpretações.

LITERATURA E POLISSEMIA

À complexidade alia-se, na caracterização do texto literário, como vimos, a multissignificação.

Importa esclarecer que não se trata de um traço exclusivo da linguagem literária. Manifestações de outra natureza podem se revestir de um caráter polissêmico. É o caso da linguagem jurídica, por exemplo, em que a polissemia é frequente.

A diferença reside numa circunstância: a ambiguidade decorrente da multissignificação, nesse último caso, vincula-se, como assinala o professor da Universidade de Coimbra, Carlos Reis, à imediata e utilitária funcionalidade, como preocupação.

Tal circunstância não acontece com o texto literário.

Na linguagem literária, criam-se significantes e fundam-se significados.

O caráter polissêmico assinalado baseia-se, entre outros, como assinala Paul Ricoeur, em fatores de duas naturezas.

Os primeiros decorrem da vinculação da carga significativa das palavras às relações que entre elas se estabelecem no texto que integram. São fatores de ordem sincrônica. Um exemplo é o da palavra *flor* nas duas imagens examinadas páginas atrás: a frase de Brás Cubas – "Uma flor, o Quincas Borba" – e o verso de Drummond: "Uma flor nasceu na rua."

Os segundos vinculam-se à carga significativa e evocativa agregada às palavras pelo tempo, no curso da história de cada uma, inclusive as que emergem da própria tradição literária. São de caráter diacrônico. Os termos "abafadiço" e "rua" entram no texto de Aluísio Azevedo que acabamos de ler com o significado que historicamente é próprio deles: "faiscavam" e "escaldante", com o sentido que evocam.

Lembre-nos que nesses adjetivos, de origem grega, o prefixo *sin-* indicia "simultaneidade", *dia-* quer dizer "por meio de", "através", e *cronos* remete a "tempo".

Sem prejuízo desses contributos, a polissemia pode também prender-se ao espaço sociocultural ou a espaços míticos e arquetípicos. A literatura mantém estreita relação com o mito.

É dimensão multissignificativa, vale reiterar, que possibilita as mais variadas interpretações do texto literário representativo. Está na base também de sua atemporalidade. Garante ainda a sua permanência e atualidade. Esse traço pode também ser comprovado com um dado de experiência. Em vários dos cursos e seminários que orientei, usei como texto de leitura o soneto de Camões "Sete anos de pastor Jacó servia", sem identificar o autor. Em várias ocasiões, para inúmeros participantes, o poema tinha sido escrito por um poeta contemporâneo.

Lembro ainda que, por outro lado, o oxigênio da arte é a liberdade. A literatura, como arte que é, abre-se plena e livremente à criação.

E mais: o processo literário, ao longo de seu desenvolvimento, evidencia uma tradição retórico-estilística, uma tradição linguística, uma tradição temática e uma tradição técnica.

A abertura inerente à criação das obras permite, em relação a tais instâncias, conformidade, transformação ou transgressão.

Essa contingência está na base da constante revitalização dos meios de expressão e de revitalização da arte de escrever.

Ainda em períodos em que se impôs a prevalência de modelizações, a fixação de regras de arte, mesmo diante da coerção comunitária, essa característica da literatura mobilizou a instauração de novos procedimentos. As contribuições dos escritores marcantes e a atuação das vanguardas exemplificam à larga essa dimensão progressora do fenômeno literário. Progressora quer dizer aberta para o novo. Exemplifico com o *Dom Casmurro*, de Machado de Assis: o romance tem propiciado desde que foi dado ao público, uma sintonia com os leitores independentemente do momento histórico.

Destacamos, entre as marcas do texto de literatura, a sua vinculação a um universo sociocultural e a dimensões históricas e ideológicas; as mudanças no tempo e no espaço; e a sua associação a uma língua como suporte.

Fato cultural, a literatura varia em termos de representatividade cultural e em termos de criação individual.

LITERATURA E INTERTEXTUALIDADE

Intertextualidade é palavra adotada pela filósofa e psicanalista Julia Kristeva no seu livro *Semiotiké: recherches pour une sémanalyse*, para substituir o conceito de dialogismo, lançado por Mikhail Bakhtin.

As teorias bakhtinianas são também marcadas de complexidade. Explicitemos algumas linhas do pensamento que as caracterizam, para melhor entendimento do termo.

Bakhtin entende que a consciência individual é um fato socioideológico e que a linguagem vincula-se a um contexto histórico-social: o ser humano transforma-se num ser histórico e social a partir dos signos que lhe comunicam o mundo, portanto a partir de uma linguagem. Tais signos são sempre impregnados de ideologia, na medida em que a ideologia reflete as estruturas da sociedade.

Entenda-se por ideologia, no sentido que confere à palavra, no caso, o *Grande dicionário da língua russa,* editado em 1957 pela Academia de Ciências da então União das Repúblicas Socialistas Soviéticas (URSS): como "um sistema de ideias, representações e noções, expresso em diferentes formas de consciência social: filosofia, política, direito, moral, arte, religião".

A comunicação humana é extremamente complexa, mesmo quando cotidiana; inclui entre os interlocutores um *saber comum* que possibilita a compreensão de elementos ditos e não ditos.

A significação das palavras de um enunciado vincula-se a variados e múltiplos contextos vividos.

Em toda e qualquer comunicação interagiriam, à luz de um horizonte comum, um falante (o que fala); um destinatário (a quem se fala); um personagem (de quem se fala). É o horizonte comum que possibilita a compreensão do que se diz e do que não é dito.

A concretização de qualquer comunicação ou interação verbal envolve uma troca de enunciados, envolve um diálogo. O estilo, portanto, para Bakhtin, não é o homem, como queria Buffon, mas pelo menos dois indivíduos, mais precisamente, o indivíduo e o seu grupo social, grupo este representado pelo ouvinte, participante ativo da fala anterior e exterior do primeiro.

Em função desses princípios, o discurso literário abrange um diálogo de inúmeros textos, ou, como explicita a citada Kristeva, "um cruzamento de superfícies textuais, um diálogo de várias escritas: a de quem escreve, a do destinatário (ou da personagem), a do contexto atual ou anterior". (KRISTEVA, 1969: 98) Ele se converte, portanto, num mosaico de citações e envolve a "absorção e a transformação" de outros textos, consciente ou inconscientemente absorvidos pelo leitor.

Esse cruzamento implica, ainda segundo a mesma estudiosa, a coincidência de um eixo horizontal e de um eixo vertical. Em termos de horizontalidade, "a palavra no texto pertence, simultaneamente, ao sujeito da escrita e ao destinatário; verticalmente a palavra no texto é orientada em direção ao *corpus* literário anterior ou ao sincrônico". (KRISTEVA, 1969: 144)

Os eixos citados são denominados por Bakhtin, respectivamente, *diálogo* e *ambivalência*.

Para Julia Kristeva esses dois conceitos não se encontram claramente diferenciados em Bakhtin. Mas implicam uma descoberta por ele introduzida na teoria literária: "todo texto se constrói como um mosaico de citações, todo texto é absorção e transformação de um outro texto. No lugar da noção de intersubjetividade, instala-se a noção de intertextualidade." (KRISTEVA, 1969: 196)

A partir da ideia de dialogismo é que Bakhtin conceitua a paródia.

A intertextualidade deliberadamente assumida como recurso criativo está na base de vários textos contemporâneos, a ponto de ser considerada um traço da chamada literatura pós-modernista. Entre outras, para citar apenas manifestações literárias brasileiras, em *Amor de Capitu*, de Fernando Sabino, recriação em terceira pessoa de *Dom Casmurro*, em *Capitu-memórias póstumas*, de Domicio Proença Filho, que cito por imposição pedagógica, em *A audácia dessa mulher*, de Ana Maria Machado, no *Dom do crime*, de Marco Lucchesi, um diálogo com o *Dom Casmurro* de Machado de Assis.

FUNÇÕES DA LITERATURA

Pensemos no soneto camoniano sem título, identificado pelo verso inicial "Sete anos de pastor Jacó servia", que dialoga intertextualmente com a história bíblica de Jacó e Raquel.

Nele, o poeta retoma o episódio, caracteriza a persistência de Jacó, que trabalha sete anos e mais sete, para ter direito à mão de Raquel; situa o zelo do pai preocupado com o futuro das filhas.

Percebemos que a história retomada é ponto de partida para exaltar o sentimento amoroso: "mais servira se não fora/para tão longo amor tão curta a vida."

A multissignificação que marca a mensagem do texto possibilita a identificação do leitor, leitora ou ouvinte com Jacó, com Raquel, com o sentimento amoroso do primeiro, com Lia, e até mesmo com o zelo do pai Labão.

É provável que, de formas variadas, todos os que leram efetivamente o poema, desde que foi dado a público, tenham-se identificado, parcial ou plenamente, à luz dos respectivos horizontes de expectativa, com o que nele se revela. Não nos esqueçamos de que o poeta viveu e escreveu no século XVI.

O texto de literatura possibilita, pois, uma sintonia com o que nele se configura, independentemente de tempo e de espaço. Permite essa identidade atemporal e anespacial entre o ser humano de uma época e o de todas as épocas. Pelo menos enquanto perdurarem certas características do psiquismo humano que a ferrugem do tempo ainda não conseguiu destruir.

O poema permite depreender que Camões, por outro lado, pode ter-se utilizado da história de Jacó e Raquel para cantar o triunfo do amor sobre as vicissitudes da vida.

Ao arrumar as palavras como arruma no texto, ao conferir-lhe sentidos diversos daqueles que normalmente têm para a coletividade, o escritor está pondo em prática também uma atividade lúdica.

A literatura, então, funciona como jogo de conteúdo e de forma.

Acrescentemos ainda um elemento frequentemente caracterizado em textos dos artistas da palavra: a ânsia de evasão. Entendamos que este termo compreende os conceitos de escapismo, fuga, refúgio, asilo, compensação, transposição de personalidade, terapêutica, catarse etc. É traço que remonta aos gregos antigos, em que pese o questionamento de alguns especialistas.

Há também quem exija para a literatura uma tomada de posição. Um engajamento, como defende, por exemplo, o filósofo e escritor Jean-Paul Sartre.

Reparemos não a literatura desinteressada, mas, intencionalmente, a literatura que convém à comunidade, a arte literária como compromisso. O engajamento é uma característica ainda presente na contemporaneidade, sobretudo vinculada à afirmação da identidade cultural de segmentos comunitários. Lembremos, a propósito, a observação de

Walter Benjamim: a literatura engajada, antes de ser engajada deve ser literatura.

Talvez a função mais cobiçada pelos artistas da palavra seja a garantia da permanência na memória e no dizer das gentes, por meio da obra que realizam, a imortalidade.

E não nos esqueçamos de que o texto literário nos possibilita restaurar emocionalmente o passado, interpretar o presente e antecipar o futuro.

A sociedade brasileira da capital do Brasil na segunda metade do século XIX, por exemplo, é pano de fundo para a imagem projetada no romance machadiano. A realidade das habitações coletivas desse mesmo Rio de Janeiro fundamenta a visão de Aluísio Azevedo em *O cortiço*. A ficção de Rubem Fonseca possibilita uma visão hiper-real de aspectos da comunidade carioca contemporânea. Há personagens de romances modernos que antecipam o ser humano acossado do século XX.

LITERATURA E CIDADANIA

A cidadania está visceralmente vinculada ao imaginário de que se nutre a construção identitária de uma comunidade. Inúmeros textos literários culminam, como ficou assinalado, por converter-se em alimentadores do imaginário nacional.

Mesmo quando se trata de literatura-espelho ou de idealizações. Nessa direção, lembremos, a título de exemplo, algumas obras de arte literária altamente representativas, considerado o tríplice conceito de cidadania que assinalamos mais acima.

Os romances de Jorge Amado, carregados de baianidade, comprovam a vinculação com a identidade comunitária.

Os romances fundadores de José de Alencar, seja *Iracema*, síntese do processo civilizatório nacional, seja *O guarani*, leite materno do imaginário brasileiro, permitem depreender uma imagem do Brasil colonial. Os perfis de *Diva, Senhora, A viuvinha*, ou de *A pata da gazela*, deixam perceber a condição idealizada de cidadão como habitante de uma cidade.

Os textos machadianos vinculam esses espaços às dimensões da condição existencial do ser humano.

Vidas secas, de Graciliano Ramos, associa aspectos psicológicos e regionais na paisagem nordestina.

Riobaldo e Diadorim e seus companheiros nos espaços regionais, mitológicos, religiosos, universais, do romance *Grande sertão: veredas*, e ainda os personagens urbanos de Clarice Lispector ampliam significativamente os exemplos. A lista é, felizmente, rica e vasta.

Claro está que a natureza da vinculação entre a literatura e a cidadania reveste-se de dimensões ideológicas. Isto significa que alguns textos situam-se muito próximos da acepção de cidadania centrada nos direitos civis e políticos, enquanto outros privilegiam espaços do indivíduo como ser social e como ser humano.

O convívio com a literatura, por outro lado, contribui fundamente para a assunção do indivíduo como cidadão, atento aos seus deveres, cioso dos seus direitos, consciente de seu lugar social e de seu lugar no mundo.

FORMAS DE CONFIGURAÇÃO

O texto literário concretiza-se tradicionalmente em manifestações em prosa e em verso. Repassemos algumas circunstâncias de tal condição.

Uma das marcas da primeira é constituírem narrativas de ficção.

A origem deste último termo é latina. Em latim, *fictionem* integra a família etimológica de *fingere*, na origem "dar forma a qualquer substância plástica e, por extensão, representar, imaginar, inventar". Em português, o verbo converteu-se em "fingir". O substantivo tornou-se sinônimo de invenção, construção da imaginação, simulação, fingimento.

As narrativas de ficção fazem-se de histórias fundadas na imaginação.

A tipologia que as caracteriza, como vimos, ao tratar dos gêneros literários, envolve posicionamentos distintos dos estudiosos.

As manifestações em verso têm na estruturação deste último o elemento nuclear de configuração.

Verso é, como registra Mattoso Câmara Jr., "a frase ou o segmento frasal em que há um ritmo nítido e sistemático". (CÂMARA JR., 1964: 349)

Segundo o linguista, tal ritmo, na nossa língua portuguesa, decorre da regularidade do número de sílabas, o chamado ritmo silábico, e da disposição dos acentos tônicos, o ritmo intensivo. A combinação dessas duas unidades constitui a medida ou a métrica do verso tradicional.

Percebemos de imediato que, nessa definição, associam-se dimensão morfossintática e dimensão fônica.

Se a pautarmos apenas nesta última, podemos definir o verso, agora com Tzvetan Todorov, como uma sequência métrica de sílabas. (DUCROT & TODOROV, 1972: 240)

Numa visão mais ampla, a caracterização do verso tradicional envolve três elementos interdependentes: o metro, a rima e as formas fixas.

O metro funda-se, por sua vez, na repetição de três fatos linguísticos: a sílaba, o acento, a quantidade.

Nesse sentido, a sílaba só se torna realidade linguística diante da leitura específica conhecida como metrificação ou escansão.

Escandir ou metrificar um verso consiste em destacar as sílabas métricas que o constituem.

Esse procedimento implica normas que apresentam pequenas alterações, de idioma para idioma.

O acento, na concepção de Oswald Ducrot e Tzvetan Todorov, "consiste na ênfase que se confere à duração, à altura ou à intensidade de um fonema silábico e o diferencia dos seus vizinhos". (DUCROT & TODOROV, 1972: 242)

A quantidade, segundo os mesmos estudiosos, corresponde "às diferenças de duração fonêmica que, em certas línguas, assumem função distintiva" (DUCROT & TODOROV, 1972: 242), é a base do metro dos versos da literatura latina clássica, que emerge da combinação das sílabas breves e longas.

Quando não existe coincidência entre a pausa métrica e a pausa verbal, gramatical ou semântica, configura-se o recurso estilístico conhecido como cavalgamento ou *"enjambement"*. Eis um exemplo:

Jogo o corpo na manhã
cinzenta da cidade.

      (SALGADO MARANHÃO, *in* PROENÇA FILHO, 2006: 147)

 Rima é a coincidência de fonemas em determinados lugares do verso, podendo situar-se no início, no meio ou no final dele.
 Essa coincidência envolve três possibilidades.
 A primeira é a identidade ou semelhança de todos os fonemas a partir da sílaba tônica: é a rima soante ou consoante. É, tradicionalmente, a mais usada na literatura brasileira. Num exemplo, um trecho de outro poema, também de Salgado Maranhão:

São feitas de crisântemos as fibras
desse fogo que se molda à palavra
(e esse jogo em que o amor se equilibra
como se vida, então lhe fosse escrava);

      (SALGADO MARANHÃO, *in* PROENÇA FILHO, 2006: 180)

 A segunda caracteriza-se pela coincidência, na mesma circunstância, apenas das vogais tônicas ou das vogais a partir dela: é a rima toante. Exemplo do poema "Narciso", de Antonio Cicero:

Narciso é filho de uma flor aquática
e de um rio meândrico. É líquido
cristalizado de forma precária
e preciosa, trazendo o sigilo
de sua origem no semblante vivido (...)

      (ANTONIO CICERO, *in* PROENÇA FILHO, 2006: 71)

 A terceira envolve a coincidência das consoantes no início dos termos; é a rima aliterada, também chamada de aliteração. Exemplo do poema "Violões que choram", de Cruz e Souza:

Vozes veladas, veludosas vozes,
Volúpias dos violões, vozes veladas,
Vagam nos velhos vórtices velozes
Dos ventos, vivas, vãs, vulcanizadas.
                      (CRUZ E SOUSA, 1995: 123)

Os versos que não rimam são conhecidos como brancos. Exemplo "Morte de Lindoia", de Basílio da Gama:

Um frio susto corre pelas veias
De Caitutu, que deixa os seus no campo;
E a irmã por entre as sombras do arvoredo
Busca co'a vista e treme de encontrá-la.
                      (GAMA, *in* PROENÇA FILHO, 2006: 123)

A caracterização da tipologia das rimas envolve ainda uma ampla terminologia. Esta não tem o aval do consenso dos especialistas. Todavia espera reformulações.

A dinâmica que acompanha a literatura conduziu, no final do século XIX, ao surgimento de uma nova modalidade de verso, o chamado verso livre.

Nele, o ritmo deixa de ter a sílaba como unidade. Apoia-se na combinação da entoação e das pausas. Caracteriza-se pela sucessão de grupos fônicos valorizados por estas últimas e pela maior ou menor rapidez da enunciação.

Entoação é a escala da elevação de voz com que se enuncia uma frase. Constitui a linha melódica caracterizadora do enunciado. Um exemplo, de Fernando Pessoa: "Ah, todo o cais é uma saudade de pedra."

As modalidades em verso envolvem, tradicionalmente, formas fixas, a partir da distribuição dos versos em grupamentos específicos.

Nesse espaço, a sucessão de dois ou mais versos é o que se denomina estrofe.

O soneto, por exemplo, constitui-se de catorze versos, distribuídos em duas estrofes de quatro e duas de três. Admite-se a adição de um décimo quinto verso, conhecido como estrambote.

Algumas estrofes são conhecidas por nomes especiais, como os citados quarteto (também chamado de quadra) e terceto, e também a oitava, a décima, cujo número de versos imediatamente se identifica.

Não percamos de vista que inúmeros movimentos de vanguarda têm apresentado variadas propostas de desestruturação desse modo de fazer-se. Entre elas, a título de exemplo, o centramento na palavra-coisa, num procedimento antidiscursivo, dando por findo o ciclo histórico do verso como unidade rítmico-formal, do projeto do movimento de poesia concreta, emergente no Brasil em 1956.

Mais recentemente, as experiências da infopoesia têm apresentado novas formas do fazer poético.

9
CAMINHOS DA LEITURA

CONSIDERAÇÕES PRELIMINARES

Ler exige, necessariamente, uma condição óbvia: ser alfabetizado. Implica, também, o cultivo de um hábito.

Esse hábito vem, há muito, enfrentando, em termos do comum das pessoas, a concorrência de inumeráveis opções, seja na veiculação de informações, seja na oferta de formas de lazer, possibilitadas, desde o começo do século XX, pelo rádio e logo pelo cinema, e, a partir da segunda metade da centúria, pela presença avassaladora da televisão.

O advento e o avanço da era da eletrônica e da informática, a internet, os aparelhos celulares, cada vez mais sofisticados, ampliam, com os jogos eletrônicos, por exemplo, espaços concorrentes. Parecem contribuir, por outro lado, para algum resgate do hábito de leitura. A troca de mensagens pelos aparelhos individuais, as pesquisas nas enciclopédias eletrônicas, os livros eletrônicos o evidenciam significativamente.

Associado ou não às novas práticas comunicativas, o ato de ler segue sendo relevante para o nosso desenvolvimento intelectual. Não importa o suporte da escrita: papel, tela de computador ou de outras máquinas.

Claro está que a leitura é fonte de ampliação do conhecimento.

Esse conhecimento, entretanto, não se caracteriza pela totalização.

Muito mais quando o somatório dos saberes cresceu e cresce em progressão geométrica e, na atualidade, em ritmo acelerado.

É humanamente impossível, na contemporaneidade, que um indivíduo detenha a totalidade ou mesmo a quase totalidade do conhecimento. É comum, para a maioria das pessoas, assumir um comportamento seletivo.

Trata-se, por outro lado, de uma via de mão dupla. O entendimento de um texto lido é facilitado pelos conhecimentos prévios do leitor e, paralelamente, amplia o seu repertório de saberes.

A leitura é basicamente uma atividade individual. É uma opção pessoal, ainda que socialmente situada. Mesmo quando várias pessoas leem em grupo em voz alta, as vozes se unem, mas cada uma descodifica a seu modo o texto que lê.

A compreensão de um texto vincula-se, obviamente, à capacidade de entendimento do leitor. Pode, entretanto, ser facilitada pelo recurso a instrumentais específicos de apoio. Entre eles, as enciclopédias, os dicionários, a internet.

POR QUE LER?

Comecemos, a propósito, com algumas justificativas, ainda válidas, enquanto não surgem novas formulações.

Lemos um texto mobilizados por várias instâncias: pela necessidade de nos informarmos sobre as necessidades do cotidiano; por prazer; para ampliar nossos conhecimentos e, especialmente, para fundamentar ou rever conceitos, reformular posicionamentos.

A leitura converte-se numa imposição da sobrevivência: temos que ler a receita do médico, a lista de compras, as instruções de uso dos aparelhos elétricos e eletrônicos, as contas a pagar, as cartas, os avisos, os convites; lemos para nos informarmos sobre nossos direitos e deveres de cidadãos; lemos para desfrutar de momentos de lazer; lemos, nos espaços das redes sociais, para ampliar o nosso convívio, ainda que no ciberespaço; lemos para melhor nos entendermos e nos situarmos como pessoas, como cidadãos, como seres humanos.

A leitura prazerosa, na maioria dos casos, prescinde de maior esforço e de técnicas específicas.

A leitura pautada na busca de informações limita-se a elas. Vincula-se à capacidade e ao repertório cultural do leitor. Amplia o acervo informativo. É o que acontece comumente ao lermos jornais e revistas, por exemplo. É claro que, a partir dela, o leitor pode ser motivado a aprofundar o domínio das informações que o texto lido lhe propiciou.

No caso específico de profissionais em formação ou formados, a leitura dos textos das áreas de conhecimento a que se dedicam impõe-se como uma permanente revisão da produção de ensaios, artigos, livros, pesquisas inerentes à necessária atualização e aprimoramento. Mobiliza perplexidades e reflexões.

Nesse quadro, destaca-se, de maneira especial, a ação da professora, ou do professor.

Ler na direção do conhecimento vincula-se ao pleno entendimento do que no texto se comunica.

A leitura de qualquer livro centrada na informação também pode efetivamente ser fonte de prazer. Parcial ou totalizante, pode limitar-se a esses espaços. Por outro lado, nem todo livro lido em função do prazer leva ao pleno entendimento.

REFLEXÕES, POR OPORTUNAS

Quem lê normalmente desenvolve procedimentos assistematicamente assumidos, ao longo de seu convívio com os textos e com um determinado jeito pessoal de conduzir a leitura.

Isso acontece com outras atividades, como o jogo de futebol, por exemplo.

O brasileiro aprende a jogar quase intuitivamente. "Lê" a maneira como os mais hábeis jogam. Imita. Reitera. Absorve. Acaba desenvolvendo técnicas pessoais, nascidas do seu talento, da sua genialidade e mesmo de suas limitações. Os grandes jogadores do passado o exemplificam.

A frequência, desde a infância, a uma escolinha de futebol, hoje realidade comum nos grandes clubes, ou a disposição adulta de aprender as regras do jogo, e aplicá-las tecnicamente, conduz a um desempenho muito mais eficiente e produtivo, como comprova, há algum tempo, a atuação dos grandes ídolos da área, alguns preparados, física, psicológica e tecnicamente pelas agremiações desde os tempos infantis.

O mesmo acontece com a arte de ler, de certa forma também uma atividade lúdica. A leitura envolve um jogo de descodificação e descoberta.

É sempre tempo de aprender a jogar melhor ou de aprimorar as técnicas já conhecidas, aprendidas por imitação e reiteração.

O propósito exige esforço e treinamento. A eficiência e a eficácia serão, seguramente, compensatórias.

Há que ser realista: não é comum nem rotineira na tradição leitora brasileira, como acontece também em outros países, a adoção de técnicas que ampliem o usufruto da leitura, por uma questão de hábito e de formação.

Métodos nessa direção costumam integrar a ação da escola, agência cultural por excelência, núcleo de desenvolvimento da educação sistemática, mas, isso ocorre eventualmente, mesmo em estabelecimentos de nível superior, ressalvadas as exceções, meritórias. Essa constatação pessoal fundamenta-se em 48 anos de magistério em todos os níveis e experiência, e nos citados cursos e seminários de imersão.

Trata-se, portanto, de matéria aberta e propícia à reflexão e ao debate.

Pensemos.

A leitura meramente pautada na fruição privilegia o prazer de ler e, secundariamente, o caráter informativo da obra.

A busca de informações envolve um primeiro estágio do saber. Implica um registro. Mobiliza essencialmente a memória. Em alguns casos, a natureza do que se informa chega a ser rotulada de "cultura inútil".

A leitura centrada no pleno entendimento envolve dimensões interpretativas. Implica reflexão, imaginação, descoberta.

Nesse espaço, ganha relevo o repertório cultural do leitor.

Esse repertório engloba três instâncias: um saber feito de experiências existenciais; um aprender com o outro; um saber adquirido pelos livros e pelo ensino sistemático.

A aprendizagem de cada leitor pode ser agilizada por pesquisas e investigações.

Esses aspectos estendem-se à leitura de textos literários e não literários. Uns e outros, entretanto, por força da especificidade da linguagem das obras de literatura, envolvem abordagens diferentes.

O texto não literário é um instrumento da informação e da ação. Refere-se a algo que preexiste a ele. Corresponde a esse algo. Envolve uma verdade de correspondência. Privilegia a dimensão semântica. Caracteriza-se pela natureza lógica, estruturada e pela funcionalidade. Abre-se a uma interpretação basicamente calcada no âmbito do discurso manifesto. Todo discurso, vale lembrar, implica uma interpretação, apoiada no seu desvelamento pelo leitor ou ouvinte. Esta interpretação corresponde a uma descodificação do universo de signos que o constitui, implica necessariamente considerar a pluralidade e a especificidade dos modos de concretização do discurso.

A leitura de um texto dessa natureza objetiva basicamente o entendimento da mensagem que, no nível manifesto, se concretiza. Envolve uma análise na direção desse propósito.

Analisar envolve, literalmente, dividir, desagregar, para melhor compreender. É o resultado de um procedimento fundamentalmente racional.

O texto literário, em outra direção, resulta da criação artística. Configura um objeto dotado de propriedades estéticas. Eminentemente conotativo e polissêmico, envolve uma verdade de coerência. Privilegia a dimensão estética. Mobiliza efeitos de surpresa. Seu entendimento pleno requer necessariamente uma interpretação no nível do silêncio do texto, vale dizer, nas entrelinhas. Associa razão e emoção.

Interpretar, nesse sentido, implica penetrar nesse silêncio, aclarar o sentido que nele se oculta.

O nosso entendimento do que em ambas as modalidades de texto se comunica é, de imediato, proporcional ao nosso repertório cultural.

Elas contribuem, contudo, na medida em que nos familiarizamos com a sua natureza, para sua ampliação. Trata-se, cumpre, ainda uma vez, reiterar, de um processo dialético. Os conhecimentos do leitor iluminam a leitura e, por outro lado, a leitura amplia os conhecimentos do leitor.

Um repertório envolve uma relação de símbolos com a sua equivalência eventualmente fixadas em certos significados.

A leitura tem uma função ampliadora. É fácil, a propósito, perceber a sua importância na formação do educando, como pessoa, como ser social e como cidadão. Em especial na direção do desenvolvimento de sua capacidade de crítica.

A leitura de textos literários e textos não literários, por força da especificidade da linguagem da literatura, possibilita percursos distintos.

LEITURAS DO TEXTO NÃO LITERÁRIO

A motivação para a leitura de textos dessa natureza envolve a busca deliberada de informações e conhecimentos, em primeiro plano, aliada, ainda que não necessariamente, ao prazer de ler.

Leitores há, e possivelmente em número significativo, que se bastam com a dimensão informativa. É uma escolha. Ler, entretanto, possibilita muito mais.

A leitura é uma das fontes alimentadoras do saber. Propicia um convívio com a apresentação sistemática de dimensões do conhecimento; sistemática, porque configurada num conjunto organizado: o texto que permite depreendê-las.

Por outro lado, costuma tornar-se, para os que a cultivam, um ato trivial, quase mecânico. Privilegia, nesse caso, quase exclusivamente, a sensibilidade.

Na direção do efetivo entendimento do que no texto se comunica, pode, entretanto, ser objeto de uma atividade intelectualmente ainda mais enriquecedora.

Essa última circunstância vincula-se imediatamente à maneira de ler o texto.

É uma preocupação que, geralmente, não mobiliza o leitor comum, condicionado por hábitos aleatórios.

O modo de ler pode conduzir, entretanto, a um aproveitamento amplo das potencialidades abrigadas no texto.

Nessa direção, há caminhos e caminhos. Entre eles, a clássica proposta de J. Mortimer Adler e Charles van Doren na obra *Como ler livros*, com os quais, entre vários, dialogo criticamente, na direção de outra proposição. Esta baseia-se na prática do ensino fundamental, médio e superior e na metodologia explicitada em inúmeros livros didáticos e paradidáticos que publiquei ao longo dos últimos cinquenta anos.

A leitura que proponho estende-se, entre muitos gêneros do discurso, a artigos, reportagens, dissertações, teses, resenhas, comentários.

Centralizei sua aplicação no texto publicado em livro.

A operacionalização dos modos de ler explicitada, como se verificará, não chega a constituir uma novidade em si. Está longe de configurar uma invenção ou uma descoberta. Consiste simplesmente na assunção de um *roteiro* ordenado, uma organização ampliadora, apoiada na experiência.

A singularidade da proposta reside nos seguintes aspectos, no âmbito dessa última configuração: a perspectiva globalizadora, a reflexão sobre os objetivos do ato de ler e, fundamentalmente, o centramento no leitor como sujeito da leitura e a valorização de sua capacidade de crítica, com o decorrente enriquecimento de seu acervo de saberes.

O *roteiro*, a seguir apresentado, deve ser considerado um ponto de partida para a reflexão iluminadora e para o maior usufruto do texto lido, na direção da ampliação dos conhecimentos e do aprimoramento da metodologia.

RUMOS DO ROTEIRO

Diante do objeto da leitura, cumpre, inicialmente, verificar se estamos diante de um texto efetivamente não literário.

No caso do texto em verso, a identificação é imediata, mesmo quando se encontra a serviço da informação. Nessa última circunstância, ganha relevância a proximidade com o referente. Dilui-se a multissignificação. A utilização do verso contribui, no caso, para ampliar, em função do ritmo, o nível de apelo da mensagem. Certos anúncios versificados o exemplificam à larga. Um exemplo, afixado nos antigos bondes do Rio de Janeiro:

> Veja ilustre passageiro
> O belo tipo faceiro
> Que o senhor tem a seu lado
> E no entanto acredite
> Quase morreu de bronquite
> Salvou-o o Rhum Creosotado.
> (SOUZA, 1920)

Repare-se na proximidade do referente.

O texto literário em prosa envolve diferentes formas de configuração que costumam vir explicitadas: romance, conto, novela, miniconto, narrativa longa, narrativa curta.

É importante, no caso do livro, antes de começar a leitura examinar: a capa; a quarta capa; as orelhas (se houver); a folha de rosto; a ficha catalográfica; o sumário ou sinopse (se houver), o índice, o prefácio. Nessa ordem.

Essa não é uma prática usual na tradição leitora brasileira. Mas contribui para agilizar entretanto, a decisão de ler ou não ler o livro.

A capa, obviamente, nos põe diante do título da obra e do nome do autor. Em princípio, identifica o assunto.

Há casos, porém, em que provoca dúvidas. Dois exemplos: um título como *O mistério das estrelas* não esclarece se se trata de ficção ou de astronomia; *Memórias de um sargento de milícias* não indica necessariamente que se trata de um romance. Se o título identifica o assunto, dependendo do nosso interesse, seguimos ou não com a leitura. É a propósito comum que o livro traga, abaixo do título a indicação da modalidade do gênero literário.

A quarta capa e as orelhas ampliam os dados identificadores. Mesmo quando o título permite saber o assunto do livro. Ao lado da síntese do conteúdo e dos juízos de valor que costumam caracterizá-las. É comum também trazerem informações sobre o autor do texto. Esses elementos também não devem ser decisivos para a opção de ler ou não o texto. Mesmo diante de autor com imagem positiva ou negativa sedimentada no consenso comunitário. Elas podem também não trazer nenhum dado sobre o texto. É ainda comum a ausência de orelhas.

Altamente relevante é a folha de rosto. Ela situa-se depois da página de abertura. Trata-se da carteira de identidade da obra. Cumpre, nela, rever o título, que, ali, costuma ser mais completo do que o que figura na capa. Traz também a indicação da edição e, com frequência, a data da publicação e o nome da editora.

O título reitera e frequentemente amplia a informação sobre o assunto. A data é importante para situar o livro no contexto sócio-histórico. E mais: trata-se de uma informação de alerta: muitos livros que não são contemporâneos mantêm a sua atualidade. Muitas obras contemporâneas são anacrônicas; sobretudo livros científicos, diante do progresso acelerado da modalidade de conhecimento que veiculam.

A data da edição funciona como um sinal amarelo. A indicação de que se trata de edição revista, atualizada, reformulada, ampliada também é esclarecedora. Sobretudo diante da dinâmica do processo cultural e do relativismo das perspectivas em que se fundamenta o conhecimento.

A ficha catalográfica é registrada no verso da folha de rosto. Além de conter dados identificadores, como nome do autor, título da obra, número da edição, local de publicação, número de páginas, identifica a natureza do livro.

No caso de um artigo ou um ensaio, os elementos identificadores situam-se na capa. Limitam-se, geralmente, ao nome do autor, ao título, a subtítulo eventual, local e data da publicação.

Examinemos, a propósito, a folha de rosto deste livro. Além de trazer o nome do autor, o título – *Leitura do texto, leitura do mundo* – identifica o assunto.

O índice pode ser de três naturezas: analítico, remissivo e onomástico.

O primeiro oferece uma ampliação do assunto anunciado na capa e na folha de rosto. É importante prestar atenção nos títulos e subtítulos que o integram. Eles ampliam a visão do assunto tratado, permitem depreender a linha de pensamento que norteia a obra, possibilitam uma ideia de sua estruturação. A leitura do índice deste *Leitura do texto, leitura do mundo* dá uma ideia de tais aspectos.

O índice remissivo, como indica o adjetivo, lista e situa em ordem alfabética, temas, termos constantes no livro.

O índice onomástico consta da listagem de nomes próprios citados.

O prefácio pode ser definitivo em relação à decisão de ler ou não o texto. Exige uma leitura crítica, uma vez que, se não é assinado pelo autor, envolve, com frequência, juízos valorizadores. Em alguns livros, é substituído por uma *apresentação*, por uma *introdução*, por uma *explicação necessária* ou por uma nota introdutória *ao leitor*, textos que costumam ser descritivos da natureza da obra, dos conteúdos, das motivações do autor etc.

Se a obra não apresentar índice, prefácio ou similares, busque-se o sumário. Este faz da representação sintética da obra que se vale de palavras e da estrutura para traduzir o seu conteúdo. Usualmente costuma ser confundido com a sinopse, de que tratarei páginas adiante.

Esses componentes do texto nos permitem identificar o campo de conhecimento de que trata, a orientação e a proposta nele contida.

Voltemos à *Apresentação* deste livro: nela se explicita a natureza da obra, o propósito do autor, a sua orientação, os objetivos da obra. Sugerimos ao leitor sublinhar as frases que configuram tais aspectos para facilitar o entendimento dos propósitos nelas caracterizados.

Alguns livros, como este que você está lendo, apresentam uma *epígrafe*: uma frase, um fragmento de texto, uma citação, um poema que se coloca no frontispício da obra, no início de uma narrativa, de um poema, de um capítulo. Ela funciona como mais um elemento indiciador da orientação que o norteia. Obras há em que figuram mais de uma epígrafe.

Feita a opção pela leitura, depois do exame dos elementos assinalados, outros procedimentos podem torná-la mais funcional.

A começar pela adoção de marcas e anotações no corpo do texto, nas margens, nas entrelinhas. Trata-se de prática bastante frequente entre os leitores brasileiros, notadamente os estudantes, com excelentes resultados.

É verdade que existem leitores que preferem fazer anotações fora do livro, para preservá-lo como objeto. Outros preferem fazê-las a lápis, com o mesmo objetivo: sempre se poderá depois apagá-las. Em alguns casos, as notas e os destaques no próprio livro o enriquecem. Pensemos, por exemplo, num livro lido por Einstein, por Darwin ou por Freud, por um grande poeta ou ficcionista, com anotações pessoais do próprio punho. Seria, no mínimo, cobiçadíssimo pelos especialistas e pelos bibliófilos.

Em se tratando de livros eletrônicos, podem ser usados os marcadores específicos para textos dessa natureza, diversa, vária e quase sempre marcada de funcionalidade.

Cada leitor pode escolher a maneira que considerar mais adequada ao procedimento.

O importante é o destaque.

Usa-se comumente sublinhar passagens consideradas relevantes; destacar, de alguma forma, as palavras-chave; fazer anotações nas margens ou em pequenos pedaços de papel adesivo (material facilmente encontrável no mercado) colados nelas e nas páginas finais de cada capítulo. Há ainda quem acompanhe a leitura com anotações e comentários em cadernos especialmente destinados a esse fim, o que me parece menos funcional, ao situar-se fora do texto que está sendo lido.

O ato de sublinhar é bastante frequente entre os convivas da leitura.

Outros recursos, a seguir explicitados, costumam ser bastante úteis.

Observemos: um texto, geralmente, faz-se de afirmações gerais, que abrigam as informações fundamentais, ou seja, de generalizações, seguidas de explicitações. Convém sempre destacá-las, indicando-as, por exemplo, com as letras G e E. Por vezes, o destaque é facilitado: as generalizações já vêm marcadas no texto, em **bold** ou em *itálico*.

As anotações nas margens ou em papel colado nas páginas ou no final dos capítulos constituem uma prática bastante frequente entre estudiosos, especialistas e estudantes. O leitor comum não costuma utilizá-las, mas, se o fizer, perceberá a sua utilidade. Quando feitas no final dos capítulos, devem corresponder ao que o leitor conclui da leitura.

É também útil e pertinente indicar com um X, na margem, as passagens que nuclearizam o pensamento do autor sobre o assunto tratado.

Conhecido o assunto do livro e com uma primeira visão de como ele é tratado, é possível sintetizar de maneira simples e clara o conteúdo que se explicitará ao longo do texto.

Apliquemos o procedimento ao presente livro:

Leitura do texto, leitura do mundo *trata de conceitos operacionais vinculados a conhecimento, cultura, linguagens, língua e literatura, e da inter-relação entre essas matérias e de técnicas de leitura.*

É interessante, a propósito, que cada leitor elabore a sua própria síntese do texto lido.

Cabe observar que alguns títulos e prefácios, por explicitadores, indiciam a unidade do texto, como nestes três exemplos: *Panorama da literatura modernista brasileira*; *História concisa da Literatura Brasileira*; *Sociedade brasileira: uma história através dos movimentos sociais*.

Alguns parágrafos iniciais também exercem a mesma função. Este é um traço muito frequente das teses universitárias.

É aconselhável assumir no texto-síntese uma forma pessoal de discurso.

Pode-se também caracterizar a estruturação da obra, como se depreende, por exemplo, do índice do presente livro, na medida em que ele se faz de títulos e subtítulos.

Com isso, o leitor tem uma ideia ainda mais clara da matéria efetiva tratada no texto e de como é apresentada.

Prossigamos, agora, com a explicitação de um diálogo gradativo com o núcleo da leitura.

À medida que se lê o texto, o seu entendimento é facilitado com o destaque das frases-chave e das palavras-chave. As primeiras correspondem às propostas básicas nele contidas. Em geral coincidem com as generalizações.

Ao destacar frases-chave, observe-se se configuram argumentos de relevância para o que o autor quer destacar. Exemplos: frases-chave do primeiro capítulo deste livro:

- "Começo lembrando uma determinada fase da infância, a chamada idade das perguntas, aquela em que as crianças surpreendem com indagações das mais variadas naturezas."
- "Trata-se de um comportamento trivial, mas que atende a uma das preocupações fundamentais do ser humano, desde que se entende por gente: saber das coisas."
- "Saber das coisas é o mesmo que conhecer."
- "A plenitude do conhecer, entretanto, escapa à aptidão do ser humano, em que pese o desenvolvimento científico e tecnológico a que almeja."
- "Todo e qualquer conhecimento configura uma representação."
- "Toda e qualquer representação, assim entendida, implica uma interpretação."
- "Interpretar é ver a realidade de um determinado enfoque."
- "Os múltiplos e diversos enfoques que caracterizam a interpretação assim compreendida configuram, ao longo da história humana, várias formas de conhecimento."
- "O conhecimento, em todas as dimensões, fundamenta a Cultura."

As palavras-chave indiciam os elementos em torno do qual se estruturam as generalizações. Exemplos: palavras-chave do mesmo primeiro capítulo: *conhecimento, representação, interpretação, cultura*.

Cabe lembrar que o sentido de uma palavra no texto vincula-se ao contexto linguístico em que se encontra inserida e que há termos de significado especial, por constituírem vocabulários técnicos.

É importante que leitor e autor tenham o mesmo entendimento do sentido das palavras do texto.

Se não houver esse tipo de acordo entre ambos, configura-se ruído na comunicação, e a compreensão da mensagem fica prejudicada. Esse aspecto é extremamente relevante em relação, entre outros, aos textos de filosofia. Para verificá-lo, pode-se, por exemplo, rastrear o conceito de *realidade*, de que tratamos no primeiro capítulo.

Um processo de verificação do entendimento do sentido das frases-chave de um texto consiste na formulação pelo leitor, com suas próprias palavras, das proposições por ele detectadas. É um excelente teste.

As frases-chave configuram argumentos apresentados pelo autor.

Todo argumento concretiza-se em afirmações.

Há argumentos vinculados a uma determinada generalização e outros que buscam provar outras generalizações. Há também generalizações dentro de explicitações.

O capítulo III da segunda parte de *Os sertões*, de Euclides da Cunha, ainda que parte de um texto maior, que obriga o leitor a contextualizá-lo, deixa perceber nitidamente essa estruturação. Vale transcrever um trecho, devidamente marcado, e com indicações identificadoras, para uma ideia desse jogo de generalizações e explicitações.

O SERTANEJO

O sertanejo é, antes de tudo, um forte. Não tem o raquitismo exaustivo dos mestiços neurastênicos do litoral.

A sua aparência, entretanto, ao primeiro lance de vista, revela o contrário. Falta-lhe a plástica impecável, o desempenho, a estrutura corretíssima das organizações atléticas. (CUNHA, 2009: II: 95)

(Os dois parágrafos configuram a generalização 1.)

É desgracioso, desengonçado, torto. Hércules-Quasímodo, reflete no aspecto a fealdade típica dos fracos. O andar sem firmeza, sem aprumo, quase gingante e sinuoso, aparenta a translação dos membros desarticulados. Agrava-o a postura normalmente abatida, num manifestar de displicência que lhe dá um caráter de humildade deprimente. A pé, quando parado, recosta-se invariavelmente ao primeiro umbral ou parede que encontra; a cavalo, se sofreia o animal para trocar duas palavras com um desconhecido, cai logo sobre um dos estribos, descansando sobre a espenda da sela. Caminhando, mesmo a passo rápido, não traça trajetória retilínea e firme. Avança celeremente, num bambolear característico, de que parecem ser o traço geométrico os meandros das trilhas sertanejas. E se na marcha estaca pelo motivo mais vulgar, para enrolar um cigarro, bater o isqueiro ou travar ligeira conversa com um amigo, cai logo — cai é o termo — de cócoras, atravessando largo tempo numa posição de equilíbrio instável, em que todo o seu corpo fica suspenso pelos dedos grandes dos pés, sentado sobre os calcanhares, com uma simplicidade a um tempo ridícula e adorável. (CUNHA, 2009: II: 95)

(O parágrafo explicita a generalização 1. Observe-se o caráter abrangente e detalhista da explicitação, que envolve o modo de caminhar, a postura, as atitudes, em várias circunstâncias: a pé, a cavalo, caminhando, em paradas eventuais.)

É o homem permanentemente fatigado.
    Reflete a preguiça invencível, a atonia muscular perene, em tudo: na palavra remorada, no gesto contrafeito, no andar desaprumado, na cadência langorosa das modinhas, na tendência constante à imobilidade e à quietude. (CUNHA, 2009: II: 95)

(Os dois parágrafos sintetizam a explicitação, acrescida de novos aspectos vinculados aos anteriores: a fadiga, a preguiça, a atonia muscular perene.)

Entretanto, toda essa aparência de cansaço ilude. (CUNHA, 2009: II: 95)

(O parágrafo configura a generalização 2. Observe-se que tem caráter contrastivo.)

Nada é mais surpreendedor do que vê-la desaparecer de improviso. Naquela organização combalida operam-se, em segundos, transformações completas. Basta o aparecimento de qualquer incidente, exigindo-lhe o desencadear das energias adormecidas. O homem transfigura-se. Empertiga-se esteadeando novos relevos, novas linhas na estatura e no gesto; e a cabeça firma-se-lhe, alta sobre os ombros possantes, aclarada pelo olhar desassombrado e forte; e corrigem-se-lhe, prestes, numa descarga nervosa instantânea, todos os efeitos do relaxamento habitual dos órgãos: e da figura vulgar do tabaréu canhestro reponta, inesperadamente, o aspecto dominador de um titã acobreado e potente, num desdobramento surpreendente de força e agilidade extraordinárias. (CUNHA, 2009: II: 96)

(O parágrafo é uma explicitação da generalização 2, também abrangente e detalhista: destaca o desencadear de energias adormecidas, a transfiguração da figura, logo também explicitadas, a culminância da transformação.)

Esse contraste impõe-se ao mais leve exame. (CUNHA, 2009: II: 96)

(Essa primeira assertiva configura a generalização 3.)

Revela-se a todo o momento, em todos os pormenores da vida sertaneja – caracterizado sempre pela intercadência impressionadora entre extremos impulsos e apatias longas. (CUNHA, 2009: II: 96)

(O parágrafo explicita a generalização 3.)

Repare que as frases-chave assinaladas possibilitam a identificação do propósito do autor: no trecho lido, ele não propõe soluções. Retrata uma situação decorrente de sua observação, apoiada em argumentos.

É fundamental, para o entendimento da proposta contida na totalidade de *Os sertões*, a leitura integral do texto da obra como um todo.

Torna-se bem mais fácil, após esses procedimentos, entender o que o texto lido expressa e como o expressa.

Ao leitor cabe, na sequência, emitir um juízo de valor fundamentado sobre o que leu. O juízo meramente impressionista não se sustenta nesse processo.

A avaliação fundamentada implica concordância, discordância ou suspensão de juízo avaliatório em relação ao que no texto se propõe. No caso do texto em exame, por exemplo, quem lê pode ter uma imagem semelhante ou diferente da figura do sertanejo nele configurada. Pode também eximir-se de avaliá-la, por entender que precisa de outros elementos.

A opção, qualquer que ela seja, entretanto, implica necessariamente o entendimento prévio das proposições que estão presentes no texto.

Tenha-se em mente que discordar não implica conflito ou confronto, embora essa não seja a prática mais usual na realidade brasileira.

Mais importante, entretanto, do que a validade do juízo que façamos de um livro, desde que tenhamos optado pela leitura, é apreender a verdade nele contida.

A discordância deve ser encarada sempre como algo passível de superação.

Há que evitar, porém, a contestação que emerge de um desnível do conhecimento, fato bastante comum.

A supressão da discordância vincula-se à eliminação da ignorância ou do não entendimento.

Importante: para o entendimento preciso da posição do autor configurada no seu texto é importante ter uma ideia de toda a sua obra e situar o texto lido nesse âmbito.

E mais: para uma leitura ampliadora do conhecimento e que possibilite um efetivo desempenho da capacidade de crítica, cumpre comparar distintos posicionamentos em relação a um mesmo assunto.

O primeiro passo nessa direção habita a casa do óbvio: é ter conhecimento das obras a ele referentes. O segundo é decidir quais desses textos ler. É claro que se o assunto é matéria de um único livro há que se dialogar com ele.

Determinados assuntos, evidentemente, são tratados por um volume significativo e amplo de obras. Em tal circunstância, o estudo comparativo se torna praticamente inviável, como acontece com temas como amor, ciúme, vida. Nesse caso, cabe a seleção, que deve ser a mais representativa possível.

Importante nessa seleção é também contextualizar as obras historicamente. O lançamento de *Os sertões*, por exemplo, data de 1902, época em que na realidade brasileira, cruzam-se várias linhas de pensamento.

Para saber que livros tratam do assunto em perspectiva, é necessário consultar uma bibliografia.

A comparação leva à detecção de convergências e divergências e possibilita ao leitor a sua própria formulação sobre o assunto. Essa é a meta ideal. Com ela, atinge-se o entendimento desejado.

Pode-se, nessa direção, ler a partir do texto de Euclides vários livros que tratam do sertanejo brasileiro, como *O sertanejo*, de José de Alencar, por exemplo, ou, em outro espaço de comparação, textos que estudam, por exemplo, o romance *Memórias póstumas de Brás Cubas*. Também é possível comparar os vários romances que dialogam com o livro *Dom Casmurro*.

INSTRUMENTAL DE APOIO À LEITURA

A leitura de alguns livros pode nos colocar diante de algumas dificuldades.

Na direção da superação, podemos nos valer de materiais de auxílio, a saber: a experiência marcante; outros livros; comentários; sinopses; resumos; obras de referência.

A experiência marcante

Duas são, a propósito, as instâncias: a experiência comum e a chamada experiência especial.

A primeira resulta de nossas vivências do cotidiano. A segunda decorre do empenho em adquiri-la. É o caso da que está na base, por exemplo, da formação profissional. É especializada.

Essas duas modalidades vinculam-se, de modo distinto, à leitura.

A experiência comum costuma iluminar, com maior ou menor claridade, o entendimento dos textos mesmo os literários e alguns de filosofia.

A experiência especial pode ter sua fonte nos livros científicos e técnicos. É um caminho para esclarecer conhecimentos que, veiculados no texto de leitura, não integram o universo cultural do leitor não familiarizado com a matéria neles tratada.

Ambas as experiências constituem relevante apoio em alguns casos, como na leitura dos livros de História. Esta traz nos seus textos estruturação similar à dos livros de ficção. Por outro lado, faz-se de experiências próprias e exclusivas do historiador.

A leitura de livros de outra natureza contribui para o esclarecimento de determinados aspectos. Obras gerais sobre a topografia da região de Canudos, ou sobre a religiosidade popular no Nordeste brasileiro podem ampliar, por exemplo, entendimento do citado *Os sertões*.

O comentário

O uso desse instrumental exige cuidado e moderação.

Os comentários, na dimensão em que os estamos situando, presentificam-se, geralmente, em resenhas, guias e manuais de leitura.

Têm caráter totalizante e objetivam, na maioria dos casos, apresentar aos destinatários tudo o que os autores desses comentários entendem que eles devam conhecer a propósito de determinadas obras.

Mobilizam um numeroso público leitor no âmbito da educação de nível médio e superior.

Apoiam-se na orientação e no posicionamento dos comentadores. São constituídos de suas interpretações.

O risco é a relatividade de tais visões de caráter pessoal. Tanto podem fazer jus a selo de alta qualidade, como podem navegar em espaços equivocados.

Vale ressaltar que costumam, no primeiro caso, ser de utilidade na pragmática dos concursos e em exames de avaliação na sistemática do ensino.

Duas limitações relativizam a utilização de tais textos.

A primeira é que dificilmente conseguem abranger a totalidade do que efetivamente se comunica nos textos-objeto.

A segunda é que, geralmente, levam o leitor a limitar-se às interpretações neles contidas, sobretudo quando trazem a assinatura de autores reconhecidamente abalizados.

O recomendável é o diálogo crítico com o texto do comentador.

Para tanto, o comentário só deve ser consultado *após* a leitura da obra.

Com esse procedimento, o leitor pode ir além das propostas dos comentadores.

O mesmo critério deve orientar a leitura das introduções críticas e acadêmicas. Nesse caso, o leitor pode surpreender-se agradavelmente, ao verificar coincidências de entendimento com o do especialista que as assina.

A sinopse

Por sinopse entenda-se a representação sintética, em paráfrase, do principal contributo de uma obra. Costuma ser entendida como sinônimo de *sumário*, sem citações do texto original. Deve ser elaborada pelo próprio autor do texto ou da obra. Nos termos da Associação Brasileira de Normas Técnicas (ABNT) é "A enumeração das principais seções e outras partes de um documento, na mesma ordem em que a matéria sucede". (ABNT, NBR 267).

O resumo

O resumo, ou *abstract*, que costuma figurar na obra, sintetiza as ideias básicas do texto. Tem por objetivo esclarecer o leitor a propósito da conveniência ou não de conhecer o assunto a que o texto se refere. Pode conter a interpretação e a opinião de quem resume, o próprio autor. A NBR 6028, da Associação Brasileira de Normas Técnicas, registra três modalidades: o resumo crítico, elaborado por especialistas, que envolve análise crítica do texto resumido; o resumo indicativo, que destaca somente os pontos principais do texto resumido, sem apresentar dados quantitativos, qualitativos e outros; o resumo informativo, que contém apenas finalidades metodológicas e correções do texto resumido.

Comentários, sinopses, resumos são úteis apenas na medida em que contribuem para reativar na memória o texto anteriormente lido e, no caso da comparação de textos sobre o mesmo assunto, quando o leitor necessita verificar se essa ou aquela obra tem importância para o seu projeto de leitura.

Como quer que seja, não substituem de nenhuma forma a leitura do livro.

Obras de referência

Essa rubrica envolve uma tipologia ampla.

Concentremos nossas atenções nas mais utilizadas: os dicionários e as enciclopédias. A consulta é facilitada com o acesso à internet, uma vez que a concretização em papel dessas modalidades de livros já vem perdendo presença em ritmo acelerado.

A utilização efetivamente proveitosa desse material exige algumas condições: ter ideia do que se pretende saber; identificar a obra ou as obras que sirvam a esse propósito, para maior agilização do procedimento; conhecer, para saber como melhor utilizá-la, a estruturação da obra ou das obras a serem consultadas; identificar as questões decorrentes da leitura do texto inicial que podem ser esclarecidas pelas obras consultadas.

Observe-se que as obras de referência, por mais abrangentes, não esclarecem todas as questões que uma leitura possa suscitar no leitor.

Sem os pré-requisitos explicitados, a consulta a obras de referência deixa de ter sentido.

Não é conveniente usar marcadores nos textos de obras dessa natureza, a não ser os facilmente removíveis, como papéis colados, eventualmente, nas margens. A melhor opção é transcrever as passagens de interesse.

O dicionário

Sua especificidade remete a algumas considerações. Por força de sua natureza de manifestação escrita e manifestação oral, as palavras admitem variações de representação e de pronúncia. Na sua utilização no discurso, integram enunciados. Na sua condição de signos, correspondem, como vimos, a significados que, no discurso, se inter-relacionam; o sentido de cada uma emerge desse relacionamento, presentificado nos enunciados e nas frases em que estes se corporificam gramaticalmente. Na sua condição de signos-símbolos, revestem-se de caráter convencional. O signo é arbitrário.

Essas caracterizações das palavras são objeto dos dicionários, de diversa tipologia, em função do enfoque adotado e do volume de verbetes.

Ao lado dos dicionários produzidos sob a forma de livros, ganham forte presença, na internet e em CDs, os dicionários eletrônicos.

Os dicionários podem ser, entre outros: gerais, centrados nos vários significados e acepções das palavras; etimológicos, nuclearizados na origem, formação e evolução das palavras; de sinônimos e antônimos, que reúnem palavras com equivalências ou afinidades e significados opostos; analógicos, que se fazem de palavras reunidas por campos semânticos ou por analogia de ideias; temáticos, que são específicos de determinados campos do conhecimento, como filosofia, artes e ciências; de abreviaturas e siglas; bilíngues ou trilíngues etc.

A enciclopédia

As enciclopédias são constituídas de verbetes e estudos com o objetivo de tornar acessíveis conhecimentos relativos ao que é veiculado pelas palavras. Têm como objeto os fatos.

Fatos correspondem a verdades. Não configuram opiniões. Eles envolvem, nessa condição, informações singulares, generalizações. Constituem, em certa medida, convenções: determinadas proposições constituem fatos em determinadas épocas e deixam de sê-lo em outra. São determinados pela cultura.

Os avanços científicos e tecnológicos, a dinâmica do processo cultural a cada passo e, desde algum tempo, em ritmo acelerado, têm provocado revisões e mudanças de conceitos, explicações, fundamentações.

Algumas enciclopédias são setorizadas; por exemplo, enciclopédias de Música, de Artes Plásticas etc.

Elas encontram-se publicadas geralmente em vários volumes. Muitas estão disponíveis na internet; algumas apenas nela. A rede, a propósito, disponibiliza inúmeras fontes específicas de consulta, sobretudo em termos de informações; Em destaque e com fortíssima presença, situa-se o *Google*, que é um sistema de busca, indexado à rede Web. Cumpre verificar a confiabilidade dos dados que nelas se configuram.

As enciclopédias modernas apresentam informações sobre conhecimentos divididas em áreas de especialidade.

Claro está que não englobam todo o conhecimento humano. Nem tudo que se precisa saber pode ser por elas esclarecido.

Ao consultá-las, é importante verificar se estão atualizadas. A indicação da natureza da edição – se revista, atualizada ou ampliada –, a data de publicação e o prefácio são, a propósito, elementos esclarecedores.

Observe-se ainda que uma enciclopédia geralmente não abriga questionamentos. Apenas discussões na medida em que pode mencionar várias linhas argumentativas.

Também não registra textos literários: contém fatos a eles relacionados.

Deve, como acontece com os dicionários, ser usada, como material de apoio, com moderação.

Trata-se de um instrumental que amplia, desse modo e nos seus limites, o repertório cultural do leitor, o âmbito de sua visão de mundo, contribui para o desenvolvimento de sua aptidão para conhecê-lo e inserir-se nele, em comunhão com o outro.

A LEITURA DO TEXTO LITERÁRIO

O texto literário escapa sutilmente do âmbito do roteiro de leitura que acabamos de explicitar.

Alguns procedimentos, de ordem prática, podem ser adotados, como identificar a obra a ser lida (se é poema, narrativa ficcional, peça de teatro); considerar o texto como um todo, embora seja possível ler partes dele, desde que contextualizadas; depreender a estruturação do texto, na sua condição de linguagem.

São procedimentos úteis, mas entendemos que representam muito pouco, em termos de usufruto pleno do ato de ler um texto de literatura.

O texto literário configura, como foi assinalado, uma modalidade especial de linguagem.

Não se centraliza na opinião dos autores. Não caracteriza, no discurso manifesto, uma verdade de correspondência. Fundamenta-se numa verdade de coerência. Ou seja, a mensagem que se depreende remete a algo que passa a *existir* a partir de sua configuração no texto, em função dos elementos que o estruturam.

A polissemia que o caracteriza, por outro lado, abre-se à relatividade das proposições. Todas permanecem sob suspeita. Mesmo quando o texto permite depreender tomadas de posição do autor. Este pode estar dissimulando, ou estar usando os posicionamentos dos personagens como denúncia. Não nos esqueçamos que, como escreveu Fernando Pessoa, "o poeta é um fingidor".

O texto de literatura, portanto, propicia uma leitura diferente.

Mobiliza-nos, na condição de leitores ou de ouvintes, na medida em que revele emoções profundas, coincidentes com as que, como seres sociais, em nós se abriguem.

O artista da palavra, copartícipe de nossa humanidade, incorpora ao seu texto elementos dessa dimensão que nos são culturalmente comuns.

Contar e ouvir histórias, a propósito, é próprio do ser comunitário. Desde os primórdios da convivência humana.

Mesmo quem não lê convive com a arte literária em suas narrativas folclóricas, em manifestações em prosa e verso oralizadas.

Essas histórias e esses poemas alimentam o nosso imaginário individual e o imaginário comunitário.

Por outro lado, na produção do texto literário o sistema linguístico, como foi assinalado, é conotado por outros códigos: retóricos, estéticos, técnico-literários, ideológicos. Todo texto de literatura se situa, como propõe o crítico literário e historiador Paul Zumthor, de maneira mais ou menos visível, num espaço intertextual de confluência (de aceitação, de recusa, de transformação) de outros discursos.

O texto de literatura, aponta o escritor e professor Vitor Manuel Aguiar e Silva, resulta da combinação e da interação do sistema linguístico e de tais códigos, fundadas ambas numa intencionalidade e em motivações transconscientes, mobilizadas ou não pela tensão e pelo conflito.

A leitura do texto literário amplia, de modo especial, o nosso entendimento de nós mesmos, como indivíduos, como seres sociais, e como seres humanos.

Podemos lê-lo como tal, no nível de superfície ou de profundidade, cientes da multissignificação a ele inerente. Vale dizer, no nível manifesto e no nível latente do discurso, configurados no contexto linguístico.

Interpretar, nesse sentido, não é buscar no texto a intenção do autor, o que diz ou o que quer dizer, como no texto não literário. É depreender do texto o que, na sua polissemia, nele se diz, o que tem a dizer aos leitores de seu tempo e para além dele. Por outro lado, o texto literário é autônomo. Seu sentido não se vincula necessariamente à intenção de quem o produziu.

No nível de superfície, o ler limita-se à simples fruição do prazer imediato, à carga semântica das palavras e das frases que integram o texto, ao espaço da trama, nas narrativas.

O espaço de sua latência aprofunda interpretações, apoiadas em múltiplos ângulos de visão do leitor.

Os inúmeros e distintos percursos da crítica literária demonstram a multiplicidade de iluminações lançadas sobre a opacidade do objeto de leitura.

Podemos lê-lo nos limites dele mesmo. Trata-se de uma leitura nuclearizada nos elementos intrínsecos que o integram. Centraliza-se na imanência do texto.

Privilegia, nesse caso, aspectos existenciais dele depreendidos, ressaltando o caráter universal de que se revestem; concentra-se na construção da linguagem, evidenciando traços estilísticos e estruturais; destaca mobilizações da recepção do leitor.

Algumas propostas condenam, por reiterativa, a leitura limitada à paráfrase ou a síntese da trama e da estruturação textual. É um procedimento que está na base das várias perspectivas críticas: a de base estilística, o formalismo russo, *o new criticism*, o estruturalismo. Parafrasear um texto é reproduzir, com outras palavras, o seu conteúdo manifesto. A síntese consiste em resumi-lo em poucas palavras.

Podemos lê-lo, pela via da conotação, em sua relação com o contexto social de que é representativo, para além dos elementos que o integram.

Trata-se, nesse caso, de uma leitura centralizada em elementos extrínsecos, situados, portanto, fora do texto. Entre eles, encontram-se, por exemplo, projeções da biografia e do quadro psicológico do autor, condicionamentos sociais externos, projeções da sensibilidade do leitor na obra lida, influências centradas no diálogo intertextual.

Privilegia-se, nessa modalidade de leitura, a relação entre a literatura e o social, entre a literatura e a história, entre a literatura e a cultura. Trata-se de perspectiva orientadora da crítica de base histórica, de base sociológica, da crítica culturalista e da crítica determinista.

Podemos ler também um texto como pretexto para um passeio de nossa sensibilidade de leitores, para a suposição do estado de espírito do escritor ao produzi-lo e para uma explicação da obra com base na vida do autor. É uma leitura em que se fundamenta a crítica de base psicológica e de base biográfica.

A leitura pode ser conduzida ainda na direção do entendimento de fatos da língua-suporte em que o texto se concretiza. É o fundamento da crítica filológica. É comum no Brasil a sua adoção também como estratégia pedagógica no ensino de língua portuguesa.

Trata-se de uma leitura centralizada, portanto, fora do contexto que caracteriza o texto como prática significante, ou seja, como um sistema de signos outro que não o que caracteriza as línguas naturais.

É ainda possível detectar nos textos as relações intertextuais, à luz do pensamento bakhtiniano. Essa relação permite-nos, por exemplo, depreender de um romance como *Esaú e Jacó*, de Machado de Assis, o diálogo com a Bíblia, a mitologia clássica e a história do Brasil, e num texto como *Grande sertão: veredas,* de Guimarães Rosa, a presença, entre outros, de *Os sertões*, de Euclides da Cunha.

O relacionamento dialogal estabelece a ligação entre a conquista da América e o mito edipiano em *Cem anos de solidão*, de Gabriel García Márquez.

Trata-se de uma leitura orientada na direção do *corpus* literário anterior ou contemporâneo. Respeitadas as posições contrárias, trata-se de leituras que não se excluem, antes se complementam.

Outro caminho situa-se na contracorrente da interpretação. É a leitura anti-interpretativa. O texto deve ser deixado, como assinalamos, ao sabor da sensibilidade do leitor.

É possível também, por força do caráter multissignificativo do texto literário, examinar um mesmo texto a partir de distintos enfoques.

Explicito, a título de exemplo, três possibilidades de leitura do poema "Irene no céu", de Manuel Bandeira:

IRENE NO CÉU

Irene preta
Irene boa
Irene sempre de bom humor.

Imagino Irene entrando no Céu:
– Licença, meu branco!
E São Pedro bonachão:
– Entra, Irene. Você não precisa pedir licença.
(BANDEIRA, 1966: 125)

1. O TEXTO NO TEXTO

A leitura, no nível da superfície textual, descodificado o vocabulário, reduz-se à identificação de um diálogo imaginário entre uma figura feminina, Irene, e o santo porteiro do Céu na sua chegada ao Paraíso, quando é grata e simpaticamente acolhida.

No âmbito da latência, permite depreender que o poema se centraliza na exaltação da humildade e da simplicidade, à luz do Cristianismo. Remete também a uma realidade social brasileira, não apenas na vinculação a tal dimensão de religiosidade, mas ainda a uma atitude paternalista em relação ao negro. Esta se revela na caracterização de Irene, no seu comportamento diante de um São Pedro bonachão e na relação do santo com ela. Ao fundo está a palavra do Evangelho: "Bem-aventurados os limpos de coração, porque deles é o Reino dos Céus."

2. O TEXTO E O CONTEXTO SOCIOCULTURAL

O poema mobiliza elementos de nossa emoção relacionados com a formação cristã e com outros comportamentos sociais marcadamente presentes na sociedade brasileira. Reduplica uma ideologia dominante num amplo segmento dessa sociedade. Deixa perceber, na figura de Irene, o estereótipo do negro humilde e respeitoso.

3. O TEXTO COMO PRETEXTO

Em termos dessa interpretação relacionada com o contexto sociocultural, abre-se à reflexão, entre outros, sobre os seguintes aspectos: discussão do comportamento religioso do brasileiro, o preconceito envergonhado ou explícito, a luta dos negros pela afirmação da identidade cultural, a inclusão social, a política das cotas; a significação do negro na formação do Brasil, a história das religiões de origem africana, a mitologia herdada de África.

Em termos da língua-suporte, o texto deixa perceber que o autor valeu-se de palavras e expressões da comunicação cotidiana do brasileiro. Reproduziu formas da fala coloquial despreocupada que propicia, pedagogicamente, a caracterização dos registros do idioma e da adequação da fala à situação de fala. Repare-se no uso da forma verbal *entra*, em lugar de *entre*, exigida gramaticalmente pelo tratamento "você", assinalado o afastamento do registro formal, em nome do efeito expressivo. O adjetivo "bonachão", o simples da expressão "Licença, meu branco" popular, típica, coloquial, como que autorizam a forma "entra". Essa configuração possibilita reflexões sobre norma, transgressão e inovação e sobre a relação entre a literatura e os caminhos da língua.

Em termos de teoria literária, pode-se assinalar que o poema envolve expressão emotiva, traz elementos narrativos, e diálogos típicos da linguagem dramática. O predomínio do primeiro aspecto permite classificá-lo como uma composição lírica. Pedagogicamente, o texto possibilita considerações sobre a categoria gênero.

Obviamente, a leitura feita não esgota os espaços de interpretação. O poema, na sua polissemia, propicia outros enfoques e outros olhares.

10
LEITURA DE TEXTOS

LEITURAS DE TEXTOS NÃO LITERÁRIOS

Primeiro texto

Passemos a algumas observações decorrentes da leitura do texto do professor e crítico Alfredo Bosi sobre o romance de Machado de Assis *Memórias póstumas de Brás Cubas*.

Brás Cubas em três versões – Estudos machadianos, de Alfredo Bosi

O crítico e professor submete à acuidade do seu olhar a polissemia do texto de Machado de Assis, para ampliar a sua visão da narrativa do Bruxo do Cosme Velho.

Nesse percurso, perpassa, como convém, a fortuna crítica de sua obra, destacadas as reflexões sobre as *Memórias póstumas de Brás Cubas*, objeto do primeiro dos três ensaios que reúne no livro. Os demais focalizam a política nas crônicas de Machado e o texto crítico de Raymundo Faoro sobre ele. São textos convergentes, por força do entretecer de relações que entre eles se estabelece.

A epígrafe do livro indicia desde logo o posicionamento do crítico, ao apontar a necessidade da justa medida na percepção do objeto de análise, a partir do pensamento de Pascal, para quem os nossos sentidos nada percebem em extremo: rejeitam o excesso. "Nos sens n'aperçoivent rien d'extrême. Trop de bruits nous assourdit, trop de lumière nos éblouit;

trop de distance et trop de proximité empêchent la vue." (PASCAL) (BOSI, 2006: 7)

Assim situado, sintetiza, analisa e compara interpretações aplicadas às *Memórias*. E as põe em questão, em análise construtiva. No objetivo, apontar uma nova perspectiva na interpretação do texto do autor estudado.

Na leitura interpretativa que empreende, descarta o privilégio desta ou daquela posição limitadora. Entende que, ao não considerar o oposto elementar, posicionamentos do gênero emperram o discurso da compreensão e alimentam polêmicas marcadas pelo equívoco.

O crítico propõe como leitura crítica do romance, em contrapartida, uma visão integradora, que não opõe o que é brasileiro e universal, o cronista da sociedade fluminense, e o galhofeiro, "o explorador dos abismos da vacuidade humana".

Identifica, como marcas de originalidade no texto das *Memórias*, a duplicidade de horizontes assumida pelo narrador; o jogo da presença e do distanciamento; a plurivocidade na aparência da voz una do narrador-personagem.

Aponta atitudes, pensamentos e procedimentos do narrador, configuradores da volubilidade do seu caráter. Brás, destaca, assume a máscara, para justificar a sua ambivalência; busca o aval do leitor, convertido em juiz dos seus atos; põe a nu o seu egoísmo; observe-se que podemos dizer o mesmo de Bento Santiago, o Dom Casmurro.

Bosi vislumbra ainda frestas de luz no subsolo da consciência do personagem. Nesse espaço, aponta como nuclear, a relativização do comportamento humano. O processo dilacerador tem sua tensão amenizada pela pena da galhofa que se contrapõe ao desencanto das rabugens do pessimismo.

Destaca, no subtexto, "o eu detestável de pascaliana memória, opaco, alheio ou avesso ao outro, seja este um inseto, um trabalhador anônimo ou simplesmente um desconhecido sem rosto, que perdeu um maço de notas". (BOSI, 2006: 7)

Encontra ainda, no romance, a presença de La Rochefoucauld: "Esquecemos facilmente as nossas faltas, quando só nós as conhecemos." (BOSI, 2006: 18)

A densidade do texto crítico não se vê, em nenhum momento, prejudicada pelas sínteses da trama ou de passagens do texto, mobilizadoras do leitor. Ele exemplifica, analisa, comenta, conclui, fundamentado em instrumental teórico de alta validade.

No rastreamento da fortuna crítica que empreende, dialoga com as três grandes linhas de força que marcam a crítica do romance em exame: a centrada na intertextualidade, que privilegia as influências; a nuclearizada em aspectos existenciais e que busca as "motivações e processos morais e cognitivos do narrador humorista"; a sociológica, configuradora de dimensões sociais ou psicossociais. Em destaque, estudos de José Guilherme Merquior, de Enylton de Sá Rego, de Sérgio Paulo Rouanet, comparando a leitura deste último com as de Augusto Meyer e Roberto Schwartz. Sintetiza-lhes posicionamentos. Remete ao método biográfico (Lúcia Miguel Pereira) e destaca a crítica sociológica "de estrita observância" (Astrojildo Pereira, Roberto Schwartz, Raymundo Faoro).

Qualifica as versões, exaustivamente analisadas e comentadas: a primeira, construtiva; a segunda, expressiva; a terceira, mimética. E a elas contrapõe uma perspectiva totalizadora.

Bosi entende que a compreensão da densidade do romance de Machado resiste às limitações do olhar centrado num determinado perfil do narrador, pautado numa autonomia compacta. Ela exige, "uma combinação peculiar de vetores formais, existenciais e miméticos, sem que uma instância monocausal tudo regule e sobredetermine". (BOSI, 2006: 50-51)

O rigoroso ensaísta associa ainda o romance a três vertentes ideológicas e próprias do contexto brasileiro:

> a hegemonia do liberalismo excludente rege a biografia inteira de Brás, que começa no período colonial. O novo liberalismo democratizante, formado nos anos de 1860-70, alimenta a sátira local do narrador. Enfim, o moralismo cético enforma a perspectiva geral da obra, refratária às certezas progressistas inerentes ao novo liberalismo. (BOSI, 2006: 52)

E lembra que:

> as duas vertentes do liberalismo – a conivente e a crítica – ocuparam o seu lugar na cultura ocidental em que se inscrevia o intelectual brasileiro do século XIX. (BOSI, 2006: 52)

No segundo ensaio, a acuidade do crítico defende a tese de que o núcleo das crônicas centradas na política não a privilegia: o verdadeiro objeto do cronista são as políticas e suas histórias. Não o conflito histórico-social, mas os seus protagonistas como pessoas e atores, seus comportamentos, sua humanidade.

Para desenvolvê-la, empreende um percurso rememorativo de fatos históricos relacionados com as crônicas, para situar, em relação a eles, a leitura machadiana, voltada para "os gestos, os ritos, os gritos, as palmas, os silêncios, a vida, paixão e morte dos indivíduos, o ciclo mesmo da existência pelo qual uns vão, outros voltam e todos partem definitivamente". (BOSI, 2006: 55).

O estilo das crônicas machadianas, assinala, busca o estilo dos atores políticos da cena brasileira, matizado de patético e de ridículo. Aparições, cuja configuração não permite a depreensão de um sentido, qualquer que seja, da História e da política, inseridas, como o romance e o conto, nas dimensões da arte literária.

Para o crítico, a crônica de Machado destaca as dimensões teatrais da cena política, situada esta última como teatro de costumes, destacados os desempenhos dos protagonistas nas sessões legislativas e as reações do público espectador. Ao fundo, a consciência da efemeridade das aparências. No traçado da teia, um observador distanciado. A tal ponto que – e Bosi dialoga com Faoro – a prosa machadiana do cronista

> é consciência reflexiva, trabalho da mente alerta que converte impressões do cotidiano em juízos de valor. O que está perto dos olhos é mediado pelo intervalo moral e estilístico, de tal maneira que o historiador que recolha da escrita machadiana só o puro documento

de época arrisca-se a perder a dimensão mesma do seu sentido encurtando o alcance da interpretação. Sem o trabalho hermenêutico, o empirismo revela-se simplista. (BOSI, 2006: 63)

Novamente, o crítico aponta o risco da concepção interpretativa monocausal.

Bosi ressalta a atualidade das crônicas, o sarcasmo dos cronistas, a "estilística do distanciamento", que aproxima a crônica da narrativa literária. Várias crônicas referem-se a fatos retomados pela memória, como a evocação do "Velho Senado", dos anos de 1860, feita de lembranças da juventude retomadas trinta anos depois.

O último ensaio amplia o diálogo com a obra de Raymundo Faoro, leitor de Machado, em destaque *Machado de Assis: a pirâmide e o trapézio* e *Os donos do poder*. Repare-se que se trata de uma leitura de um texto não literário.

O crítico assinala, entre outros aspectos, que Faoro, na reconstituição do realismo machadiano, mapeia o quadro social do Segundo Império. Mas não a esgota. Apoia a sua crítica em três eixos: configura, sincronicamente, a estrutura vertical de classes e a estrutura horizontal dos estamentos sociais. Busca, diacronicamente, caracterizar o percurso da sociedade brasileira àquela época. Ao refletir sobre o olhar machadiano, situa uma terceira via, que pressupõe, na perspectiva de Machado, "uma capacidade de interpretar os comportamentos e as situações ficcionais". A esse passo, sem rigor ortodoxo, conclui Bosi, vale-se de espaços hermenêuticos. Esse é o recurso que utiliza para iluminar o espelho caracterizado nos eixos anteriormente configurados. Estabelece-se assim, assinala o ensaísta, o diálogo entre a sociologia e a hermenêutica, minuciosamente por ele rastreado na obra de Faoro.

O livro traz ainda notas esclarecedoras, ampliadoras de reflexões e indicadoras de fontes.

Como se depreende, o texto de Bosi resulta de uma leitura que aproveita criticamente a melhor tradição dos estudos universitários brasileiros na área das Letras.

Brás Cubas em três versões indica, sem minimizar outros percursos, um caminho crítico dos mais fecundos nos intrincados rumos da crítica literária.

Segundo texto

Acompanhe, a seguir, algumas conclusões da leitura de um texto autobiográfico.

Invenção do desenho: Ficção da memória, Alberto da Costa e Silva

Invenção do desenho, livro do poeta, historiador, africanólogo e embaixador Alberto da Costa e Silva, lançado em 2007, define-se pelo título e pelo subtítulo: "Ficções da memória." Trata-se de um texto rigorosamente na fronteira dos limites entre o literário e o não literário, entre o tratamento tradicional do gênero e a revitalização inovadora.

Nele, a memória alimenta-se de dimensões ficcionais, sem perder a sua consistência de realidade vivida. Reveste-se de transfiguração. Redesenha-se, de fato, na palavra. A ficção, por seu turno, alimenta-se da vivência existencial. Mas de tal modo, que Alberto da Costa e Silva converte-se, no texto, em personagem. Como todos os atores que coparticipam da ação narrada.

Se o texto não trouxesse a declaração expressa de que se quer feito de lembranças, o leitor seria levado a crer que estava diante de um romance, composto de fragmentos. Como pequenas narrativas ou crônicas. Difícil a caracterização precisa do gênero, tal a singularidade da estruturação do texto.

Na consequência de tal feito, um alto índice de ambiguidade. Sutis os recursos de que se vale o autor. A partir da metaforização inicial da titulação, retoma-se, na memória, o traçado da existência, feito, entretanto, de palavras, no espaço da narração. O autor assume a dimensão ficcional do seu texto.

O que se inventa não é o real recordado, mas o desenho desse real retomado na narrativa, a que não falta a integração da ação e da reflexão. Para garantir a verossimilhança, ele se vale da verdade da circunstância, da contextualização.

Nos recursos que orientam o traçado, destacam-se a eliminação das referências cronológicas peculiares aos diários, aos textos memorialísticos, a sequência ditada pela carga emocional que emana dos fatos, a utilização da parataxe reiterada, em períodos curtos.

A seleção vocabular traz a marca da precisão, sem excessos adjetivais, sem gorduras, sem adiposidades. Prosa enxuta, sem rebuscamentos nem excessos.

No manejo das palavras, ressalta a forte presença imagística. Nessa direção, o texto reveste-se de acentuada carga lírica e situa-se, ainda uma vez, fronteiriço: entre a prosa e a poesia.

Alberto retoma o motivo da viagem, um topos da narrativa ocidental, a viagem no tempo, matéria de memória. E consegue ser original no tratamento a que a submete.

Redesenha-se, efetivamente, no seu texto, reinventada, a memória de um período de sua vida. De tal maneira traçada, que garante a sintonia com o leitor, na medida em que mobiliza identificações com o narrador-personagem e suas lembranças redesenhadas.

Terceiro texto

Viajemos no tempo, para uma leitura de um breve texto do século XVII, parte de um sermão do Padre Antônio Vieira.

Uma passagem de um sermão, de Padre Antônio Vieira

> Tudo cura o tempo, tudo faz esquecer, tudo gasta, tudo dirige, tudo acaba. Atreve-se o tempo a colunas de mármore, quanto mais a corações de cera! São as afeições com as vidas, que não há mais certo sinal de haverem de durar pouco, que terem durado muito. São como as linhas, que partem do centro para a circunferência, que quanto mais continuadas, tanto menos unidas. Por isso os antigos sabiamente pintaram o amor menino, porque não há amor tão robusto que chegue a ser velho. De todos os instrumentos com que

<u>o armou a natureza, o desarma o tempo</u>. Afrouxa-lhe o arco, que já não atira, embota-lhe as setas, com que já não fere, abre-lhe os olhos, com que vê o que não via; e faz-lhe crescer as asas, com que voa e foge. <u>A razão de toda esta diferença é porque o tempo tira a novidade às coisas</u>, descobre-lhe os defeitos, enfastia-lhe o gosto, e basta que sejam usadas para não serem as mesmas. Gasta-se o ferro com o uso, quanto mais o amor?! O mesmo amar é causa de não amar e o ter amado muito, de amar menos. (VIEIRA, 1954: 242-243)

A partir da identificação como parte de uma prédica religiosa, sabemos que estamos diante de um texto não literário. As frases-chave aí estão devidamente sublinhadas. Observe-se que caracterizam generalizações a seguir explicitadas.

A título de exercício, destaquemos as palavras-chave: *tempo – afeições – amor – diferença – novidade*.

Trata-se de um texto argumentativo.

Concentra-se na relação entre o tempo, o curso da existência e o amor.

Destaca as três propostas configuradas nas frases-chave: "Tudo cura o tempo, tudo faz esquecer, tudo gasta, tudo dirige, tudo acaba"; "São as afeições com as vidas, que não há mais certo sinal de haverem de durar pouco, que terem durado muito"; "De todos os instrumentos com que o armou a natureza, o desarma o tempo"; "A razão de toda esta diferença é porque o tempo tira a novidade às coisas."

Cada uma dessas generalizações é objeto de explicitações comprobatórias. Observe-se que respondem a uma pergunta "Por quê?".

As três frases destacadas, por seu turno, inter-relacionam-se em torno do tema central: a corrosão do tempo. Repare-se que a palavra-chave se repete em todas elas.

O texto apresenta também explicitações de explicitações, em termos de razões comprobatórias do que se quer atestar: "Por isso os antigos sabiamente pintaram o amor menino, porque não há amor tão robusto que chegue a ser velho."

A intenção do texto é provar junto ao destinatário da mensagem o poder corrosivo do tempo, em especial no que se refere à fatal transitoriedade do sentimento amoroso.

Importa situar o fragmento no texto integral do sermão de que faz parte, para que se possa entender a sua funcionalidade na mensagem que o pregador pretende passar aos destinatários.

Em termos de recursos estilísticos, o autor tira partido da linguagem figurada. Notadamente de personificações, como a do tempo, do amor, da natureza; de antíteses, ou seja, ideias em oposição: colunas de mármore/corações de cera; amor menino/(amor) velho; "o armou a natureza o desarma o tempo"; "amar/não amar"; "amar muito/amar menos".

Repare-se que o encadeamento do raciocínio caracterizado na sequência de enunciados que faz o texto traz a marca da coerência e da coesão.

Cabe ao leitor concordar ou não com o que o texto propõe e compará-lo com outros sobre o mesmo assunto, para melhor definir o seu próprio posicionamento. É um caminho para a ampliação, a partir da leitura, do acervo de conhecimentos.

LEITURAS DE TEXTOS LITERÁRIOS

Observações prévias

Tenhamos em mente que a obra literária se abre aos distintos olhares de leitores distintos. As interpretações propostas objetivam converter-se em ponto de partida deflagrador de outros posicionamentos.

Cada texto é um texto. Não há um modelo universal de interpretação. O percurso, nos seus espaços de significação, é um caminho que se desenha ao caminhar. E quem caminha é o leitor ou ouvinte.

Por força da natureza polissêmica do texto literário, essa premissa não impede, entretanto, que, a partir de determinados roteiros anteriormente perpassados, possamos repercorrê-lo, a partir de uma perspectiva crítica, ampliando espaços de fruição e de entendimento. Podemos mesmo encontrar desvios facilitadores ou eliminar tropeços no rumo das interpretações.

E mais: o retorno ao texto em distintas circunstâncias históricas pode propiciar novas interpretações do texto anteriormente lido. A leitura de *Dom Casmurro* na adolescência, por exemplo, pode conduzir a interpretação na releitura da idade adulta.

Interpretar um texto é entender a mensagem nele contida.

Essa interpretação envolve duas instâncias: o discurso manifesto e o discurso latente.

As leituras seguintes dão medida de algumas, entre muitas possibilidades. Configuram um posicionamento. Não objetivam ser totalizantes. Abrem-se ao diálogo crítico. Como se verá, incidem sobre um fragmento de um longo poema, sobre textos de poemas, sobre dois romances, sobre um gênero literário na obra de um autor.

Primeiro texto

Comecemos com a apreciação da proposição de *Os Lusíadas*, de Luís de Camões, para uma ideia da relação entre literatura e realidade nacional, história, ideologia, visão de mundo e intertextualidade.

Desnecessário ressaltar que diante da simples visão do texto escrito, sabemos que se trata de um texto de literatura.

A proposição de Os Lusíadas

> As armas e os barões assinalados,
> Que da ocidental praia lusitana,
> Por mares nunca de antes navegados
> Passaram ainda além da Taprobana,
> Em perigos e guerras esforçados
> Mais do que prometia a força humana,
> E entre gente remota edificaram
> Novo Reino, que tanto sublimaram;

II

E também as memórias gloriosas
Daqueles reis que foram dilatando
A Fé, o Império e as terras viciosas
De África e de Ásia andaram devastando,
E aqueles que por obras valerosas
Se vão da lei da Morte libertando,
Cantando espalharei por toda a parte,
Se a tanto me ajudar o engenho e arte.

III

Cessem do sábio grego e do troiano
As navegações grandes que fizeram
Cale-se de Alexandre e de Trajano
A fama das vitórias que tiveram;
Que eu canto o peito ilustre lusitano,
A quem Netuno e Marte obedeceram.
Cesse tudo o que a Musa antiga canta,
Que outro valor mais alto se alevanta.
(CAMÕES, 1947: 1-3)

Em função de conhecimentos prévios, o texto conduz à necessidade de esclarecer ou não o sentido de algumas palavras que o integram. Um bom dicionário, uma consulta à internet, ou a livros especializados, constituem, a propósito, auxílios fundamentais.

Esse primeiro contato com as estrofes, conhecida a significação das palavras que tenham provocado estranhamento, possibilita um entendimento no nível do discurso manifesto.

Podemos até resumir, nessa perspectiva, a mensagem que, de imediato, elas nos transmitem.

Os versos sintetizam o propósito do poeta, convertido em um eu-narrador que fala no texto.

Cantam os feitos de armas e os varões ilustres que, saídos das praias de Portugal, enfrentaram o mar desconhecido.

Esses varões foram muito além da ilha de Ceilão, limite oriental do mundo conhecido naquela época, denominada então Taprobana. Esclareça-se que alguns estudiosos a identificam com Sumatra.

A viagem foi pontuada por guerras e perigos.

Os ilustres varões edificaram um Novo Reino, ou seja, o Império português na Ásia. Como se depreende da leitura, o texto mobiliza o acervo de conhecimentos do leitor: ele precisa ter noção da história de Portugal; se não tem, a citada consulta inicial possibilita uma desejada ampliação.

A matéria de valorização contida no poema destaca também as memórias gloriosas dos reis que ampliaram o Império luso e os domínios da fé católica, e que combateram por terras onde era adotada a religião maometana, que, na óptica do narrador, fazia *viciosos* os seus adeptos.

Ressalta ainda aqueles que, por suas obras, se libertaram do esquecimento, a lei da morte, e habitam, por consequência, o espaço da imortalidade.

Identifica essa galeria de varões, de reis e de heróis como "o peito ilustre lusitano".

O narrador esclarece ainda que, na elaboração do seu poema, usará a sua capacidade conceptiva, o seu "engenho", e o seu poder de realização artística, a sua "arte".

Na terceira estrofe, deixa transparecer um certo entusiasmo quando ordena que Ulisses, o herói da *Odisseia*, a epopeia grega, Eneias, o herói da *Eneida*, a epopeia romana, o imperador Carlos Magno e o imperador romano Trajano sejam esquecidos, para que se exalte um herói coletivo: o peito ilustre lusitano. A ele, informa, curvaram-se o oceano, a oposição dos elementos da natureza, representados por Netuno, e a guerra, a hostilidade dos homens, representadas por Marte, ambos deuses da mitologia greco-romana.

Determina, por fim, que cessem todas as glórias do passado, porque mais alto se elevam as que, na continuidade do poema, serão cantadas.

Estamos frente a um narrador que nos anuncia algo a ser apresentado em continuidade a essas três primeiras estrofes.

O que acabamos de apresentar corresponde a uma paráfrase do texto lido. Trata-se de uma figura de linguagem que consiste em reproduzir o conteúdo de um texto com outras palavras, "com frases paralelas". Vale esclarecer que alguns críticos literários a consideram um procedimento válido, em termos de análise literária, outros a entendem como dispensável. Estes últimos concentram a leitura interpretativa no discurso latente no texto, nas entrelinhas, ou, numa linguagem mais elaborada, no silêncio do texto, que é onde ele melhor se diz.

Vejamos o que o texto camoniano nos revela, no espaço desse discurso.

As estrofes anunciam um cântico de expansão da gente portuguesa.

Esse povo está representado, na transfiguração permitida pela arte da poesia, não apenas por um herói, mas por uma galeria de personagens históricos. Estes, sem deformação de suas biografias, passam, no poema, a representar uma dimensão relevante da fisionomia coletiva lusitana extremamente valorizada.

Depreende-se do texto o intento de exaltar a expansão da cristandade a novos horizontes, como elemento de alta valorização humana. É um procedimento que traduz o "ideal de Cruzada", como "missão providencial dos portugueses".

Evidencia-se a supervalorização do ser humano, na superação de si mesmo, a tal ponto poderoso, que é capaz de suplantar o oceano, a oposição das forças da natureza e a guerra, da hostilidade dos homens.

As estrofes deixam transparecer a exaltação da aventura, na revelação de uma atitude em busca de novos horizontes, onde o ser humano possa expandir-se e ampliar um mundo pequeno demais para o seu poder.

Percebe-se uma preocupação marítima, associada a céu e terra. Não estaremos diante de um poema voltado para esses dois elementos, como *A Divina Comédia*, de Dante Alighieri.

Valoriza-se o presente, em relação ao passado. Sem negá-lo ou menosprezá-lo. Pelo contrário. Aí estão Ulisses, Eneias, Alexandre Magno e Trajano, tão exaltados que suplantá-los é a glória maior do peito ilustre lusitano.

Repare-se que esses personagens correspondem a heróis singulares. Camões inova ao trazer para a cena da epopeia um herói plural.

E mais: o narrador não interfere diretamente no rumo dos acontecimentos, mas vale-se de uma linguagem de exaltação, de orgulho e do entusiasmo de quem pretende cantar as glórias e os feitos de todo um povo, o seu povo, o povo português. O texto apresenta uma imagem desse povo corporificada nas palavras que o integram a partir do uso que delas faz o poeta.

Camões consegue sintetizar em 24 versos o canto de sua pátria e faz Portugal crescer aos olhos do mundo e impor-se aos séculos com a grandeza de uma nação digna de admiração e respeito. E isso se fez com palavras selecionadas e arranjadas nas frases pela arte e pelo engenho do poeta.

Vejamos alguns aspectos dessa elaboração.

Alguns dos termos por ele utilizados exigem esclarecimentos. O sentido especial de palavras como "armas", "barões assinalados", "remota", "viciosas" e "Taprobana", afastadas do tempo atual, e são relevantes para a elucidação do que no texto se comunica. "Engenho" e "arte", no contexto do poema, são expressões frequentemente associadas, na poesia clássica e no próprio fenômeno da criação na arte, respectivamente "à faculdade conceptiva e poder de realização artística".

A presença dos citados "armas", "barões" e mais de "mares", "perigos e guerras", "Novo Reino", "memórias gloriosas", "reis", "fé", "Império", "obras valerosas", "lei da morte", "navegações grandes", "vitórias", "fama", "peito ilustre lusitano", e "musa", contribui, por força de sua carga conotativa, para a criação da necessária ambiência sugestiva que marca o texto na direção da exaltação dos feitos dos portugueses e da expansão do povo português e que são o tema dos versos. Tal carga conotativa emerge, sobretudo, do contexto do poema em que se inserem.

Os adjetivos empregados ora traduzem juízos de valor, que indiciam o entusiasmo peculiar à natureza do poema, ora configuram situações: "as armas e os barões *assinalados*", "*ocidental* praia *lusitana*", "mares nunca de antes *navegados*", "Em perigos e guerras *esforçados*", "força *humana*", "gente *remota*", "*Novo* Reino", "terras *viciosas*", "obras *valerosas*", "navegações *grandes*", "musa *antiga*", "valor mais *alto*".

A ênfase nas ações revela-se em advérbios ou locuções adverbiais de intensidade: "*nunca de antes* navegados", "Passaram *ainda além*", "Mais do que prometia", "*tanto* sublimaram", "*toda a parte*", "a *tanto* me ajudar", "valor *mais* alto".

Observe-se que o enfático não ultrapassa os limites do racional.

O texto deixa perceber uma certa parcimônia no uso da linguagem figurada; as figuras de que se vale o poeta são, entretanto, significativas, na medida em que a sua carga de apelo atinge o espaço do entusiasmo. Todas são fundamentais para a criação da ambiência sugestiva, todas se referem aos elementos básicos da composição poética. Contribuem para criar no leitor ou ouvinte uma expectativa simpática pelos heróis e pelos feitos referidos, pelas aventuras e glórias exaltadas, por esse "vencer a lei da morte" que dignifica e eleva o ser humano. Abre-se o poema à sintonia própria dos textos literários representativos. Sintonia é, na definição do crítico R.H. Castagnino, uma coincidência espiritual de módulo vital entre autor e o ser humano de todas as épocas, próximos ou distantes no tempo.

Os elementos fônicos também contribuem para a ambiência de glorificação. O poeta escolhe a modalidade de estrofe e o verso decassílabo, formas preconizadas pelas poéticas da época para a modalidade de composição que escolheu, a epopeia. E o faz com pleno domínio da técnica do verso.

Na maioria dos decassílabos dessa proposição, a cesura, ou seja, a pausa que separa um verso em dois hemistíquios, recai sobre a sexta sílaba. A leitura em voz alta compassada demonstra o efeito rítmico de desfile que ele imprime à apresentação dos "personagens" da história que poetiza.

O segundo verso da primeira estrofe, entretanto, é passível de dupla interpretação. Há quem considere que a cesura incide sobre a palavra "ocidental", o que endurece o ritmo, por força da impossibilidade de pausa entre um adjetivo e um substantivo, na tradição sintática da língua: "Que da *ocidental*/praia lusitana."

Outros situam a pausa na palavra *praia*. Entendem que garante a solenidade do ritmo imponente com que se anunciam os altos feitos dos portugueses: "Que da ocidental **prai**/a lusitana."

Entendo que a primeira escansão atende melhor ao contexto. Amplia a carga expressiva da construção, traduz a importância da dura experiência que era deixar a praia lusa e lançar-se no rumo do desconhecido e do mar tenebroso.

Ambas as leituras são, entretanto, legítimas.

O texto também deixa perceber aspectos sintáticos de interesse para o entendimento de como o autor utilizou o material linguístico na realização da manifestação artística.

O primeiro período vai até o último verso da segunda estrofe. Repare-se na primeira oração: "As armas e os barões assinalados (...), E também as memórias gloriosas daqueles reis (...) e aqueles (...) espalharei por toda a parte." Toda a primeira estrofe consiste em orações adjetivas, cujo antecedente é o substantivo "barões", do primeiro verso.

Assinale-se também a ordem rigorosamente racional das ações apresentadas: saíram da ocidental praia lusitana, passaram ainda além da Taprobana, lutaram e edificaram novo Reino, que tanto sublimaram.

O segundo elemento da oração principal, "aqueles reis", traz como referência duas orações adjetivas que ocupam dois versos e meio da segunda estrofe.

Finalmente, "aqueles" aparece caracterizado por uma oração adjetiva, em um verso e meio.

Essa distribuição de atributos parece contribuir para ressaltar o elemento central do poema: os barões assinalados. Há uma clara gradação na qualificação dos elementos valorizados.

Vale lembrar que o poema épico tem como centro não o narrador, mas o objeto da narração. A sintaxe, nesse caso, contribui para a caracterização desse elemento.

Todos esses aspectos possibilitam algumas conclusões.

As três estrofes indiciam uma concepção geral da vida.

Essa concepção funda-se em três pilares básicos: universalidade, antiguidade e humanidade, como propõe o crítico literário Alceu Amoroso Lima.

A primeira vincula-se à expansão da cristandade a novos horizontes.

A segunda presentifica-se no aproveitamento das formas estéticas e dos modelos dos clássicos gregos e romanos, na feitura da obra literária, à imitação dos modelos antigos.

A humanidade prende-se ao novo conceito de ser humano em que a noção de poder converte-se em expressão representativa da psicologia humana: o ser humano centro de tudo, o super-homem do século XVI.

Os versos camonianos traduzem, assim, uma nova visão de mundo e um novo fazer poético em relação à visão teocêntrica que antes predominava na cultura ocidental.

Caracterizam exemplarmente uma perspectiva renascentista da realidade que será dominante no século XVI.

A imagem valorizadora decorrente do poema sintetiza um conjunto de aspectos identificadores de uma imagem nacional que passa a integrar o imaginário lusitano.

Não esqueçamos a vinculação entre literatura, sentimento comunitário e identidade nacional.

Ao fundo, ideologia renascentista e história de Portugal.

Observemos que a narrativa epopeica caracteriza uma visão totalizante, em tom elevado.

Com as mudanças ocorridas no curso da História, diante da emergência de novas ideologias, de novas visões de mundo, essa forma de manifestação literária cede espaço às narrativas centradas no mundo particular dirigidas a um leitor particular: essa nova maneira de contar histórias passou a chamar-se romance.

Segundo texto

Prossigamos com uma leitura de mais um breve poema de forma fixa. Trata-se de um texto do *Livro de sonetos* de Vinicius de Moraes. Ei-lo:

SONETO DE SEPARAÇÃO

De repente, do riso fez-se o pranto
Silencioso e branco como a bruma
E das bocas unidas fez-se a espuma
E das mãos espalmadas fez-se o espanto.

De repente da calma fez-se o vento
Que dos olhos desfez a última chama
E da paixão fez-se o pressentimento
E do momento imóvel fez-se o drama.

De repente, não mais que de repente
Fez-se de triste o que se fez amante
E de sozinho o que se fez contente

Fez-se do amigo próximo o distante
Fez-se da vida uma aventura errante
De repente, não mais que de repente.
    (MORAES, 1967: 30-31)

Lido o poema no nível do discurso manifesto, depreende-se que, numa visão distanciada, o eu que fala no texto trata da separação repentina de dois seres que se amavam.

Verificamos, desde logo, que não se configura no soneto preocupação com uma história.

Os aspectos da realidade exterior que nele figuram não remetem a algo que tenha realmente ocorrido. Não têm condição de serem submetidos à prova da verdade. "Existem" no poema. Decorrem das palavras e do arranjo especial a que elas são submetidas pelo poeta. Palavras e arranjos aí se encontram em função da revelação de elementos emocionais e subjetivos. Trata-se, inclusive, de uma modalidade de texto que sabemos, *a priori*, ser literário.

A *separação*, tema do soneto, como que se concretiza, diante do leitor ou ouvinte. Essa concreção vincula-se aos aspectos físicos e aos aspectos psicológicos indiciados pelas palavras a que se agregam no sistema língua portuguesa.

Recordemos. Nesse sistema, as palavras caracterizam-se por uma carga significativa que emerge da relação entre significante e significado. Remetem ao contexto existencial. É com esse sentido prévio que elas integram o texto do soneto. Nele, passam a funcionar, com a citada carga significativa prévia, como "significantes" que se relacionam com um novo significado, na configuração de nova significação que dele se depreenda, em função do caráter multissignificativo próprio do texto de literatura.

Na direção do sentido oculto no silêncio do texto, depreendemos que a *separação*, tal como nele é tratada, situa-se não no plano de um acontecimento ocasional entre determinados seres em estado de amor, individualizados. A latência do texto permite-nos dele depreender uma ideia de amor traduzida na dimensão absoluta do conceito expresso pelo signo linguístico, com ênfase na sua universalidade, ainda que a partir da realidade existencial, cotidiana, com manifestações situadas no plano existencial, a que se acrescenta o véu do mistério e do inexplicável.

Essa realidade presentifica-se nas palavras.

Na visão de mundo que no poema se evidencia, configura-se a impossibilidade de qualquer controle do relacionamento amoroso. Destaca-se a fatalidade e o repentino do desfecho.

Observemos alguns traços do uso especial da nossa língua portuguesa que faz o soneto.

Examinemos o primeiro quarteto.

Nele, opõe-se *riso* a *pranto*, mas a um pranto incomum, *silencioso e branco como a bruma*, isto é, acrescido da conotação de pureza e envolto numa atmosfera de mistério, de incompreensão. O poeta se vale de uma comparação para tornar mais expressiva a sua linguagem. A expressividade, nesse caso, está ligada às funções emotiva e conativa.

Das bocas unidas, do beijo símbolo do amor, este situado, no caso, no plano da manifestação física, *fez-se a espuma,* símbolo do desfazer-se, do desaparecimento rápido, da desagregação.

As mãos espalmadas, ou seja, as mãos estendidas para o encontro, para a união, transformam-se em *espanto*, gesto caracterizador da perplexidade.

Na primeira quadra, a separação é caracterizada por manifestações de caráter físico: envolve *riso, pranto, bocas, beijo, mãos*.

No segundo quarteto, a ideia de separação passa a explicitar-se em espaços de manifestação interior, de estados de espírito.

Da calma, da tranquilidade que se associa ao verdadeiro amor, fez-se o *vento*. Não qualquer vento, mas o vento misterioso, que desfaz dos olhos a última chama, o derradeiro brilho, vento, símbolo do repentino, do inesperado, acrescido da sugestão de finitude, de morte.

Mantém-se a atmosfera mórbida, quando da *paixão* faz-se o *pressentimento*, a angústia de que algo está para acontecer, a inquietude diante da possibilidade do fim do sentimento amoroso.

E do instante de imobilidade faz-se o *drama*, com a sua significação de ação, movimento, conflito e também, conotativamente, de acontecimento marcado por aspectos tristes.

Nos dois quartetos, as manifestações exteriores e interiores são gradativamente definidas.

No primeiro terceto, como numa consolidação, repentinamente, não mais, reitera-se a ideia de fato inesperado e surpreendente, *"fez-se de triste o que se fez amante"*. Repare-se que o enunciado, em função do contexto linguístico em que se insere, conota a partir da denotação, do sentido primeiro deste último termo, "aquele que ama". Fez-se *de sozinho o que se fez contente*, acrescenta o autor, e carrega de conotação o enunciado: é como se tristeza e carência de amor fossem sinônimos, como se tristeza e solidão fossem companheiras.

No último terceto, a palavra *amigo* também evidencia o antigo significado de namorado, amado, cognato de amor. De novo o autor se vale do caráter opositivo dos adjetivos *próximo* e *distante*. Amplia-se a ideia da carga negativa da separação e da consequente falência do amor ao destacar a consequência de ambas: a errância da vida.

Fecha-se o soneto como num refrão, que marca, na área amorosa, o inesperado dos fatos da existência, a perplexidade da constatação, com a ideia-chave que também abre os dois quartetos e o primeiro terceto.

Observe-se que não importa se o poeta utilizou deliberadamente ou não os recursos expressivos presentes no texto.

O discurso concretizado no poema, a propósito, pode ser tomado como pretexto para a apreciação desses recursos. Destaquemos alguns:

O "Soneto de separação" é perpassado por uma figura de linguagem que consiste em apresentar ideias em oposição. É a chamada *antítese*, de acentuado efeito expressivo, como o texto deixa evidente.

Cumpre lembrar que figura de linguagem é todo aspecto que a linguagem assume, afastando-se, com finalidade expressiva, do que é logicamente esperado.

No primeiro terceto, o texto surpreende ao elaborar a antítese com a inversão dos termos antitéticos: opõe *triste* a *amante* e *sozinho* a *contente*. Amplia-se o âmbito sugestivo da figura, que parece, na mesma estrofe, fazer-se em todos os sentidos.

Quase todas as palavras-chave do poema carregam-se de valor metonímico. Metonímia é outro procedimento caracterizador da linguagem figurada. Consiste na ampliação do sentido de uma palavra com base numa relação de semelhança ou de proximidade. É o caso de "riso", com o significado de alegria; "bocas unidas" por beijo; "espuma" por raiva, ira; "última chama" dos olhos por morte; "drama" por conflito, acontecimento trágico.

O texto apresenta, reiterada, a forma verbal *fez-se*, e uma única vez, o cognato *desfez*. Repare-se que "fazer" está conjugado na voz passiva com pronome apassivador. Elimina-se assim a indicação de algum agente para a ação; ela simplesmente *ocorre*, independentemente da ação deste ou daquele.

Os recursos expressivos que acabamos de apontar constituem, entre outros, traços do estilo individual do autor.

Cabe ressaltar que, na comunicação cotidiana, a cada passo valemo-nos de figuras, na busca de tornar expressiva a nossa linguagem.

Como se trata de recursos de expressividade, o uso de determinadas formas acaba por desgastá-las e elas se tornam lugares-comuns.

O artista da palavra que tem consciência desse processo procura, a cada passo, o novo e o original, o que garante, entre outros fatores, o dinamismo da produção literária.

Determinados procedimentos, oriundos da criação do escritor, acabam coletivizando-se e passam a integrar o vocabulário do idioma. Para isso, precisam obedecer à deriva do idioma. Por deriva entende-se o encadeamento das mudanças que marcam a evolução de uma língua ao longo de sua história interna. Outros limitam-se ao espaço da obra em que se situam.

O texto de Vinicius revela uma visão da transitoriedade do amor, perspectiva marcante desde a primeira metade do século XX, intensificada na centúria atual.

Configura-se a fatalidade do fim da relação amorosa reiterada em outros poemas seus, como, só a título de comparação, o "Soneto de fidelidade". Nesse texto, que vale a pena ler, depois de confessar-se extremamente mobilizado pelo sentimento amoroso, numa entrega totalizante e plena, assumida a identificação com a figura amada, o eu lírico reitera a sua visão relativizadora: diante da "morte, angústia de quem vive" ou "da solidão, fim de quem ama", assume a resignação compensatória, ao declarar que pode dizer do amor (que teve) que é fugaz como uma chama e é infinito apenas enquanto perdurar a relação amorosa.

Trata-se de um dos muitos aspectos caracterizadores da visão de mundo predominante a partir do século passado.

Terceiro texto

Retornemos a Camões, agora para o percurso crítico de um famoso soneto, sem título, e para a constatação de diálogos intertextuais. O poema é identificado pelo primeiro verso: ***"Sete anos de pastor Jacó servia."***

Um soneto de Camões

> Sete anos de pastor Jacó servia
> Labão, pai de Raquel, serrana bela;
> Mas não servia ao pai, servia a ela,
> E a ela só por prêmio pretendia.
>
> Os dias, na esperança de um só dia,
> Passava, contentando-se com vê-la;
> Porém o pai, usando de cautela,
> Em lugar de Raquel lhe dava Lia.
>
> Vendo o triste pastor que com enganos
> Lhe fora assim negada a sua pastora,
> Como se a não tivera merecida,

Começa de servir outros sete anos,
Dizendo: – Mais servira, se não fora
Para tão longo amor, tão curta a vida.

(CAMÕES, 1954: 194)

Na superfície do discurso manifesto, o texto nos põe diante de um resumo narrativo-interpretativo de um episódio bíblico: a história de amor de Jacó e Raquel, filha de Labão. Para além do texto da Bíblia, atribui a Jacó um discurso sobre sua reação ao acontecido e seu juízo sobre o sentimento amoroso.

Os dois quartetos resumem a história, nos seus elementos básicos: Jacó serviu Labão, durante sete anos, como condição para ter Raquel como esposa. Ao final desse tempo, o pai não honrou o compromisso. Ofereceu-lhe, em contrapartida, a mão de Lia.

Camões seleciona o que interessa à mensagem que transmite nos dois tercetos. Jacó se dá conta de que foi enganado. Atende, porém, à proposta paterna de trabalhar mais sete anos, e assegurar a sua união com Raquel. Na justificativa, a fruição da sensação de amar.

O texto bíblico, ponto de referência, movido por outra intenção, escrito em função do conhecimento religioso, é mais amplo e mais minucioso, além de envolver explicitações. Está em Gênesis, 29, 15-30:

> Jacó ficou em casa dele um mês inteiro e Labão disse-lhe: "Acaso porque és meu irmão, servir-me-ás de graça? Dize-me que salário queres." Ora, Labão tinha duas filhas, a mais velha chamava-se Lia e a mais nova Raquel. Lia tinha os olhos defeituosos e Raquel era bela de talhe e rosto. Jacó, que amava Raquel, disse a Labão: "Eu te servirei sete anos por Raquel, sua filha mais nova." "É melhor", respondeu Labão, "dá-la a ti que a um outro: fica comigo." Assim Jacó serviu por Raquel sete anos, que lhe pareceram dias, tão grande era o amor que lhe tinha. Disse, pois, a Labão: "Dá-me minha mulher, porque está completo o meu tempo e quero desposá-la."

Labão reuniu todos os habitantes do lugar e deu um banquete. Mas, à noite, conduziu Lia a Jacó, que se uniu com ela. E deu a sua filha Lia, sua escrava Zelfa. Pela manhã, viu Jacó que tinha ficado com Lia. E disse a Labão: "Que me fizeste? Não foi por Raquel que te servi? Por que me enganaste?" "Aqui", respondeu Labão, "não é costume casar a mais nova antes da mais velha. Acaba a semana com esta, e depois te darei também sua irmã, na condição de que me sirvas ainda sete anos." Assim fez Jacó: acabou a semana com Lia, e depois lhe deu Labão por mulher sua filha Raquel, dando por serva a Raquel sua escrava Bala. Jacó uniu-se pois a Raquel, a quem amou mais do que a Lia. E serviu ainda por sete anos em casa de Labão. (BÍBLIA SAGRADA, 1960: Gênesis 29, 15-30)

Observe-se que o texto em referência destaca a natureza do amor de Jacó, a atitude de Labão e, como o soneto, não traz informações sobre as reações e os sentimentos das duas irmãs.

Pensemos no sentido oculto no poema.

Qual o tema nuclear nessa composição poética? A exaltação do amor de Jacó? O dilema do pai, diante do casamento das filhas? A valorização do trabalho servil do dedicado pretendente?

Esses aspectos estão presentes no texto.

O centro, entretanto, da mensagem que nele se abriga é a exaltação do amor que se compraz na fruição da sensação amorosa, no sentir-se amado e amar, independentemente das condições de espaço e tempo.

Trata-se do conceito platônico de amor, dominante ao tempo. Cabe, contudo, destacar que esse é um dos entendimentos que se depreende do texto camoniano.

Repare-se que o poeta deforma o fato-referência. Atribui a Jacó sentimentos e comportamentos que integram a sua visão de mundo: pertencem a ele, poeta convertido em eu lírico distanciado ao assumir o texto. Essa posição é própria da arte literária.

As figuras bíblicas transformam-se no soneto em personagens ideais. Estamos diante de um Jacó, de um Labão, de uma Raquel e de uma Lia "vividos" no poeta e vivenciados no poema.

A mensagem nuclear do poema se integra, como é próprio dos sonetos clássicos, os versos finais, conclusivos: *Mais servira se não fora / para tão longo amor tão curta a vida.*

A atitude do Jacó da Bíblia explica-se diante da visão de mundo judaica daqueles tempos. É muito mais racional do que emotiva. Tanto que ele não vacila em aceitar Lia com sua escrava Zelfa.

O comportamento do Jacó de Camões corresponde à visão do poeta, dominante à sua época.

É um posicionamento emergente da tradição medieval. É a continuidade, como propõe a professora Cleonice Berardinelli, do amor à maneira provençal, presente nas cantigas de amor e de amigo: amor vinculado a servir. Amor-vassalagem à senhora do amador.

O poema o traduz na linha do *dolce stil nuovo*. Entendamos: o "doce estilo novo" é um novo tipo de verso e de composição poética que, desde o século XIII, se praticava na Itália. Esse novo estilo impunha o verso de dez sílabas, o decassílabo, acentuado obrigatoriamente ou na quarta e na oitava ou na sexta sílaba. Ao tempo, aliás, denominava-se hendecassílabo: considerava-se, na contagem das sílabas métricas do verso, a última sílaba átona e não, como posteriormente, a última sílaba tônica.

Observe-se que a leitura dos dois textos, o bíblico e o literário, possibilita comparar comportamentos comunitários.

Entre outras considerações, pode-se comentar a poligamia caracterizada na relação conjugal de Jacó, destacar a posição da mulher nessas várias circunstâncias, na realidade judaica da época, na Idade Média, ao tempo de Camões, e remeter para a contemporaneidade.

Tecnicamente, no plano da organização textual, revela-se o domínio que o poeta tem da linguagem.

Os dois primeiros versos caracterizam seu poder de síntese: identificam agentes, ação, tempo. Compare-se com o texto do *Gênesis*.

O esquema de distribuição das frases que integram os dois quartetos é simétrico. Ele tira partido, com sutileza, dos arranjos sintáticos: no primeiro quarteto, a conjunção "mas" indicia compensação e valorização: *mas não servia ao pai, servia a ela*. No segundo, a adversativa "porém", marca uma oposição, mais do que uma compensação: *Porém o pai, usando de cautela/Em lugar de Raquel lhe dava Lia.*

O verbo "servir" também é explorado nos seus matizes de significação: prestar serviço; servir a: vassalagem, doação; associa-se a "começar" numa forma incoativa: "começa de servir". Observemos: começa de servir a Labão, que a Raquel servia e mais servia.

Comparemos. A visão século XX de Vinicius destaca a efemeridade do sentimento amoroso. A visão século XVI de Camões valoriza o amor platônico, que se compraz na felicidade da contemplação e na certeza de amar e ser amado, numa afirmação da relevância do amor ao longo da vida.

Quarto texto

A propósito do pensamento platônico, vejamos o que ocorre, em relação a ele, na estruturação de mais um texto.

"Cárcere das almas", de Cruz e Sousa: uma leitura

> Ah! Toda a alma num cárcere anda presa,
> Soluçando nas trevas, entre as grades
> Do calabouço olhando imensidades,
> Mares, estrelas, tardes, natureza.
>
> Tudo se veste de uma igual grandeza
> Quando a alma entre grilhões as liberdades
> Sonha e, sonhando, as imortalidades
> Rasga no etéreo Espaço da Pureza.
>
> Ó almas presas, mudas e fechadas
> Nas prisões colossais e abandonadas
> Da Dor no calabouço atroz, funéreo!

Nesses silêncios solitários, graves,
Que chaveiro do Céu possui as chaves
Para abrir-vos as portas do Mistério?!
(CRUZ E SOUSA, 1995: 188)

Desde o título, o soneto destaca o sentido de "prisão", num plano abstrato, numa ambiência espiritual.

O primeiro quarteto abre com uma interjeição indiciadora da atmosfera de lamento, que, lido o poema, percebemos ser a tônica dominante.

Segue-se uma afirmação de ordem geral: *toda a alma*, o que pode ser entendido como qualquer alma, todas as almas de todos, anda presa num cárcere. De imediato podemos concluir que o sentido metafórico deste último substantivo remete à condição física que nos caracteriza como seres.

O enunciado revela um conceito extensivo à própria condição humana.

A presença do artigo permitiria que pensássemos em "a alma inteira". Esse mesmo artigo, entretanto, no segundo verso do segundo quarteto, *Quando a alma entre grilhões as liberdades*, e a flexão de plural do primeiro terceto, Ó *almas presas*, eliminam por completo a veracidade da hipótese.

A metáfora configurada no uso da palavra *cárcere* possibilita, em função do contexto linguístico em que se insere, algumas interpretações.

Essa prisão está longe de ser amena. É feita de trevas. Mobiliza o soluço da alma. E mais: desse lugar tenebroso a alma vê as imensidades, vê o mundo nas manifestações de infinito e plenitude, o mundo em sua totalidade (natureza), o vê na realidade terrena e além dela.

Depreende-se que a condição humana é angustiante, na visão revelada por essas palavras.

O segundo quarteto é ainda mais esclarecedor. Note-se, no verso *Tudo se veste de uma igual grandeza*, a presença fundamental do adjetivo. *Tudo* se iguala em valor, *tudo* é visto em plenitude, quando a alma aprisionada *sonha*. Outro termo importante: *as liberdades*. Observemos como esse plural amplia e valoriza a significação do substantivo. É necessário, entretanto, entender esse sonho, como propõe German D'Angest, como o resultado de "uma concepção luminosa e total da beleza como espelho da vida". (D'ANGEST, *in* MURICY, 1952, v. 1: 39)

O texto nos leva a concluir que a libertação da alma só é possível por meio do sonho. E vai mais longe: é sonhando que ela vislumbra "as imortalidades". Atentemos para este outro plural, de relevância para o entendimento da mensagem contida no poema.

É por intermédio da visão onírica que podemos dar-nos conta da plenitude das coisas, *no etéreo Espaço da Pureza*, ou seja, no âmbito das ideias puras. Observem-se as maiúsculas valorizadoras.

O primeiro terceto faz-se de um lamento, uma trágica observação que amplia a sugestão inicialmente contida no uso da interjeição "ah!" do primeiro quarteto.

Reitera-se a afirmação de que a condição material da vida humana não permite que as almas se realizem plenamente. Estão *presas, mudas e fechadas*. Ao mesmo tempo, essas palavras apontam para o desejo de libertação.

O emprego do adjetivo "funéreo" sugere que a situação descrita não corresponde à verdadeira vida. O ato de viver implica estar condenado ao *calabouço* da Dor, com essa maiúscula inicial alegorizante, a dor maior, a dor transcendental, a dor de viver.

A vida interior, introspectiva, silenciosa, com o ser humano voltado para si mesmo, provoca a dúvida e conduz à pergunta angustiante: que chaveiro possui as chaves do Céu, capazes de abrir as portas do Mistério?

O texto refere-se às chaves que possibilitem à alma o encontro com a libertação dessa prisão que não permite o alcance da felicidade, o êxtase da contemplação das ideias em sua verdade plena.

O soneto coloca-nos diante de um plano abstrato, imaterial, intelectivo. Traduz uma ânsia de captar o mundo em sua potencialidade maior.

Estamos diante de um poema marcado de angústia. Não de uma angústia provocada por um problema acidental decorrente do percurso da vida cotidiana. Também não se trata de uma questão situada apenas no âmbito da existência pessoal. A angústia transcende essa dimensão. Ela se converte em ponto de partida para uma indagação de ordem filosófica, geral, sobre a condição do ser humano na vida, reveladora de um conflito flagrante com o mundo.

Conflito, entendamos, é um tema constante na literatura. Singular é a maneira como o poeta o trabalha no seu texto.

O soneto identifica o viver como busca e desencontro. Deixa depreender uma perspectiva de solução por meio do sonho transcendente, o sonho além do consciente, no rumo da plenitude do ser.

Do conflito de um eu íntimo com um eu social, emerge a revelação de uma realidade poética que, de imediato, nos conduz a associá-la com uma visão platônica do mundo, acrescida de uma angústia vital. Lembre-nos a alegoria da caverna concebida por Platão para traduzir a sua concepção da natureza humana.

O filósofo a explicita no capítulo VII de *A República*.

Resumo, a propósito, a fala de Sócrates, no seu diálogo com Glauco, constante desse texto.

Ele propõe que o seu interlocutor imagine os homens encerrados numa caverna subterrânea que permite a entrada da luz em toda a sua extensão.

Ali, eles se encontram desde a infância com os pescoços e as pernas presos por cadeias, de tal forma que permanecem imóveis e só enxergam os objetos que se encontram à sua frente.

Nessa situação, não podem virar o rosto. Só olham, portanto, para o fundo da caverna.

Atrás deles, à determinada distância e em local de certa altura, existe um fogo aceso que lhes garante a claridade. Entre os moradores e o fogo há uma espécie de passarela. Ao longo desta, estende-se um muro. Trata-se de algo parecido com os tabiques usados nos teatros de fantoches, para ocultar os movimentos de manipulação.

Sócrates propõe a Glauco que imagine agora que os homens transitam pela passarela carregando figuras de animais talhadas em madeira ou pedra, que se elevam acima do muro. Alguns conversam, outros permanecem silenciosos.

Esses prisioneiros, assim situados, nunca viram coisa alguma além das sombras projetadas no fundo da caverna. E não ouviram nada a não ser os ecos que repercutiam nesse mesmo espaço. Eles consideram essas sombras e esses ecos como verdadeiros.

Tais prisioneiros, continua Sócrates, são a nossa imagem perfeita, assemelham-se a nós, os homens.

Vejamos, ele acrescenta, o que aconteceria se um desses prisioneiros se libertasse, ao mesmo tempo, das cadeias e da ignorância, voltasse a cabeça ao caminhar e olhasse firme para a luz. Tais movimentos exigiriam grande esforço. A luz, além de ser-lhe dolorosa, o deslumbraria, impedindo-o de discernir os objetos cuja sombra ele via antes.

Se alguém lhe dissesse que, até aquele momento, só havia visto fantasmas e que, agora, diante dos objetos reais, via com mais perfeição, certamente ao lhe apontarem as figuras que passavam diante dos seus olhos e pedissem que as identificasse, diria que as sombras que antes vislumbrava eram mais verdadeiras do que os objetos então mostrados.

Se fitar a própria luz, precisará habituar-se, para ver o que acontece na região superior.

Ao recordar a situação passada, se sentirá feliz com a mudança e lastimará a situação dos antigos companheiros.

Mesmo que tenha que ser um serviçal humilde e vítima de sofrimento, não quererá retornar às antigas ilusões, a viver vida antiga.

Suponha, diz ainda Sócrates ao seu interlocutor, que esse prisioneiro libertado voltasse à sua antiga origem na caverna. Nessa passagem da luz plena à obscuridade, pergunta, não ficariam seus olhos turvados pelas trevas? Seguramente levaria tempo para acostumar-se novamente à sombra da morada antiga. E indaga novamente o filósofo: se tivesse apenas que opinar sobre as sombras, numa discussão com os companheiros, não provocaria o riso de todos, à sua custa e a opinião de que teria voltado da região superior com a vista arruinada, de tal modo que não valia a pena subir até aquelas paragens da luz? E se, por acaso, ele tentasse libertá-los e levá-los até o alto? Não o pegariam e matariam?

Esta caverna, com todos os espectros que nela se movem, sigo a leitura de Junito Brandão, é o mundo, essa caverna de aparências de que a alma deverá libertar-se para recontemplar o mundo das Ideias, seu mundo de origem. A luz indireta que a perpassa provém do sol universal, a luz que indica o caminho que a alma deve seguir para reencontrar o bem e a verdade.

O texto de Cruz e Sousa nos permite concluir que o platonismo com que se relaciona confunde-se com algo novo, revelado no último terceto. Indicia-se uma angústia de caráter religioso. As palavras possibilitam admitir que nele se concretiza uma visão do ser humano à luz da transcendência do cristianismo. Nesse sentido, acrescentemos, só a morte traz a possibilidade de contemplar a plenitude das coisas, só ela permite igualarem-se as coisas em grandeza. Só a morte traz a libertação.

Transcendência pode ser descodificada como "o que está mais além", o que sobressai e é superior ao que está limitado, ao que está "confinado". Essa é a significação mais usual do termo, quando se trata de transcendência metafísica.

Não são tratadas, no soneto, emoções periféricas ou vulgares. Há uma preocupação de ordem mais elevada. É como se o poeta se debruçasse à beira do seu cais interior e procurasse trazer do fundo das águas turvas algo em que se vislumbrasse o brilho intenso. Esse algo traduz uma reflexão sobre a natureza do ser humano. Mas não passa do vislumbre. Por força mesmo de sua condição aprisionada.

As palavras que integram o texto ganham, em sua maioria, um caráter simbólico, que amplia, basicamente, a sua significação. Exemplos: cárcere, trevas, mares, estrelas, tardes, natureza, liberdades, imortalidades, Pureza, prisões colossais, Dor.

As figuras de palavra de que se vale o poeta contribuem para a atmosfera de abstração que domina todo o texto.

Podemos associar o poema em exame a outros aspectos que singularizam a obra de Cruz e Sousa e sua relevância para a literatura brasileira.

Assinalemos que, na base do ideário e da linguagem em que se concretiza e de que o soneto é um exemplo, está o conhecimento intuitivo da idealidade, do subconsciente, como se lê em seu livro *Evocações*:

> O ideal é real, desde que radia no mundo criado à parte, na circunvolução cerebral de cada ser. Tudo está em saber acordar, com estilo e emoção, esse sonho, onde ele exista, na alma do selvagem ou na alma do culto. Para isso, os Artistas de todos os tempos produzem as suas Obras que nascem sempre por um movimento de meia inconsciência conceptiva, para serem ainda mais fortemente vivas e mais transcendentemente sensacionais.
>
> Porque o real é cheio de brumas de sobrenatural, o verdadeiro é cheio de brumas do fantástico e no fundo original da Grande Causa está o sonho. (CRUZ E SOUSA, 1995: 545)

Ao longo de sua obra, acentua-se a preocupação com a liberação da condição material humana e o desejo de realização numa paz de nirvana budista. Caracteriza-se, na visão de mundo que dela se depreende, uma perspectiva orientalizante, onde o que o poeta identifica como sonho se aproxima muito mais da interiorização profunda, capaz de conduzir à consciência cósmica que permitiria efetivamente a ultrapassagem da dimensão material da realidade.

Nesse sentido, as *chaves do Céu* estariam dentro de cada um de nós, convertido em chaveiros... Restaria identificá-las e saber fazer uso delas. Para Cruz e Sousa, a libertação do cárcere existencialmente angustiante é a condição para a integração purificadora.

Quinto texto

Acompanhe as conclusões de uma leitura de outro romance altamente representativo da literatura brasileira.

Memórias póstumas de Brás Cubas, de Machado de Assis

O romance, o quinto dos nove publicados pelo autor, foi dado a público em 1881.

Faz-se, à semelhança de tantos outros, do resgate do tempo na memória, como se explicita desde as primeiras páginas, incluídas as palavras "Ao leitor".

A trama é simples: a história de um solteirão que, morto, resolve contar a sua vida. E não titubeia diante de inconfidências, indiscrições, fofocas. Destaca-se, na trama, o amor adulterino e sua validação pelo personagem.

Machado faz do personagem-narrador o titular da narrativa. Tudo flui a partir dele, da sua vida, de sua visão de mundo. Os demais personagens, os fatos, a vida social são fruto de sua interpretação particular. Assim situados, funcionam como pretexto para a explicitação de uma visão da existência. O romance deixa implícita e explícita a configuração dessa visão. Ela é centrada num fragmento da sociedade brasileira da segunda metade do século XIX.

A ação é localizada no tempo e no espaço. Situa-se no Rio de Janeiro do século XIX. A cidade nos chega metonimicamente numa visão restrita, correspondente ao retrato dela esboçado no texto, a partir da visão do escritor.

Nesse sentido, também se evidencia a parcimônia do autor, em termos de personagens, de espaço físico e de movimentação, de aspectos da vida cotidiana. Em destaque, o pequeno mundo da classe alta carioca de então. Em contraponto, um ou outro elemento popular: as brigas de galos, a referência à Festa do Espírito Santo, entre outros.

Essas constatações decorrem da leitura no nível manifesto do discurso.

A partir desse relato autobiográfico do personagem que inventa, o autor mergulha fundo na alma humana, em busca de explicações para o ser do homem no mundo.

Nessa direção, Machado aponta para a volúpia do nada. Nem Céu, nem Inferno. A vida, apenas, com suas limitações e seus mistérios. Narrada por um personagem carregado de pessimismo irônico, de certa crueldade niilista, e de um riso compensatório.

Curiosamente, em que pese o capítulo final, onde nada se salva do naufrágio das nossas ilusões, ele permeia a narrativa de diversas passagens com um certo gosto de viver, apesar de tudo. É preciso, como no mito de Sísifo, imaginar-se feliz na condução da pedra existencial ao alto da montanha, com a certeza de que ela vai rolar.

O criador de Brás Cubas seleciona aspectos desse percurso. Notadamente a relação fundamental entre um homem e uma mulher. Ridiculariza, analisa, minimiza na aparência, para dimensionar a profundidade trágica da angústia.

Nesse rumo, na voz dos seus personagens narradores, não poupa a figura feminina. No fundo, acentua traços de mau caráter, de falta de firmeza, de dubiedade, de frivolidade, de interesse. Virgília, o amor adulterino de Brás Cubas, não escapa desse olhar por vezes impiedoso. É ver, nesse conluio, a opção por Lobo Neves, o marido, ditada pelo interesse, notadamente a rapidez com que assume a relação com Brás, no capítulo L. Marcela, Nhá-Loló e, em menor escala, Sabina, e ainda, por contraste, Eugênia, a flor da moita, e a conivente D. Plácida são outros exemplos desta ambiguidade da figura feminina.

Destacam-se, no texto, as questões profundas do existir.

A vida é absurda, como deixam claro as palavras da Natureza/Pandora, em meio ao delírio de Brás Cubas:

> Vives: não quero outro flagelo. (...) Sim, verme, tu vives. Não receies perder esse andrajo que é teu orgulho; provarás ainda, por algumas horas, o pão da dor e o vinho da miséria. Vives: agora mesmo que ensandecestes, vives; e se a tua consciência reouver um instante de sagacidade, tu dirás que queres viver. (MACHADO DE ASSIS, 1959: 422)

É o que persiste, atrás de tudo: o desejo de viver e de sobreviver.

O que consola? A ilusão da glória e da nomeada, a ilusão do lucro. Como, em *Dom Casmurro*, a consolação é a ilusão do cotidiano e o exercício catártico da rememoração. No fundo, o desesperado apego à sobrevivência no mundo absurdo.

Brás repassa a sua vida em busca de si mesmo. Como Bento Santiago, o Casmurro. Quer compreender-se como ser humano.

Sua realização explicita-se à luz da ditadura do parecer, recorrência na visão depreendida dos textos ficcionais machadianos.

A irônica obsessão do narrador define bem a linha assumida e declarada: sua ideia fixa é "nada mais, nada menos, que a invenção de um medicamento sublime, um emplastro anti-hipocondríaco, destinado a aliviar a nossa melancólica humanidade" e, ainda nas suas palavras, uma ideia que "trazia duas faces, como as medalhas, uma virada para o público, outra para mim. De um lado, filantropia e lucro; do outro lado, a sede de nomeada. Digamos: amor da glória". (MACHADO DE ASSIS, 1959: 416)

Nada mais humano.

Explicita-se o problema do desdobramento da personalidade, que culmina com o dilema entre razão e sandice ou razão e loucura.

Esse dilacerar-se da condição humana é configurado sob a égide do humor, num processo de carnavalização, no sentido bakhtiniano do termo.

Machado relativiza o comportamento humano, da mesma forma que relativiza a própria técnica da narrativa, ao escrever um romance dentro do romance.

O romance questiona a ética. Brás aparenta não fazer caso do julgamento moral. Relativiza a moralidade. Mas esse comportamento implicitamente o incomoda. Ele mesmo incita o leitor a assumir o juízo moral. Por exemplo: destaca os sobressaltos do amor adúltero com Virgília, os riscos, as ameaças. Cinicamente simula não lhes dar importância, mas, ao mesmo tempo, preocupa-se com as consequências. E termina por avaliar e ver diluído o envolvimento. Nisto, ele é humano. Nisto, é um ser social brasileiro do século XIX.

O tom de indiferença, como já foi assinalado pela crítica, resulta do truque de Machado de Assis, ao fazer do personagem um defunto-autor, portanto imune, em princípio, aos sentimentos menores da reles condição humana. E esvazia gradativamente as personagens. Como faz com a própria Virgília. Como faz com D. Plácida quando esta recebe o pecúlio de cinco contos de réis que agradece com lágrimas nos olhos...

A marca do comportamento ético e moral de Brás Cubas é a ambivalência. Não se pode exigir coerência do personagem. Seu código era o código da alta burguesia, escravista e cultora de discurso liberal. A violação das regras morais encontrava a complacência da racionalização. Ele mantém-se o tempo todo na tentativa de justificar seus procedimentos, à luz de conhecimentos filosóficos, citações de toda a ordem, pinçadas especialmente na medida em que sirvam aos seus propósitos.

Machado chega ao máximo de desenvolver ironicamente um sistema filosófico capaz de abrigar os conflitos morais decorrentes do comportamento dos personagens: o Humanitismo. Não é sem razão que o seu autor é um filósofo louco, Joaquim Borba dos Santos, o Quincas Borba. É, mais uma vez, a crítica machadiana aos costumes do tempo. Nesse sentido, seu romance não espelha: denuncia.

E mais: ninguém termina feliz nessa história. Nem Brás, ao final frustrado em todos os seus projetos. E se não se desespera, é porque está do outro lado, com o mesmo distanciamento a que obriga o leitor em seu relato. Já não vive as vicissitudes do seu conflito. Mesmo depois de morto, é um angustiado que procura no riso o disfarce e a consolação para o seu fracasso existencial.

Brás Cubas traz a marca do pessimismo trágico. Sua história, seu romance, acaba em nada. No vazio. Como se lê no final do último capítulo, sintomaticamente denominado "Das negativas" "Não tive filhos. Não transmiti a nenhuma criatura o legado da nossa miséria". (MACHADO DE ASSIS, 1959: 459)

Ao fundo, perspectivas existenciais, reduplicações ideológicas, projeções do social.

No cálice do humor há sempre um travo de tragédia. É matéria consabida. Mas mesmo essa tragédia é amenizada pelo autor. Amenização aparente.

Vivemos em função do Outro. Da imagem que pensamos que o Outro nos atribui. Nesse sentido, é que as *Memórias*, como outros romances do autor, evidenciam a citada ditadura da aparência, a supremacia do parecer sobre o ser, o vazio da existência humana, como vários críticos assinalam.

O fracasso do personagem, entretanto, não angustia tanto o leitor de sua história. Ele escreve com a pena da galhofa e a tinta da melancolia, na melhor linhagem do humor clássico, uma galhofa carregada de ironia. A vida continua. Apesar de absurda.

Observação

A interpretação dessa leitura das coisas do mundo configurada no texto, cabe esclarecer, decorre de um diálogo com vários estudiosos que lançaram seus olhares sobre a história contada por Brás Cubas, entre eles, Alfredo Bosi, Dirce Côrtes Riedel, Enylton de Sá Rego, José Guilherme Merquior, Sérgio Paulo Rouanet, Roberto Schwartz, José Carlos Garbuglio, Mário Curvelo, Sônia Brayner, Valentim Facioli, Antônio Callado, Luiz Roncari, Flávio Loureiro Chaves.

Sexto texto

Acompanhe, na sequência, uma leitura que envolve uma interpretação mais ampla, mais detalhista e globalizante. Ela se centralizará, como se verificará, numa tese, aberta a contestações e ampliações. O objeto é a narrativa curta, contos. O autor, Machado de Assis. O tema, associado a outras dimensões. A condução do discurso, em primeira pessoa do singular, como exemplo de outra modalidade de abordagem, próxima do ensaio. É mais uma vereda possibilitada pela geografia do sertão do texto literário.

O conto machadiano: uma leitura

Todo texto é diálogo.

Mobilizado por esta convicção, é que me permito revisitar alguns aspectos do conto machadiano, caracterizadores do seu imaginário, assumido o risco calculado de reiterar o já afirmado em algum lugar da ampla fortuna crítica do autor. Como quer que seja, se for o caso, a explicitação compensará a obviedade das conclusões.

O corpus, a época, o gênero

Machado de Assis escreveu mais de duzentos textos do gênero; desde 1858, data da publicação de "Três tesouros perdidos", na *Marmota Fluminense*, até 1907. A maioria foi objeto de divulgação em periódicos.

Basicamente no *Jornal das Famílias*, entre 1864 e 1878; em *A Estação*, de janeiro de 1879 a 1898; na *Gazeta de Notícias*, entre 1881 e 1897. São 163 contos no total, assim veiculados.

O *Jornal das Famílias* e *A Estação* eram revistas femininas. Tinham, portanto, um público específico para o qual o autor direcionava basicamente a sua produção.

O Bruxo do Cosme Velho, como o chamou Carlos Drummond de Andrade, selecionou apenas 76 para figurarem nos sete livros em que os reuniu, a partir, ao que parece, da acolhida do público-leitor: *Contos fluminenses, Histórias da meia-noite, Papéis avulsos, Histórias sem data, Várias histórias, Páginas recolhidas, Relíquias de casa velha*. Na base da escolha, de um lado, o rigor; de outro, a praticidade: duas faces da mesma moeda.

Esses, os contos que são objeto das considerações que seguem. Acredito que constituam uma amostragem representativa.

As fontes dos textos citados são o segundo e o terceiro volumes dos três que integram a segunda edição da *Obra completa*, organizada por Afrânio Coutinho e publicada pela Editora José Aguilar, em 1959.

A época em que Machado se dedica mais intensamente ao conto marca, na cultura ocidental, como assinala o ensaísta e crítico literário John Gledson, a emergência de um novo tipo de respeitabilidade para o gênero, que ganha identidade, agora entendido como capaz de uma estruturação apoiada em princípios singularizadores.

O autor de *Papéis avulsos*, antenadíssimo, navega seguro nessas águas. Conhece os percalços da navegação. Como ele mesmo atesta, numa passagem do conhecido ensaio denominado "Notícia da atual literatura brasileira – instinto de nacionalidade":

> É gênero difícil, a despeito de sua aparente facilidade, e creio que essa mesma aparência lhe faz mal, afastando-se dele os escritores, e não lhe dando, penso eu, o público toda a atenção de que ele é muitas vezes credor. (MACHADO DE ASSIS, 1959, *Obras completas*, v. III: 819)

E conhece as palavras de Diderot, citado na "Advertência" ainda de *Papéis avulsos* e delas se vale como compensação:

> Quanto a Diderot, ninguém ignora que ele não só escrevia contos e alguns deliciosos, mas até aconselhava a um amigo que os escrevesse também. E eis a razão do enciclopedista: é que quando se faz um conto, o espírito fica alegre, o tempo escoa-se, e o conto da vida acaba, sem a gente dar por isso. (*Op. cit.*, v. II: 254)

Palavras reiteradas, no original, na epígrafe da "Advertência" de *Várias histórias* que, segundo o autor, "servem de desculpa aos que acharem excessivo escrever tantos contos. É um modo de passar o tempo":

> *Mon ami, faisons toujours des contes... Le temps passe, et le conte de la vie s'achève, sans qu'on s'en aperçoive.* (*Op. cit.*, v. II: 467)

O que não disseram nem Denis Diderot, nem Joaquim Maria Machado de Assis, nem Prosper Mérimée, nem Edgar Allan Poe, também referidos como modelares no texto "Advertência", e me permito dizê-lo, é que "o conto da vida" reduplica-se nos contos que escreveram.

Se o gênero faz parte da obra de alguns escritores do Brasil seus contemporâneos, é Machado que sedimenta efetivamente a sua configuração no processo literário brasileiro. Destacarei, a seguir, alguns aspectos de sua produção nesse espaço.

A temática reiterada

Os contos de Machado de Assis, como seus romances, como é consabido, privilegiam a atitude e o sentir dos personagens, elementos mobilizadores da reflexão.

Importa mais a análise de uma situação do que a situação em si mesma. O núcleo de interesse é uma ideia, um tema a serviço do qual funcionam os demais elementos da narrativa. Evidencia-se, como em toda a sua ficção, a prevalência da linguagem.

Ganha vulto, no fundo, a obsessão da forma. Esta é cultivada ao longo de um elaborado processo criativo, conscientemente assumido.

Essa elaboração envolve, sem prejuízo da representatividade literária do texto, a reiteração de temas equilibrada pela variedade de estratégias narrativas, uma das marcas da sua produção ficcional.

Perpassa de forma dominante nos contos a temática que reitera o autoritarismo das imposições sociais como elemento determinador do comportamento dos indivíduos. Configura-se o que se pode denominar a *ditadura da aparência*.

O contista trabalha generalizações conceituais, centradas sempre na natureza do ser humano. E destaca as escolhas a partir da observação do psicológico.

Sua linguagem singulariza-se, quando funda a ambiguidade no conflito semântico instaurado pela paródia irônica. A matéria que privilegia faz-se de aspectos negativos intemporais, próprios da humana condição.

Exemplifico, a partir de quatro textos.

A "Teoria do medalhão" é um dos contos que explicita esta fundamentação. Ele se centraliza no sentido figurado e pejorativo do termo medalhão, entendido como o indivíduo posto em destaque, mas sem qualquer mérito que o justifique. Ao fundo, a crítica mediatizada sutilmente pela ironia que marca a conversa de pai e filho de que se faz a história. Ironia, nas palavras paternas, compreendida como

> Esse movimento de canto da boca, cheio de mistérios, inventado por um grego da decadência, contraído por Luciano, transmitido por Swift e Voltaire, feição própria de céticos e desabusados. (*Op. cit.*, v. II: 288)

Machado, como se depreende, tem plena consciência dos fundamentos de que se vale na sua criação literária e explicita também os autores dos textos com que dialoga.

Três passagens da fala do pai exemplificam a teoria do título.

A primeira marcada de avaliação sincera e cruel:

> – Tu, meu filho, se me não engano, pareces dotado da perfeita inópia mental, conveniente ao uso deste nobre ofício. Não me refiro

tanto à fidelidade com que repetes numa sala as opiniões ouvidas numa esquina ou vice-versa, porque esse fato, posto que indique certa carência de ideias, ainda assim pode não passar de uma traição da memória. (*Op. cit.*, v. II: 289)

A segunda, um conselho, carregado de atualidade:

– Não te falei ainda dos benefícios da publicidade. A publicidade é uma dona loureira e senhoril que tu deves requestar à força de pequenos mimos, confeitos, almofadinhas, coisas miúdas, que antes exprimem a constância do afeto, do que o atrevimento e a ambição. (*Op. cit.*, v. II: 291)

A terceira, definidora:

O verdadeiro medalhão tem outra política. Que D. Quixote solicite os favores dela mediante ações, heroicas ou custosas, é um sestro próprio desse ilustre lunático. Longe de inventar um *Tratado científico da criação de carneiros,* compra um carneiro e dá-o aos amigos sob a forma de um jantar, cuja notícia não pode ser indiferente aos seus concidadãos. Uma notícia traz outra, cinco, dez, vinte vezes põe o teu nome ante os olhos do mundo (...) Os sucessos de certa ordem, embora de pouca monta, podem ser trazidos a lume, contanto que ponham em relevo a tua pessoa. Explico-me: se caíres de um carro, sem outro dano, além do susto, é útil mandá-lo dizer aos quatro ventos, não pelo fato em si, que é insignificante, mas pelo efeito de recordar um nome caro às afeições gerais. Percebeste? (*Op. cit.*, v. II: 291-292)

Desnecessário lembrar a atualidade do conselho. Basta ver, na mobilização dos ventos hodiernos, assessorias e colunas especializadas, *blogs* e *sites* do espaço virtual.

É nuclear, no conto, a exaltação irônica da vantagem da ausência de ideias próprias.

Em "O espelho", subtitulado "Esboço de uma teoria da alma humana", retorna o mesmo tema, agora no exemplo prático. Os dois contos dialogam. Jacobina, o protagonista, o exemplifica:

> (...) Cada criatura humana traz duas almas consigo. Uma que olha de dentro para fora, outra que olha de fora para dentro (...) Há casos, por exemplo, em que um simples botão de camisas é a alma exterior de uma pessoa: ... E assim também a polca, o voltarete, um livro, uma máquina, um par de botas, uma cavatina, um tambor etc. Está claro que o ofício desta segunda alma é transmitir a vida como a primeira: as duas completam o homem que é, metafisicamente, uma laranja. Quem perde uma das metades, perde naturalmente metade da existência. (*Op. cit.*, v. II: 341-342)

Na atmosfera difusa da narrativa, a imagem sobrepõe-se à realidade física. A tal ponto que o protagonista se vê reduzido à sua farda de alferes da guarda nacional, refletida no espelho real e no espelho da opinião alheia. Fratura-se o corpo, invólucro da alma.

O conto evidencia a consagração da máscara, essa identidade de cada um, condicionada pelo olhar do outro.

Nele se torna presente o signo do duplo, que frequenta com assiduidade a ficção machadiana.

Em "O segredo do bonzo", onde a ação se desloca para 1552, na cidade de Fuchéu, retorna o predomínio das imposições sociais, agora associada à crítica ao cientificismo, também ironicamente explicitado. Ganha vulto, paralelamente, o relativismo dos comportamentos.

Recordemos: o narrador, identificado como Fernão Mendes Pinto, relata, num pastiche da *Peregrinação*, texto quinhentista de autoria desse escritor, uma experiência vivida em companhia de Diogo Meireles, naquele lugar e naquele tempo distante. Vinculada a três doutrinas, defendidas por três propositores, a última delas posta em prática pelos dois e por um personagem local, um alparcareiro, um fabricante de alparcas, ou seja, de alpercatas, de nome Titané.

A primeira trata da origem dos grilos, defendida por Patimau. Para ele, tais insetos "procediam do ar das folhas do coqueiro, na conjunção da lua nova" (*Op. cit.*, v. II: 320), conclusão que é "fruto de dilatados anos de aplicação, experiência e estudos, trabalhos e até perigos de vida" (*Op. cit.*, v. II: 320) levados a termo por ele, matemático, físico e filósofo. A multidão que ouve a sua explicitação aclama-o em delírio.

A segunda, na palavra de Languru, consiste na descoberta do princípio da vida futura, quando a terra houvesse de ser inteiramente destruída: uma gota de sangue de vaca. Daí, conclui, a excelência da vaca como alimentação humana. Outro aglomerado de povo a quem se dirige aplaude o orador com alarido.

Observe-se, desde logo, a natureza dos elementos relacionados, como recurso mobilizador de humor e ironia.

A terceira é de autoria do bonzo do título, chamado Pomada, a quem o cronista e o amigo são levados a conhecer pelo alparcareiro. Pomada é um ancião de 108 anos, muito lido e sabido nas letras divinas e humanas. Deixemos que nos explicite a sua teoria, que novamente traz a marca da duplicidade:

> Haveis de entender, começou ele, que a virtude e o saber têm duas existências paralelas, uma do sujeito que as possui, outra no espírito dos que o ouvem ou contemplam. Se puserdes as mais sublimes virtudes e os mais profundos conhecimentos em um sujeito solitário, remoto de todo contato com outros homens, é como se não existissem. (*Op. cit.*, v. II: 321-322)

E Pomada complementa:

> Entendi que, se uma coisa pode existir na opinião, sem existir na realidade, e existir na realidade sem existir na opinião, a conclusão é que das duas existências paralelas, a única necessária é a da opinião, não a da realidade, que é apenas conveniente. (*Op. cit.*, v. II: 322)

Os três interlocutores resolvem aplicar a teoria por meio, segundo o cronista-narrador, de

> Uma ideia tão judiciosa quão lucrativa, pois não é só o lucro o que se pode haver em moeda, senão também o que traz consideração e louvor, que é outra espécie de moeda, conquanto não dê para comprar damascos ou chaparias de ouro. (*Op. cit.*, v. II: 322-323)

Inventam uma fonte alimentadora dos ventos divulgadores: uma publicação chamada *Vida e claridade das coisas mundanas e celestes e de toda a costa malabar*, destinada a exaltar as alparcas feitas por Titané. A cidade Fuchéu comove-se e as alparcas ganham fama e consumo.

O interlocutor-narrador pondera que não se cumpriu a doutrina pomadista, "pois não nos cabe inculcar a outros uma opinião que não temos, e sim a opinião de uma qualidade que não possuímos: este é, ao certo, o ideal dela". (*Op. cit.*, v. II: 322-324)

Ele efetiva sua proposta: põe-se a tocar charamela, o ancestral da atual clarineta, para encanto geral da multidão, movida pelo seu discurso preparatório.

Diogo Meireles, por sua vez, que se dedicara à medicina, diante de uma doença que grassava na cidade e que obrigava a extirpar os narizes dos atingidos, propõe uma solução para a "desnarização" necessária: substituir o nariz cortado por um nariz são, só que de natureza metafísica. E convence a todos, que o aclamam entusiasmados. Afinal, "o ser humano não é outra coisa mais que o fruto da idealidade transcendental... Diogo lhes colocava o nariz metafísico que continuava a prover-se dos mesmos lenços de assoar". (*Op. cit.*, v. II: 325)

A localização num tempo e num lugar distantes, a referência a um povo de língua diferente constituem elementos garantidores de verossimilhança. Assegura o distanciamento próprio do jogo ficcional. O leitor dá-se conta de que se trata de ficção e da ironia que perpassa o conto. Na mobilização do humor, entre outros fatores, o contraste entre elementos de simplicidade e altissonância, concreção e abstração.

Parodiam-se o discurso filosófico e o discurso científico.

Repare-se: Machado traz para o vocabulário, nesse caso, como em outros, palavras e expressões próprias desses discursos, o que provoca, necessariamente, um estranhamento. É nesse estranhamento que se apoia o efeito irônico do seu texto.

O diálogo retorna em "O anel de Polícrates". A narrativa é, agora, assumida por dois interlocutores, A e Z, a primeira e a última letra do alfabeto. O objeto da conversa é um terceiro, Xavier. Também de dupla face: o Xavier nababo, exterior, e o Xavier que nunca teve mais de duzentos mil-réis. De novo o duplo, de novo a relatividade. Nuclear, o percurso de uma frase deste último: "A vida é um cavalo xucro ou manhoso, e quem não for cavaleiro que o pareça." A ideia era lançar a frase – como aconteceu com o feito de Polícrates, rei de Samos, que lançou um anel ao mar, para evitar percalços da fortuna, e o teve de volta no bucho de um peixe – e ver o que acontecia. E a frase volta. Leia-se o conto.

Ao longo das narrativas, destaca-se o poder do discurso e a presença sub-reptícia da vassalagem à opinião, tão cara a Brás Cubas, como esse personagem-narrador explicita no prefácio de suas *Memórias póstumas*.

A ditadura da aparência vincula-se à veleidade em "D. Benedita" e à vaidade, em "Uma senhora", personagens-título marcadas pela preocupação com a corrosão do tempo. "A coisa mais árdua do mundo, depois do ofício de governar, seria dizer a idade exata de D. Benedita." Em D. Camila, protagonista do segundo, Machado ressalta o medo de envelhecer. Atente-se para o feminino desespero que a acomete diante do primeiro fio de cabelo branco, o impacto do namoro da filha, a expectativa nervosa diante da possibilidade de ser avó. Mas vem o neto.

> Ela, porém, ia tão apertadinha, tão cuidadosa da criança, tão a miúdo, tão sem outra senhora, que antes parecia mais mãe do que avó; e muita gente pensava que era mãe. Que tal fosse a intenção de Dona Camila não o juro eu. ("Não jurarás", MATEUS, v. 34) Tão somente digo que nenhuma outra mãe seria mais desvelada do que dona Camila com o neto: atribuírem-lhe um simples filho era a coisa mais verossímil do mundo. (*Op. cit.*, v. II: 422)

A mesma imposição associa-se à sátira aos costumes políticos em "A sereníssima República".

Trata-se de um conto feito do texto de uma conferência sobre a república das aranhas, cujo idioma o conferencista, um cônego, decifrara. Em destaque, o processo eleitoral necessário a dar-lhes um governo idôneo, baseado no saco e bolas adotado na antiga Veneza, "iniciação dos filhos da nobreza no serviço do Estado". Metiam-se as bolas com os nomes dos candidatos no saco e extraía-se anualmente um certo número, ficando os eleitos logo aptos para as carreiras públicas. (*Op. cit.*, v. II: 337)

São de notar as vantagens do método, segundo o seu propositor: "ele exclui os desvarios da paixão, os desazos da inépcia, o congresso da corrupção e da cobiça." (*Op. cit.*, v. II: 337)

A fraude no processo, entretanto, exigiu mudanças. A última eleição destinada a eleger um coletor de espórtulas gerou uma crise, que levou à consulta a um filólogo, também bom metafísico e não vulgar matemático.

Concorreram dois candidatos: Nebraska e Caneca. O primeiro foi eleito. A bola tinha o seu nome. O segundo recorreu. O nome era o dele. A filologia demonstrou que este último estava certo: Nebraska foi lido Caneca.

Desnecessário assinalar a atualidade da crítica implícita na narrativa, quintessência da relativização. Sátira, no melhor estilo machadiano. Nem a filologia escapa ao naufrágio das nossas ilusões.

A valorização da aparência alia-se à crítica ao cientificismo em "O alienista", centrado na esquizofrenia e na relatividade dos diagnósticos.

O enredo, conduzido por um narrador onisciente, é indiciador.

Simão Bacamarte, um psiquiatra, "filho da nobreza da terra e o maior dos médicos do Brasil, e das Espanhas" (*Op. cit.*, v. II: 255), funda, no município fluminense de Itaguaí, um hospício suntuoso: a Casa Verde.

Dedica-se ao ofício e vai internando, com base em diagnósticos surpreendentes e aleatórios, os munícipes que considera doentes.

Meses depois da inauguração da Casa, confidencia ao boticário local a sua constatação de que a loucura, base dos seus estudos e preocupação, era, até então, "uma ilha perdida no oceano da razão", mas começa "a suspeitar de que se trata de um continente".

Passa, então, a recolher um contingente excessivo de pacientes: o vaidoso, a supersticiosa, o bajulador, o orador hiperbólico.

O terror toma conta da cidade. E leva à rebelião, chefiada pelo barbeiro Porfírio e sua ambição. Este culmina por assumir a prefeitura local e, de repente, começa a defender a necessidade da Casa Verde.

Eis que quatro quintos da população encontra-se internada. Bacamarte reexamina os fundamentos de sua teoria. E passa a reconhecer a normalidade e a exemplaridade nos desequilíbrios mentais. Patológicos eram os sintomas de normalidade ininterrupta. Libera os antigos clientes. Interna então os tolerantes, os modestos, os simples, os cultores da verdade, os sinceros etc. Nas palavras do narrador:

> Suponhamos um modesto. Ele aplicava a medicação que pudesse incutir-lhe o sentimento oposto; e não ia logo às doses máximas – graduava-as, conforme o estado, a idade, o temperamento, a posição do enfermo. Às vezes bastaria uma casaca, uma fita, uma cabeleira, uma bengala, para restituir a razão ao alienado. Em outros casos, a moléstia era mais rebelde: recorria então aos anéis de brilhantes, às distinções honoríficas. (*Op. cit.*, v. II: 285)

Bacamarte conclui, após longa reflexão, pela relatividade da eficácia de seu método terapêutico. Sadio, só ele, Simão, que, solitário, interna-se a si próprio na Casa Verde. E ali falece.

Destaca-se, na perspectiva irônica do conto, o tema da irracionalidade do comportamento humano, a relatividade dos conceitos éticos. A ética cede ao arbítrio. A virtude é posta em questão. Ganha destaque a superposição dos interesses pessoais aos interesses do Outro. Presentifica-se ainda no conto a crítica à arbitrariedade do poder.

Nem o epílogo redime o personagem: sua autointernação converte-se no paroxismo patético da atitude egocêntrica.

A loucura, como tema, é retomada ainda em outras histórias, com variações sintomatológicas. É o caso de "A causa secreta", um dos raros contos marcados pelo sadismo e a morbidez, em que um rato é sacrificado com requintes de crueldade.

O sacrifício de um rato aparece também em "O enfermeiro", cujo protagonista é um criminoso impune, herdeiro de sua vítima. Neste último, o tema da superposição da aparência liga-se ao poder corruptor da riqueza, também presente, aliada à crueldade requintada, no "Conto de escola", de *Várias histórias*. Sacrifício similar, assinale-se, volta a ser destacado, em outras circunstâncias, no capítulo 110 do romance *Dom Casmurro*.

De certa maneira, relaciona-se com o jogo da relatividade entre a verdade e a mentira, em "Noite de almirante", de *Histórias sem data*, associado à volubilidade de Genoveva, a jovem e perjura antagonista do desventurado Deolindo Venta-Grande. Abro espaço, como lembrete, para as palavras com que ela justifica a sua infidelidade:

– Pois sim, Deolindo, era verdade. Quando jurei, era verdade. Tanto era verdade, que eu queria fugir com você para o sertão. Só Deus sabe se era verdade! Mas vieram outras cousas... veio este moço e eu comecei a gostar dele... (*Op. cit.*, v. II: 440)

Vincula-se também à máscara do ser humano relativizado pelo bem e pelo mal em "A igreja do diabo", do mesmo livro.

Machado destaca ainda, na sua ficção, a instituição do casamento. Os relacionamentos sociais deixam a superficialidade romântica para assumir a complexidade a eles inerente. Não nos esqueçamos do rigor que caracterizava a estratificação social à época.

O adultério ganha tratamento similar ao dos romances em que é tematizado.

É assumido, como nas *Memórias póstumas de Brás Cubas*, em dois contos de *Várias histórias*: "A senhora do Galvão" e "A cartomante".

No primeiro, é punido pela ironia:

– Hoje quase não tenho tido tempo de estar com você, disse ele a Maria Olímpia, perto da meia-noite.
– Naturalmente, disse a outra, abrindo e fechando o leque; e, depois de umedecer os lábios, como para chamar a eles todo o veneno que tinha no coração: – Ipiranga, você está hoje uma viúva deliciosa... vem seduzir mais algum marido?" (*Op. cit.*, v. II: 458)

No segundo, torna-se presente tragicizado, com um desfecho também pouco comum em Machado: a honra do marido lavada com o sangue dos dois amantes, por ele assassinados.

Afinal, pontua a digressão do narrador onisciente em "A senhora do Galvão":

Assim vai o mundo. Assim se fazem algumas reputações más, e o que parece absurdo, algumas boas. (*Op. cit.*, v. II: 453-454)

A relação adulterina também figura, insinuada, como no romance *Quincas Borba*, no conto "A causa secreta", além de imersa na atmosfera intervalar de sonho e realidade na sutileza dos meandros da sedução em "A Missa do Galo", de *Páginas recolhidas*.

Os temas, além do enfoque diferenciado, emergem de elaborações distintas, a começar pela natureza dos narradores, em que está presente a reflexão integrada à narração e à ação, marca da técnica do autor.

O tratamento conferido a eles, por outro lado, afasta-se do determinismo característico do modelo realista dominante no último quartel do século XIX. Os personagens machadianos estão longe de constituir vontades dominadas pelas forças do determinismo biológico, atávico ou social.

A ânsia de perfeição diante da precária condição humana está presente no citado "D. Benedita" e em "Trio em lá menor", de *Várias histórias* e, associada à impotência criadora, em "Cantiga de esponsais", de *Histórias sem data* e em "Um homem célebre", também de *Várias histó-*

rias. Com um aspecto curioso: o impasse nos dois últimos centraliza-se na mesma nota musical. Cito o final do "Trio":

– É a tua pena, alma curiosa de perfeição; a tua pena é oscilar por toda a eternidade entre dois astros incompletos, ao som desta velha sonata do absoluto: lá, lá, lá, lá. (*Op. cit.*, v. II: 509)

Retorno ao desfecho da "Cantiga":

Mestre Romão, ofegante da moléstia e da impaciência, tornava ao cravo; mas a vista do casal não lhe supria a inspiração, e as notas seguintes não soavam.

Desesperado, deixou o cravo, pegou do papel escrito e rasgou-o. Nesse momento, a moça embebida no olhar do marido começou a cantarolar à toa, inconscientemente, uma coisa nunca cantada nem sabida, na qual um certo *lá* trazia após si uma linda frase musical, justamente a que mestre Romão procurara durante anos sem achar nunca. O mestre ouviu-a com tristeza, abanou a cabeça, e à noite expirou. (*Op. cit.*, v. II: 385-386)

Mais uma vez, a reiteração temática. Até na vinculação à arte musical, frequente na imagística machadiana. Lembro, a título de exemplo, a fala do maestro Marcolini, amigo de Bentinho, no capítulo IX de *Dom Casmurro*, intitulado, muito significativamente, "A ópera":

A vida é uma grande ópera. O tenor e o barítono lutam pelo soprano, em presença do baixo e dos comprimários, quando não são o soprano e o contralto que lutam pelo tenor, em presença do baixo e dos mesmos comprimários. Há coros numerosos, muitos bailados, e a orquestração excelente (...) Deus é o poeta, A música é de Satanás, jovem maestro de muito futuro, que aprendeu no conservatório do céu. Rival de Miguel, Rafael e Gabriel, não tolerava a precedência que eles tinham na distribuição dos prêmios. Pode ser também que a música em demasia doce e mística daqueles outros condiscípulos fosse aborrecível ao seu gênio essencialmente trágico. (*Op. cit.*, v. I: 717)

O interesse pessoal, sobreposto ao compromisso moral, revela-se em "Evolução", de *Relíquias de casa velha*, um retrato carregado de atualidade. Em síntese, um dos dois personagens envolvidos na história, de nome Benedito, moralmente bom, mas intelectualmente menos original, vai, aos poucos, apoderando-se de uma frase do outro, Inácio, o narrador, até assumi-la como sua. Vale reiterá-la. Trata-se de um comentário deste último, durante o primeiro encontro de ambos.

Inácio – Eu comparo o Brasil a uma criança que está engatinhando: só começará a andar quando tiver muitas estradas de ferro.
– Bonita ideia, exclamou Benedito, faiscando-lhe os olhos. (*Op. cit.*, v. II: 681)

Trecho do diálogo, no segundo encontro:

Benedito – Na minha viagem de agora, achei ocasião de ver como o senhor tem razão com aquela ideia do Brasil engatinhando.
Inácio – Ah?
Benedito – Sim senhor; é justamente o que o senhor dizia na diligência de Vassouras. Só começaremos a andar quando tivermos muitas estradas de ferro. Não imagina como isto é verdade. (*Idem ibidem*: 682)

Em novo encontro, depois de vários, consolidada a admiração mútua:

Inácio – Quero vê-lo ministro, disse-lhe.
(...)
– Não digo isso, respondeu. Quando, porém, seja ministro, creia que serei tão somente ministro industrial. Estamos fartos de partidos; precisamos desenvolver as forças vivas do país, os seus grandes

recursos. Lembra-se do que nós dizíamos na diligência de Vassouras? O Brasil está engatinhando; só andará com estradas de ferro.

– Tens razão, concordei um pouco espantado. E por que é que eu mesmo vim à Europa? Vim cuidar de uma estrada de ferro. Deixo as coisas arranjadas em Londres. (*Idem ibidem*: 683)

Distanciamentos físicos, mais um encontro. Benedito, agora deputado, mostra a Inácio o borrão do discurso que faria na Câmara:

– Senhores, é tempo de cuidar, exclusivamente – notai que digo exclusivamente –, dos melhoramentos materiais do país. Não desconheço o que se me pode replicar; dir-me-eis que uma nação não se compõe só de estômago para digerir, mas de cabeça para pensar e de coração para sentir. Respondo-vos que tudo isso não valerá nada ou pouco, se ela não tiver pernas para caminhar. E aqui repetirei o que, há alguns anos, dizia eu a um amigo, em viagem pelo interior: O Brasil é uma criança que engatinha; só começará a andar quando estiver cortado de estradas de ferro. (*Idem ibidem*: 684)

A mesma sobreposição do interesse pessoal figura, pungente e denunciadora, em "O caso da vara" e em "Pai contra mãe", de *Relíquias de casa velha*.

Nem faltam considerações sobre a arte de escrever em "O cônego ou metafísica do estilo", de *Várias histórias*, e em "O dicionário", de *Páginas recolhidas*. Exercício de metalinguagem, frequente em inúmeros outros contos.

Como se percebe, nessas idas e voltas aos temas assinalados, o texto machadiano, em percursos técnicos distintos, satiriza o comportamento comprometido dos personagens com as instituições, a sua sobrevivência ao parecer como garantia do sobreviver. Caracteriza o reconhecimento, bastante comum, à necessidade do bem material como forma de bem estar no mundo. Mas – importa afirmá-lo – Machado não referenda: denuncia, embora não acuse diretamente. É atitude que mantém diante de outras transgressões ou escoriações que atingem o socialmente estabelecido pela moral convencional. Quase escrevo burguesa ou pequeno-burguesa.

Nesse sentido, acompanha o vezo dominante na visão de mundo do seu tempo, marcada na literatura pela observação e análise da realidade. Acompanha, mas sem subserviência. Ao fundo, traços da ambiguidade moral na esteira de Diderot. Sua denúncia envolve ainda a mediocridade dominante em certos setores intelectuais do tempo. "A Teoria do medalhão" é, a propósito, exemplar.

O contista ironiza comportamentos, cosmovisões, modelizações românticas e realistas, satiriza discursos. Traço forte, no âmbito dos valores institucionalizados, notadamente em relação aos interesses pessoais e sociais, é o idealismo frustrado.

Rumos da construção

Os contos fazem-se de histórias simples, despojadas; ao fundo, a vida. Em primeiro plano, o tratamento da linguagem.

A trama resume-se praticamente a uma situação ou a um conflito básico. O que predomina e mobiliza o interesse do leitor ou ouvinte é a digressão, carregada de argumentação persuasiva. O grande diferencial acaba sendo o discurso retórico.

Em síntese, associam-se na construção do conto machadiano comportamento individual, digressão, multiplicidade de enfoques, linguagem trabalhada.

Evidenciam-se, também na narrativa, curta, sem prejuízo da singularidade, reflexos da forma shandiana, explicitada com agudeza a propósito do romance do autor por Sérgio Paulo Rouanet, em *Riso e melancolia*: centramento na subjetividade, presença forte da singularidade, esta traço diferenciador, relevante em termos da reiteração temática apontada.

Na tecedura do texto, alternam-se pontos de vista.

Observe-se a variedade de narradores: em primeira pessoa, em terceira, dialogadores. Em todos ou em quase todos, elemento marcante, a prática frequente da citada digressão sobreposta à ação e de natureza variada: autorreflexivas, digressões sobre digressões, digressões sobre os fatos. Neste espaço, o narrador emite opiniões e mobiliza o leitor na direção delas.

Destacam-se, em termos de ambiência, a casa, a rua, a cidade, notadamente a primeira.

As histórias a privilegiam como espaço nuclear da ação. Essa limitação espacial propicia maior concentração na tecedura da narrativa. Dois exemplos, de rara ourivesaria: "Uns braços" e "Missa do Galo". Mesmo a casa de Deus é assim utilizada em "Entre santos".

A casa assegura ainda uma certa atmosfera familiar ou propiciada pela amizade, coerente com a personalidade evidenciada em "Teoria do medalhão" e em "O espelho", para citar dois exemplos.

A rua e a cidade alternam com espaços vagos e funcionam como circunstâncias contextualizadoras integradas e garantidoras de verossimilhança, seja a Itaguaí de "O alienista", o Rio de Janeiro, na maioria das histórias. Mas ambas em plano inferior à dimensão individual dos personagens. Essa é que conta e, pouco a pouco, na frequência do processo, ganha densidade. Talvez o crescimento dessa densidade esteja vinculado ao amadurecimento do escritor.

E mais: se seus personagens se movem nesses espaços urbanos do Brasil, essa visão e essa localização em nada diminuem o caráter universal dos espaços de reflexão que as histórias nos lançam.

A obra ficcional de Machado de Assis, por outro lado, não é um espelho explícito do país em que vive: é fruto do que ele pensa sobre a realidade mais do que daquilo que ele observa sobre essa realidade.

O estilo, além de outras marcas, assume o coloquialismo, com um excepcional domínio da imagística. Configura a descoberta, a partir de acontecimentos simples e comuns do cotidiano, de dimensões incomuns, a ponto de conferir-lhes caráter de atemporalidade. Esse jogo propicia efeitos humorísticos.

Cabe assinalar ainda, na multiplicidade de formas, a multidimensionalidade de sua prosa feita de histórias curtas, longas, diálogos, pastiches, monólogos, cartas.

Machado de Assis domina gradativamente a técnica narrativa ao longo de sua obra, nos romances como nos contos. Trata-se de um criador consciente dos recursos de que se vale, fundados rigorosamente na sua formação e, em especial, nas suas leituras.

O conto no processo literário brasileiro

No âmbito do processo literário brasileiro, o texto ficcional de Machado é desvinculado de compromisso explícito com as tendências literárias que integram tanto o Romantismo, como o complexo literário pós-romântico.

O relativismo que o caracteriza o afasta desde logo das dicotomias radicais dos textos românticos e da perspectiva determinista de realistas e naturalistas. Ele aproveita elementos desses estilos epocais, como se vale dos clássicos e, em especial, de procedimentos impressionistas. Um impressionismo à Machado de Assis.

Em relação ao processo de construção, suas obras não são, como tantas outras do seu tempo, marcados pela distorção ou pela condição marginal. Mesmo o retrato psicológico que nelas se elabora é complexo.

Se, por um lado, em termos de linguagem, sua produção ficcional dá continuidade a certos procedimentos da tradição narrativa brasileira, por outro, converte-se, sobretudo nos textos da chamada maturidade, numa ruptura com essa mesma tradição e insere-se, antecipadora, na ficção moderna.

No espaço dessa antecipação, configura-se o centramento na hipertrofia da problematização da existência.

A arte moderna privilegia a atividade lúdica, o jogo. Machado joga com o conteúdo, por intermédio da paródia, no sentido bakhtiniano do termo e, consequentemente, do humor, por meio do qual fratura-se a visão tragicizante da vida. Isso se evidencia com maior nitidez nos romances. No conto, o escritor parodia sutilmente, por exemplo, o discurso científico e o discurso filosófico, como ficou assinalado. Seu humor reveste-se de ironia, frequentemente mordaz.

Nas suas histórias curtas, caracterizam-se ainda, na direção da ficção moderna, a construção gradativa dos personagens por meio do fluxo de consciência; a valorização de estados mentais mais do que da ação e da trama; o frequente exercício da metalinguagem; o exercício da intertextualidade, destacado o texto filosófico; a prática da narração como um processo de autorrevisão; o estímulo à participação do leitor na composição da obra.

Atualidade da ficção machadiana

A maioria dos contos e dos romances de Machado de Assis permanece e é atual, na medida em que, em textos multissignificativos, evidencia, a partir de seu testemunho sobre o ser humano e a realidade do seu tempo, questões relacionadas com a condição humana. Esse evidenciar-se decorre de uma temática que envolve, entre outros destaques além dos que foram assinalados, o amor, o ciúme, a morte, a afirmação pessoal, o jogo da verdade e da mentira, a cobiça, a relação entre o ser e o parecer, as oscilações entre o bem e o mal, a luta entre o relativo e o absoluto.

Sua percuciente visão do mundo aprofunda o nosso mergulho na direção de nós mesmos e do Outro, no percurso em que conduzimos miticamente as pedras sisíficas ao alto da montanha existencial. Deus queira que nos imaginemos felizes e carregados de esperança.

Sétimo texto

Passemos a uma leitura centrada num aspecto de mais um romance de Machado de Assis. De início, como se verá, explicitam-se os conceitos operacionais básicos em que se apoia e que foram objeto de apreciação páginas atrás. É uma perspectiva, entre muitas que a leitura do romance propicia. O título aponta o rumo da interpretação.

Dom Casmurro: O Enigma Bentinho, *de Machado de Assis*

Introdução

Um romance, fato literário que é, caracteriza-se, entre outros aspectos, por uma dupla dimensão articulada: a dimensão semiótica e a dimensão transfiguradora da realidade. A primeira vincula-se aos signos de que se faz o texto. A segunda caracteriza a natureza específica do objeto de literatura. Uma e outra, por seu turno, estão na base da dimensão estética que singulariza a obra de arte literária.

A dimensão semiótica envolve recursos técnicos peculiares, que marcam a maneira como o autor compõe o texto. Abrange, portanto, um uso especial da língua como ponto de partida. Literatura é linguagem, o seu suporte é o signo linguístico.

A dimensão transfiguradora ilumina aspectos individuais, sociais e universais. É caracterizada, nas obras representativas, por dois traços dominantes: a ambiguidade e a universalidade. Pelo menos até a sincronia sociocultural da atualidade do Ocidente.

Por força da primeira, o texto permite múltiplas interpretações e é tanto mais relevante quanto maior é o índice de polissemia que nele se caracteriza.

No âmbito da segunda, cumpre assinalar que um texto se universaliza na medida em que o que nele se revela resiste, enquanto marca do psiquismo humano, à ferrugem do tempo. O ciúme, por exemplo, está nesse caso. A inveja, sua irmã-gêmea, também. O que tem variado é a maneira como a comunidade os encara. Literatura é mímese. Literatura é catarse.

Com sua visão especialmente armada, o artista da palavra seleciona do real situações singulares, ficcionaliza-as, e elas se revestem, no texto, da universalidade típica da linguagem da literatura. Isso se dá à luz de uma relação com o contexto histórico-social.

Assim considerado, o texto literário realmente representativo ultrapassa os limites individuais do codificador para nos atingir, por força do ainda mistério da criação em literatura, com mensagens capazes de revelar fundamente muito da condição humana. Caracteriza um mergulho na direção do ser individual e do ser social. Literatura é conhecimento.

Dom Casmurro é, nessas direções, obra das mais significativas e permanentes. Por força do que nela se revela e do modo de realização em que se concretiza, reveste-se de atualidade e abre-se, na sua polissemia, a inúmeras e variadas leituras interpretativas.

Tais abordagens nos permitem depreender, entre outros, aspectos individuais metonimizados nos personagens, multiplicidade de temas, visões de mundo, projeções do sistema social, visões do Rio de Janeiro do Segundo Reinado, articulações singulares de linguagem, configurações da complexidade da vida humana.

No âmbito da estruturação de que se constitui, situa-se o perfil do personagem-narrador, ponto de partida para algumas considerações, cujo entendimento pleno vincula-se, obviamente, à leitura prévia do romance.

O tecido da trama

É simples. Faz-se de uma história de amor e conflito, no âmbito de uma família abastada do Rio de Janeiro da segunda metade do século XIX, sua ética, seus valores burgueses. No contraponto, uma família de classe média baixa. Os personagens centrais são Bento de Albuquerque Santiago, o Bentinho, para os íntimos, e Capitu, redução familiar de Capitolina. O pivô do conflito é Escobar, o amigo de Bentinho. Na deflagração do desequilíbrio familiar, uma duvidosa infidelidade conjugal. Temos então um enredo que envolve um marido, uma esposa, um amigo, um adultério. Pano de fundo, o núcleo familiar do protagonista.

A ação é situada entre 1857 e 1890. É o tempo de Brasil monárquico, Segundo Reinado.

Bento Santiago, então Dom Casmurro por apelido, farto da monotonia do seu cotidiano, resolve escrever um livro.

Depois de alguma vacilação, em que chega a pensar numa história dos subúrbios, opta por reviver criticamente, no discurso, os tempos idos, "com o fim evidente de atar as duas pontas da vida e restaurar na velhice a adolescência", como ele mesmo, convertido em personagem-narrador, explicita. Ele, que reproduzira no Engenho Novo, bairro do Rio de Janeiro, a antiga casa em que se criara, na rua de Matacavalos, no centro da cidade, depois rua do Riachuelo.

Debruça-se nas amuradas envelhecidas de si mesmo e mergulha nas águas da memória, numa desesperada tentativa de resgate, na palavra, de sua própria existência.

A trama tem, portanto, como guia mobilizador o narrador-personagem. Por seu intermédio, as pessoas, seus pensamentos e sentimentos, suas ações, os acontecimentos que as integram.

São 163 capítulos que perfazem, em síntese, quatro grandes sequências: infância e adolescência do personagem-narrador e Capitu; tempo de Bentinho num seminário, sua desistência do sacerdócio e seu casamento com Capitu; separação do casal; vida solitária do narrador.

Observe-se que Machado de Assis dá continuidade ao motivo da memória, de presença forte na literatura brasileira.

No entretecer da trama, a ação autoritária da mãe, D. Glória, a formação religiosa de Bentinho, a cumplicidade interesseira e interessada do agregado José Dias, a influência do Padre Cabral e, em menor escala, atitudes de outros coadjuvantes.

Examinado na superfície do enredo, o texto se limita ao desenvolvimento de uma relação amorosa que se deteriora.

Literariamente representativo, entretanto, *Dom Casmurro* vai além desse espaço. Possibilita leituras em múltiplas direções, a partir de como essa história se conta e dos múltiplos aspectos que abriga. Examinemos alguns entre eles.

Nos rumos da interpretação

Dom Casmurro não é um romance centralizado na ação.

Nele importam, sobretudo, as situações ficcionais que o concretizam, sobretudo porque privilegia a matéria pensada, os comentários e as digressões do narrador em torno e a partir dos fatos.

O que desde logo ressalta é um dos aspectos com que Machado de Assis renova o modo de narrar na ficção brasileira: o uso do personagem-narrador-comentador. O autor cria um personagem que chega ao leitor como protagonista e como redator do romance. Este envolve um constante exercício de metalinguagem: trata-se de um romance sobre o romance.

Obviamente a biografia não é verdadeira. Bento Santiago é, como os demais personagens, criação de Machado. Estamos diante de uma pseudobiografia de um pseudoautor. O texto se faz de sua visão unilateral e distanciada sobre ser confessadamente suspeita: ele mesmo declara, no capítulo LIX que "sua memória não é boa" e, exclamativamente, que "inveja os que não esqueceram a cor das primeiras calças que vestiram", além de, em várias passagens, demonstrar suas dúvidas sobre o que narra.

Trata-se de uma confissão que, praticamente, relativiza toda a história por ele contada e a coloca sob suspeição. Instaura-se, desde logo, a ambiguidade que marca toda a narrativa.

Nesse sentido, dosam-se a apresentação aparentemente objetiva dos fatos e a subjetividade dos juízos sobre eles e suas decorrências e sobre os personagens e sua atuação.

Por trás, é claro, está o escritor. Com essa técnica, ele também, por sua vez, mantém-se distanciado.

Sua posição, nessas circunstâncias, não aparece explícita. Machado fala muito mais por meio do silêncio do texto.

Esse espaço silencioso deixa entrever o pesquisador da alma e do caráter. Ele mergulha fundo. E tudo se concretiza numa linguagem marcadamente trabalhada.

Bento Santiago expõe-se diante do leitor, convidado implicitamente a converter-se em analista passivo, na tentativa de autoconhecer-se e na busca de uma explicação ou justificativa para a sua frustração.

Vale-se, na verdade, de um subterfúgio, pois não há possibilidade de contestações imediatas ao seu discurso, a não ser através dele mesmo.

O constante dirigir-se ao leitor soa como uma forma de aliciamento, um chamado para a adesão à transferência da culpa. O narrador busca a cumplicidade e a simpatia do Outro.

Observe-se a sutileza machadiana: essa busca do aval do Outro é uma das marcas do personagem ao longo da narração. Ele vai além dos espaços da ficção para trazê-la ao âmbito da relação do texto com o leitor.

Nesse processo, por meio de uma aparente compreensão, procura configurar a volubilidade e o mau-caráter da esposa, a traição do amigo, a sua condição de vítima de ambos e do destino. Objetiva exorcizar a culpa com explicações para sua atitude e para amenizar a perda. Sua pena retroativa tenta provar evidências.

Seu discurso, que pretende isento, aos poucos, porém, revela a parcialidade. O ressentimento, pouco a pouco clarificado, atinge o ápice no parágrafo final do último capítulo:

> E bem, qualquer que seja a solução, uma cousa fica, e é a suma das sumas, ou o resto dos restos, a saber, que a minha primeira amiga e o meu maior amigo, tão extremosos ambos e tão queridos também, quis o destino que acabassem juntando-se e enganando-me... A terra lhes seja leve! (MACHADO DE ASSIS, 1969, v. I: 870)

Solitário na sua casa refeita, apesar de tentar convencer o leitor de que viveu o melhor que pôde, termina melancolicamente confessando que não esqueceu a primeira amada do seu coração. E aventa uma explicação, no capítulo CXLVIII: "Talvez porque nenhuma delas tinha os olhos de ressaca, nem os de cigana oblíqua e dissimulada." (*Op. cit.*, v. I: 870)

Sua angústia existencial atenua-se por força do duplo distanciamento do personagem, na condição de participante e narrador de fatos idos e vividos. Fez, no texto, a sua catarse. Quer parecer ter superado a grande crise e ter aceitado os rumos do seu destino.

Os aspectos psicológicos situam-se em plano superior ao dos eventos e das peripécias.

Desse espaço só escapa a atividade profissional do personagem que, aliás, é rico desde o berço, atividade apenas referida, no nível do enredo, como apoio para a sua situação socioeconômica. Em outros níveis, ganha, obviamente, outras significações.

Repare-se: o romance privilegia o egocentrismo. Bento Santiago preocupa-se consigo mesmo.

Apesar da aparente tranquilidade de vítima resignada com que o narrador recorda os acontecimentos, Machado consegue evidenciar as sutilezas do psiquismo do filho de D. Glória. A começar das oscilações do seu comportamento, que vão da suspeita vaga à certeza radical.

Exemplo da primeira pode ser a passagem do capítulo LXXIV. Nele, ao comentar seus sentimentos diante da troca de olhares entre Capitu e um cavaleiro que passa diante de sua janela, pergunta-se se não teria sido uma predisposição anterior de José Dias que o estava levando a "crer na malícia dos seus olhares". (*Op. cit.*, v. I: 870)

A certeza se clarifica, no momento-clímax, durante o velório de Escobar, no capítulo CXXIII, quando depreende do olhar da mulher a paixão adulterina. Dos mesmos olhos que mereceram anteriormente, no capítulo XXII, antológica exaltação consagradora, mas sutilmente insidiosa, se considerada no todo da história: "Momentos houve em que os olhos de Capitu fitaram o defunto, quais os da viúva, sem o pranto nem palavras desta, mas grandes e abertos, como a vaga do mar lá fora, como se quisesse tragar também o nadador da manhã." (*Op. cit.*, v. I: 85)

Registre-se a ironia machadiana, quando faz o personagem-narrador dar o mesmo título às duas passagens: olhos de ressaca.

O Dr. Bento tenta convencer o leitor, cuja cumplicidade busca a cada passo, de que o olhar de Capitu é o arauto de sua infidelidade. O ciúme, como costuma ocorrer, mobiliza, gradativamente, a sua imaginação. Paralelamente, acentua-se a sua insegurança. Surge, no seminário, a necessidade de um confidente. O processo ganha nova dimensão: na verdade Bentinho partilha Capitu com Escobar ao elogiar-lhe as virtudes.

Por trás deste procedimento, encontra-se a mestria de Machado de Assis.

O caráter inseguro do filho de D. Glória é tal, que ele precisa da palavra alheia para avalizar as suas suspeitas. Da mesma forma que sente necessidade do leitor, para amenizar sua culpa.

Na sua condição de advogado, usa sutilmente de referências e citações de toda ordem, especialmente na medida em que sirvam aos seus propósitos.

O mórbido sentimento ganha vulto. Estende-se até os elementos da natureza, no capítulo CVII, e chega à totalização, confessada, no capítulo CXIII: "cheguei a ter ciúmes de tudo e de todos."

A pena do narrador tenta provar evidências. Seu discurso, entretanto, permite ao leitor suspeitar de sua imparcialidade. O ressentimento clarifica-se, agudo, no capítulo XLV. Vale a transcrição, pelo menos, do primeiro parágrafo:

> Abane a cabeça, leitor, faça todos os gestos de incredulidade. Chegue a deitar fora este livro, se o tédio já não o obrigou a isso antes, tudo é possível. Mas, se o não fez antes e só agora, fio que torne a pegar do livro e que o abra na mesma página, sem crer por isso na veracidade do autor. Todavia, não há nada mais exato. Foi assim mesmo que Capitu falou, com tais palavras e maneiras. Falou do primeiro filho, como se fosse a primeira boneca. (*Op. cit.*, v. I: 778)

O advogado em causa própria insiste em provar que Capitu era falsa, dissimulada. Desde sempre. Nesse processo, no fundo, quem dissimula é o próprio narrador. Na aparente valorização de Escobar, por exemplo, no capítulo LXXII, não falta um apesar suspensivo, atribuído à prima Justina. Trata-se de um capítulo precioso, em termos de indiciação dissimulada.

A pena do escritor se magnifica, quando, no capítulo seguinte, sutilmente, faz o personagem-narrador discorrer sobre as peripécias do destino e citar, significativamente, Otelo e Desdêmona. Faz parte da técnica do Dr. Bento Santiago, na direção da denúncia do comportamento de Capitu.

A dissimulação está na proposta de uma "reforma dramática" da tragédia shakespeariana, presença de fundo na intriga do romance. Nos bastidores, ainda uma vez, a arte do autor: o romance, afinal, realiza essa reforma; reduplica parodicamente em Bentinho e Capitu, no sentido bakhtiniano do termo, quando reduplica o casal trágico e em José Dias uma tênue e disfarçada figura de Iago. Iago é ele mesmo, Bentinho, o mobilizador do conflito; no final, destragiciza-se o desfeito: o marido não se suicida nem mata ninguém, o casal separa-se e Capitu e o filho morrem de morte natural, apesar das ameaças do pai e, este, casmurramente, assume a velhice e a solidão.

O filho Ezequiel é apresentado como prova-chave da peça acusatória do narrador.

A semelhança que encontra entre o menino e o amigo, a imitação perfeita que dele faz o menino, ainda que não exclusiva, cegam definitivamente os últimos vestígios de razão, no acusador: fora traído, o filho não era dele.

Essa interpretação permanece, mesmo quando adulto e significativamente arqueólogo, o jovem Ezequiel retorna da Suíça e o procura.

A dedicação ao passado faz o Dr. Bento identificá-lo com o passado. Mas esse dado ele não assume. Prefere a nova tentativa velada de eliminá-lo, pelo menos em pensamentos carregados de ressentimento e ódio. Por isso financia a viagem do filho de Capitu ao Oriente, porém com a confessada expectativa de que morra de lepra por aqueles territórios.

Seu desejo se realiza, ainda que sem o requinte de crueldade desejado. Ezequiel falece, de tifo, naquelas paragens. O Dr. Bento se diz indiferente, a tal ponto que, ao receber a notícia, se permite jantar bem e ir ao teatro. O personagem-narrador se expõe sem reservas.

Paralelamente, o texto deixa claras suas duas obsessões: sua mãe e Capitu. Esse traço acentua a relação permanente de subserviência à figura materna e destaca ainda mais o seu grau de imaturidade.

Inseguro, dependente da opinião alheia, representada, no âmbito masculino, pelo agregado José Dias e pelo amigo pivô da suspeita Escobar, suspeito, mas, antes, confidente querido e confiável, tão querido, que, na mesa do futuro advogado, não é o retrato da esposa que figura, mas o dele.

Mesmo em relação à sua condição de narrador distanciado, a arte de Machado requinta, ao fazê-lo apoiar-se, a cada passo, em citações de textos bíblicos e clássicos.

Em contraponto, ganha vulto a personalidade afirmativa de Capitu, diante da tibieza de Bentinho, como se pode depreender da seguinte passagem do capítulo XXXI:

Capitu era Capitu, isto é, uma criatura mui particular, mais mulher do que eu era homem. Se ainda não o disse, aí fica. Se disse, fica também. Há conceitos que se devem incutir na alma do leitor, à força de repetição. (*Op. cit.*, v. I: 161)

Apesar de assim mostrada, marcada pela determinação e pela personalidade forte, a ênfase do juízo do narrador recai, sobretudo, em comportamentos negativos: dissimulação, astúcia, arte de fingir, mobilização pelo interesse, falsidade, traição. Tudo isso sob a capa de uma aparente isenção.

O discurso do Dr. Bento, na verdade, configura uma projeção: permite depreender que o dissimulador, o astuto, o cultor da arte de fingir é ele, no plano da relação com Capitu e da sua própria narrativa autobiográfica.

Nesse processo, no capítulo XXI, o narrador chama atenção para o sentimento do ciúme projetado no outro, e o outro é, no caso, Justina.

Ele esconde da mulher, sutilmente, as suas suspeitas e tenta minimizar, pela sinceridade da autoexposição e de sua vitimização, o seu desejo reiterado de vingança.

Afinal, ele é quando se diz. E diz-se também por meio do Outro. Não é um fingidor capaz de fingir completamente a dor que deveras sente. E, na verdade, deve senti-la.

Não se realiza, nem na vida nem na sua proposta de reviver a vida. Evidencia-se a fratura do resgate.

Só que, para afirmar a sua imagem, ele precisa destruir o seu contraponto. Esse contraponto é Capitu. O agente mobilizador, o ciúme. A justificativa, o adultério.

Ao longo do convívio, o Bentinho frágil e desamparado, cujas decisões dependiam do Outro, transforma-se no Dr. Bento, marido zeloso e exigente, que pretende impor à esposa até o vestido que deve usar nos bailes e nas festas.

A insegurança do menino amplia-se na violência gradativa do ciúme doentio do adulto.

Com o casamento, Capitu passa de dominadora a dominada. Evidencia-se a frequência com que a satisfação da esposa provoca a insatisfação do marido. O episódio do baile e a relação com o filho o exemplificam. O delicado tecido da relação conjugal fragiliza-se diante da insatisfação e da incompletude.

Sub-reptício, na base do conflito que se instala, no nível da trama, na relação do casal, está o choque entre uma religiosidade imposta a Bentinho por uma educação direcionada e o vibrante e deslumbrante erotismo da moça dos olhos de ressaca. Não nos esqueçamos de que, além dos traços que a singularizam, Capitu é uma adolescente do século XIX que convive com a literatura do seu tempo.

Curiosamente, o amor de Capitu sobrevive ao ódio do marido. Comprova-o a carta que ela lhe envia da Suíça à qual ele não responde.

O ciúme, embora não seja o traço valorizador por excelência do romance, é inquestionavelmente um elemento marcante da estruturação do personagem-narrador e relevante na construção da trama, na qual a tradição crítica, durante muito tempo, destacou soberano o adultério.

No romance, vale acentuar, tem-se uma narração conduzida por Bento Santiago. Essa narração envolve uma ação, a série de acontecimentos que marca a história. Por trás de ambas e de tudo o que se revela no texto, está o escritor Machado de Assis que, na verdade, conduz a narrativa como um todo.

Isto posto, o núcleo da ação é, no romance, o desenvolvimento e a deterioração de uma relação amorosa, destacado o duvidoso adultério da mulher, Capitu, deflagrador do desequilíbrio familiar.

O adultério pode ser aceito como tema, se limitado a esse nível, o da história contada pelo personagem.

Há leitores e críticos que consideram indubitável a traição. Ela, entretanto, se faz duvidosa, porque, sob a capa da confissão/resgate, da exorcização por meio da palavra, a narração constitui um libelo conduzido exclusivamente pelo marido, sem direito de defesa, sem concessão da palavra à acusada.

A tese defendida por esse singular promotor explicita-se no capítulo final:

O resto é saber se a Capitu da praia da Glória já estava dentro da de Matacavalos, ou se esta foi mudada naquela por efeito de algum caso incidente. Jesus, filho de Sirach, se soubesse dos meus primeiros ciúmes, dir-me-ia, como no seu capítulo IX vers. I: "Não tenhas ciúmes de tua mulher, para que ela não se meta a enganar-te com a malícia que aprender de ti." Mas eu creio que não, e tu concordarás comigo: se te lembras bem da Capitu menina, hás de reconhecer que uma já estava dentro da outra, como a fruta dentro da casca. (*Op. cit.*, v. I: 870)

A questão básica que ele parece situar é saber se ela era intrinsecamente infiel ou se a infidelidade nasceu das circunstâncias da vida. Na melhor técnica do discurso jurídico, ele lança ao corpo de jurados, os leitores, a condução da conclusão: Capitu era visceralmente desonesta. E essa convicção ele já a traz pronta, desde que começou a contar a sua história.

É dele, vale reiterar, a versão dos fatos. Tudo chega ao leitor por meio da sua palavra: personagens, acontecimentos, lugares, atitudes, comportamentos, sentimentos, envolvimentos. Dele são as reflexões e argumentos. Mesmo quando atribuídos a outros personagens. Se é ele quem conta a história, é ele quem seleciona os pronunciamentos.

Não é sem razão que se trata de um advogado, preocupado com convencer os leitores, como se fossem membros do Conselho de Sentença. Na verdade, busca convencer-se a si mesmo.

Nem faltam os elogios à acusada, que podem ser sinceros, mas ele termina por constituir-se num joguete nas ondas do ciúme doentio.

Observemos: da mesma forma com que a narração busca demonstrar que a verdadeira Capitu já estava dentro da "casca" desde sempre, e remete o leitor a uma série de indícios, sub-reptícia e habilmente distribuídos ao longo do texto, a narrativa, na sua multissignificação, deixa perceber inúmeros elementos comprobatórios de que o verdadeiro Bento Santiago já estava dentro de Bentinho, sempre carregado de ciúme e de insegurança.

Ele mesmo acaba indiciado por suas próprias palavras, em várias passagens do romance, mas sempre afagado pelo benefício da dúvida: esse dado é tão ambíguo como a culpa de Capitu.

Trata-se de mais um aspecto da sutileza do Bruxo do Cosme Velho que, por outro lado, na condição de senhor da narrativa, não se posiciona diretamente em relação ao adultério, focalizado, sobretudo, em função do comportamento dos personagens. Esses é que contam. Com suas atitudes, seus modos de ser, sua ética. Machado deixa a avaliação por conta do leitor.

Ao expô-los como expõe, entretanto, caracteriza uma denúncia, como faz com a visão machista e patriarcalista e com o conservadorismo da sociedade do tempo da ação.

O mesmo ocorre nos dois outros romances de sua autoria que tratam do adultério, evidentemente com outros enfoques: em *Dom Casmurro* o adultério presumido; *Memórias póstumas de Brás Cubas* trata do adultério assumido; *Quincas Borba,* do adultério sugerido.

Observe-se que o texto de *Dom Casmurro* destaca a fatalidade do desencanto/desencontro amoroso. Faz-se de triste o que se fez amante e de sozinho o que se fez contente. Faz-se. Como no "Soneto de separação", de Vinicius de Moraes. Apenas, no caso, não "de repente, não mais que de repente".

O romancista põe a nu o processo diluidor da relação.

Integram-se na narrativa dimensões sentimentais individualizadas e projeções da realidade social brasileira.

Na primeira parte, o percurso emotivo-sentimental de Bentinho e Capitu, com seus leves traços de erotismo e destaques de culpa e mais as relações amicais e familiares permitem perceber também um retrato do posicionamento conservador, com os caprichos da autoridade, o sentido decorativo dos estudos superiores, a religiosidade acomodada de superfície.

Bentinho, o filho da matriarca D. Glória, o frágil estudante de seminário contra a vontade e, de certa forma, nesse primeiro tempo, opositor do sistema autoritário, vive as oscilações da sua dependência do Outro.

Na segunda parte, a certeza inicial da relação amorosa, referendada pelo casamento civil e religioso, a estabilidade econômica, a assunção da autoridade, os efeitos da concentração no ciúme deixam ver paralelamente a representação metonímica da classe social e do patriarcalismo.

Bento Santiago assume a identificação com os seus iguais.

Repare-se que sua consciência de classe se evidencia na sutileza de algumas passagens do seu relato, como na descrição que faz de Capitu, sua roupa de chita, seus sapatos de duraque, costurados por ela, as mãos que não conhecem água de cheiro.

O ciúme, a fragmentação, o poder sobrepõem-se ao amor e às promessas e expectativas dele decorrentes. Até porque os valores ideológicos da época são submetidos, na ficção machadiana, aos caprichos dos personagens.

As qualidades positivas de Capitu passam a ser vistas como negativas na Senhora Santiago. Bentinho, antes mobilizado pelo sentimento amoroso, agora, pelo ressentimento, reencontra-se nos Santiago. Tudo isso em meio a relativizações e percursos ambíguos, que a vida não caminha em linha reta.

Ao fundo, a crença no inexorável e fatal comando do destino, a visão pessimista da existência, a relatividade do comportamento humano, o efeito corrosivo do tempo.

O personagem-narrador deixa ver uma consciência dilacerada. Faltou-lhe autoconfiança. Faltou-lhe usar o discurso para comunicar-se com a mulher com a coragem, que não possuía, de assumir a conversa de risco. E, no final de tudo, não conseguiu esquecer a amada do seu coração.

A habilidade de Machado está em denunciar, no discurso da literatura, essas vicissitudes da condição humana. Ele o faz de tal forma, que confere, à excelência, a alta representatividade e a sintonia que mobiliza: a ambiguidade ao seu texto.

Essa característica assegura, a favor do personagem-narrador, o benefício da dúvida e, em outro viés de leitura, a sinceridade de seu depoimento.

Nesse espaço, Capitu converte-se em enigma. Enigmática é também a figura sofrida do Dr. Bento de Albuquerque Santiago.

Aos leitores fica a tarefa de decifrá-los, na fruição do jogo complexo que é a literatura, carregada de humanidade.

CONCLUSÃO

A leitura, com mais eficácia a leitura roteirizada, mobiliza a ampliação de nossos conhecimentos e do nosso domínio do idioma. Associa-se à nossa leitura do mundo.

Atualiza e amplia a nossa capacidade de produção e de interpretação de textos, mobiliza a nossa capacidade de crítica e estimula a emissão de juízos de valor.

Trata-se de instâncias vinculadas à nossa aptidão para nos comunicarmos.

Por sua natureza, converte-se em exemplo de utilização da língua que falamos nos seus múltiplos registros.

A familiaridade com os textos contribui para o desenvolvimento dos vários níveis de competência exigidos na atualidade para a afirmação das pessoas, como seres individuais, como seres sociais, como cidadãos e como seres humanos.

E mais: a história tem provado que a perspectiva humanística da realidade é mais eficaz do que a objetividade pragmática, cuja eficácia só se efetiva quando ambas se associam. O texto literário torna possível à excelência tal perspectiva.

A arte literária ajuda o comum das gentes a organizar o seu universo cultural. Possibilita uma visão integrada da relação entre passado, presente e futuro, e da realidade contemporânea. Abre-se ao permanente retorno e à releitura renovada.

O escritor é poderosa testemunha de seu tempo. A comunidade precisa de seus poetas e de seus ficcionistas, porta-vozes do seu modo de ser. Até prova em contrário.

A literatura necessita ser compreendida como fator de identidade nacional, sobretudo em tempos de globalização.

No caso do Brasil, a produção literária tem-se caracterizado como ponto de partida importante para a reflexão sobre a história, a sociedade e a cultura. Atua como espelho e como proposta, tradição e ruptura, denúncia e liberação, resultados de um olhar especial e armado, capaz de captar aspectos e dimensões que escapam à observação imediata.

Nossos costumes, nossa história, nossa realidade social e urbana, nossa psicologia, nossas peculiaridades, nossa sensibilidade, muitos dos nossos problemas, entre eles a violência urbana e a destruição da natureza, corporificam-se internalizados nos textos dos nossos escritores.

É a partir da literatura que ganha vulto o instinto de nacionalidade emergente com o processo da independência e autonomia vivido pelo país.

Mais ainda: a sedimentação e as transformações da língua que falamos têm nos textos literários lugar privilegiado de atualização e testemunho.

As mudanças na visão de mundo, a dinâmica da sociedade e da cultura, os avanços científicos e tecnológicos não implicam necessariamente, segundo entendo, a morte do livro e da literatura.

Ambos seguem convivendo e renovando-se à luz desses mesmos avanços.

É certo que a arte literária acompanha a dinâmica da cultura em que se insere.

A abertura relativizadora significa não a destruição da arte literária, mas a sua transformação enriquecedora.

A leitura, em especial a dos textos literários, ainda é, na contemporaneidade, uma das atividades mais eficazes na direção do nosso conhecimento de nós mesmos, dos outros, do mundo e de nossa relação com os outros e com o mundo.

BIBLIOGRAFIA

ADLER, J. Mortimer & Van DOREN, Charles. *Como ler livros*. São Paulo: Realizações Editora, 2011.

ALENCAR, José de. *Obra completa*. v. III. Rio de Janeiro: José Aguilar, 1958.

ALMEIDA, Leonardo Vieira de. *Veredas do grande conto: A descoberta do sertão em Guimarães Rosa*. Rio de Janeiro: Ed. PUC Rio/Uapê, 2011.

ALONSO, Dámaso. *Poesía española: Ensayos de métodos y limites estilísticos*. Madri: Gredos, 1956.

ARISTÓTELES. *Arte retórica e arte poética*. São Paulo: Difel, 1964.

_____. *Poética. Organon. Política. Constituição de Atenas*. São Paulo: Nova Cultural, 2004.

_____. *Metafísica: volume II*. Ensaio introdutório, texto grego com tradução e comentário de Giovanni Reale. Tradução de Marcelo Perine. São Paulo: Edições Loyola, 2015.

ARRIVÉ, Michel. "La sémiotique littéraire." *In*: POTTIER, Bernard (dir.). *Les langages*. (*Les dictionnaires du savoir moderne*): Paris: Bibliothèque du CEPL, 1973.

AUERBACH, Eric. *Mimésis – La représentation de la réalité dans la littérature occidentale*. Paris: Gallimard, 1968.

AZEVEDO, Aluísio. *O cortiço. In*: _____. *Ficção completa*. v. 1. Rio de Janeiro: Nova Aguilar, 2005.

_____. *O mulato*. São Paulo: Martins, 1964.

AZEVEDO FILHO, Leodegário A. de et al. *Teoria da literatura*. Rio de Janeiro: Guernasa, 1973.

BAKHTIN, Mikahil. *La poétique de Dostoievski*. Paris: Seuil, 1970.

_____. *Esthétique et théorie du roman*. Paris: Gallimard, 1978.

BALLY, Charles. *Traité de stylistique française.* Paris: Klincksieck; Genebra: Librairie Georg, 1951.

BANDEIRA, Manuel. *Estrela da vida inteira.* Rio de Janeiro: José Olympio, 1966.

BARTHES, Roland. *Le degré zéro de l'écriture suivi de éléments de sémiologie.* Paris: Gonthier, 1964.

_____. *Novos ensaios críticos seguidos de* O grau zero da escritura. São Paulo: Cultrix, 1974.

_____. *O grau zero da escritura.* São Paulo: Cultrix/Conselho Estadual de Cultura, 1971.

_____. *Elementos de semiologia.* São Paulo: Cultrix, 1971.

_____. *Le plaisir du texte.* Paris: Seuil, 1973.

BENVENISTE, Émile. *Problèmes de linguistique générale.* Paris: Gallimard, 1967.

BERARDINELLI, Cleonice. *In*: PROENÇA FILHO, Domicio. *Estilos de época na literatura.* São Paulo: Prumo, 2012.

BÍBLIA SAGRADA. 2ª ed., Traduzida dos originais hebraico, aramaico e grego, mediante versão francesa dos monges beneditinos de Meredsous (Bélgica). São Paulo: Ave Maria, 1960.

BINNS, A.L. *Linguistics reading: two suggestions of the quality of Literature.* Essays on style and language. Linguistical and critical approaches to literary style. Londres: Routledge and Kegan Paul, 1966.

BOSI, Alfredo. *História concisa da literatura brasileira.* São Paulo: Cultrix, 1995.

_____. *Ideologia e contraideologia: temas e variações.* São Paulo: Companhia das Letras, 2010.

_____. *Brás Cubas em três versões: estudos machadianos.* São Paulo: Companhia das Letras, 2006.

_____. *Dialética da colonização.* São Paulo: Companhia das Letras, 1992.

_____. *Machado de Assis: O enigma do olhar.* São Paulo: Ática, 1999.

BOSI, Alfredo; GARBUGLIO, José Carlos; CURVELLO, Mário; FACIOLI, Valentim. *Machado de Assis.* São Paulo: Ática, 1982.

BOURDIEU, Pierre. *As regras da arte: Gênese e estrutura do campo literário.* São Paulo: Companhia das Letras, 1996.

BOYD, John D. *The function of mimesis and its decline.* Cambridge, Massachusetts: Harvard University Press, 1968.

BRANDÃO, Junito. *Mitologia grega.* Petrópolis: Vozes, 1987, v. II.

BRASIL – MINISTÉRIO DA EDUCAÇÃO E DO DESPORTO. Secretaria de Educação Fundamental. *Parâmetros curriculares nacionais*. Terceiro e quarto ciclos do ensino fundamental. Português. 1997.

BRAYNER, Sônia. *Labirinto do espaço romanesco*. Rio de Janeiro: Civilização Brasileira/MEC, 1979.

BRÉHIER, Émile. *História de la filosofía*. Buenos Aires: Sudamericana, 1948.

BRUNEL, Pierre (Org.). *Dicionário de mitos literários*. Rio de Janeiro: José Olympio, 1998.

BRUNETIÈRE, Ferdinand. *L'évolution des genres dans l'histoire de la littérature*. Paris: Hachette, 1890.

BÜHLER, Karl. *Théorie du langage*. Marselha: Agone, 2009.

BURKE, Edmund. "Uma investigação filosófica acerca da origem de nossas ideias sobre o sublime e o belo." In: de SOUZA, Roberto Acízelo de (Org.). *Uma ideia moderna de literatura. Textos seminais para os estudos literários (1688-1922)*. Chapecó: Argos, 2011.

BURKE, Peter & PORTER, Roy (Orgs.) *Linguagem, indivíduo e sociedade: História social da linguagem*. São Paulo: Editora da Unesp, 1993.

BUTCHER, S.H. *Aristotle's theory of poetry and fine arts*. Londres: Macmillan, 1927.

BUZZI, Arcângelo. *Introdução ao pensar*. Petrópolis: Vozes, 1973.

CALDWELL, Helen. *O Otelo brasileiro de Machado de Assis*. São Paulo: Ateliê, 2002.

CÂMARA Jr., Joaquim Mattoso. *Dicionário de filologia e gramática referente à língua portuguesa*. Rio de Janeiro: Ozon, 1964.

_____. *Princípios de linguística geral*. Rio de Janeiro: Acadêmica, 1959.

CAMÕES, Luís de. *Obras escolhidas*. v. I. Lisboa: Sá da Costa, 1947.

CANDIDO, Antonio. *Literatura e sociedade*. São Paulo: Nacional, 1965.

_____. *Formação da literatura brasileira: Momentos decisivos*. Rio de Janeiro: Academia Brasileira de Letras/Ouro sobre Azul, 2006.

_____. "O homem dos avessos." In: *Tese e antítese*. São Paulo: Nacional, 1964.

CANDIDO, Antonio et al. *A interpretação*. 2º Colóquio UERJ. Rio de Janeiro: Imago, 1990.

CARILLA, Emilio. *Manierismo y Barroco en las literaturas hispánicas*. Madri: Gredos, 1983.

CARROL, David. "Representation of the End(s) of History: Dialectics and Fiction" in *Yale French Studies* nº 59, 2014.

CARVALHO, José Herculano. *Teoria da linguagem: natureza do fenômeno linguístico e análise das línguas*. Coimbra: Atlântida, 1967.

CARVALHO, José Murilo de. *Cidadania no Brasil*. Rio de Janeiro: Civilização Brasileira, 2014.

CASSIRER, Ernst. *Psicología del lenguaje*. Buenos Aires: Paidós, s/d.

CASTAGNINO, R. H. *El análisis literário: introducción metodológica a uma estilística general*. Buenos Aires: Nova, 1957.

CASTELLO, José Aderaldo. *Aspectos do romance brasileiro*. Rio de Janeiro: MEC, s/d.

CHARTIER, Anne-Marie et al. *Literatura e identidade na era da mobilidade*. RÖSING, Tania Maria Kuchenbecker (org.). Passo Fundo: Editora da Universidade de Passo Fundo, 2016.

CHARTIER, Roger. *A aventura do livro: do leitor ao navegador*. São Paulo: Imprensa Oficial, UNESP, 1998.

CHAVES, Flávio Loureiro. *O brinquedo absurdo*. São Paulo: Polis, 1978.

_____. *O mundo social de Quincas Borba*. Porto Alegre: Movimento, 1974.

_____. "Perfil de Riobaldo." In: _____. *Ficção latino-americana*. Porto Alegre: Universidade Federal do Rio Grande do Sul, 1974.

CHEVALIER, Jean & GHEERBRANT, Alain. *Dicionário de símbolos*. Rio de Janeiro: 1999.

CICERO, Antonio. In: PROENÇA FILHO, Domicio. *Concerto a quatro vozes*. Rio de Janeiro: Record, 2006.

CONCÍLIO VATICANO II. A Igreja no mundo de hoje. In: *Gaudium et spes*. Petrópolis: Vozes, 1966.

COSERIU, Eugenio. *Teoría del lenguaje y linguística general*. Madri, 1969.

_____. *Lições de linguística geral*. Rio de Janeiro: Ao Livro Técnico, 1980.

_____. *Sincronia, diacronia e história*. Madri: Gredos, 1973.

_____. *Sincronia, diacronia e história*: O problema da mudança linguística. Rio de Janeiro: Presença; São Paulo: Edusp, 1979.

COUTINHO, Afrânio. *Introdução à literatura no Brasil*. Rio de Janeiro: São José, 1966.

_____. *A filosofia de Machado de Assis e outros ensaios*. Rio de Janeiro: São José, 1959.

CRUZ E SOUSA, João da. *Obra completa*. Rio de Janeiro: J. Aguilar, 1995.

CUNHA, Celso. *Uma política do idioma*. Rio de Janeiro: São José, 1965.

_____. *Gramática do português contemporâneo.* Belo Horizonte: Bernardo Álvares, 1970.

CUNHA, Euclides da. *Os sertões.* In: *Obra completa.* Rio de Janeiro: Nova Aguilar, 2009.

DAICHES, David. *Posições da crítica em face da literatura.* Rio de Janeiro: Acadêmica, 1967.

DALAI LAMA. In: *JB ecológico.* Ano I, nº 12. Caderno especial do *Jornal do Brasil.* Rio de Janeiro, 18 jan. 2003.

DIAS, Antonio Gonçalves. *Poesia completa e prosa escolhida.* Rio de Janeiro: José Aguilar, 1959.

DUCROT, Oswald & TODOROV, Tzvetan. *Dictionnaire encyclopédique des sciences du langage.* Paris: Seuil, 1972.

DURAND, Gilbert. *Les structures anthropologiques de l'imaginaire.* Paris: Bordas, 1969.

ECO, Umberto. *Oeuvre ouverte [opera aperta].* Paris: Seuil, 1965.

_____. *Le forme del contenuto.* Milão: Bompiani, 1971.

_____. *Trattato di semiotica generale.* Milão: Bompiani, 1978.

_____. *Sobre a literatura/Quase a mesma coisa.* (Livro vira-vira). Rio de Janeiro: BestBolso, 2011.

_____. *O conceito de texto.* São Paulo: T. A. Queiroz/Editora da Universidade de São Paulo, 1984.

_____ & CARRIÈRE, Jean-Claude. *Não contem com o fim do livro.* Rio de Janeiro: Record, 2010.

ELIADE, Mircea. *Aspects du mythe.* Paris: Gallimard, 1969.

ELSE, Gerald. *Aristotle's poetics: the argument.* Cambridge, Massachusetts: Harvard University Press, 1957.

EMPSON, William. *Seven types of ambiguity.* Nova York: New Directions, 1966.

ESCARPIT, Robert (Dir.). *Le littéraire et le social: eléments pour une sociologie de la littérature.* Paris: Flammarion, 1970.

FACIOLI, Valentim. *Um defunto estrambótico: análise e interpretação das* Memórias póstumas de Brás Cubas. São Paulo: Nankin, 2002.

FAORO, Raymundo. *Machado de Assis: a pirâmide e o trapézio.* São Paulo: Editora Nacional, 1974.

FEATHERSTONE, Mike. *O desmanche da cultura: Globalização, pós-modernismo e identidade.* São Paulo: Studio Nobel, SESC, 1997.

FIGUEIREDO, Eurídice (Org.) *Conceitos de literatura e cultura*. Belo Horizonte: UFJF; Niterói: Ed UFF, 2010.

FLICHY, Patrice. *Une histoire de la communication moderne: espace public et vie privé*. Paris: La Découverte, 1997.

FLORES, William & BENMAYOR, Rina. (Ed.). *Introduction constructing cultural citizen: claiming, identity, space and rights*. Boston: Beacon Press, 1997.

FOUCAULT, Michel. *Le mot et les choses*. Paris: Gallimard, 1966.

FOWLER, Roger. "The structure of criticism and the language of poetry: an approach through language." *In: Contemporary criticism*. Londres: Edward Arnold, 1970.

FRYE, Northrop. *Anatomie de la critique*. Paris: Gallimard, 1969.

GALVÃO, Walnice Nogueira. *Mitológica rosiana*. São Paulo: Ática, 1978.

_____. *As formas do falso*. São Paulo: Perspectiva, 1972.

GAMA, Basílio da. *O Uruguai. In*: PROENÇA FILHO, Domicio. (Org.). *O Arcadismo*. São Paulo: Global, 2002.

GARBUGLIO, José Carlos. *O mundo movente de Guimarães Rosa*. São Paulo: Ática, 1972.

GARY-PRIEUR, Marie Noëlle. "La notion de connotation(s)." *Littérature 4*, 1971.

GENETTE, G.; JAUSS, H. R.; SCHAEFFER, J.-M.; SCHOLES, R.; STEMPEL, W. D.; VIETOR, K. *Théorie des genres*. Paris: Seuil, 1986.

GLEDSON, John. (org). *Machado de Assis. Contos, uma antologia*. São Paulo: Companhia das Letras, 1998. 2 v.

GLOCK, Hans-Johann. *Dicionário Wittgenstein*. Rio de Janeiro: Zahar, 1998.

GOMES, Eugênio. *O enigma de Capitu*. Rio de Janeiro: José Olympio, 1967.

GREIMAS, Algirdas Julien et al. *Essais de sémiotique poétique*. Paris: Larousse, 1972.

_____. *Du sens*. Paris: Seuil, 1970.

HALL, Edward. *La dimension cachée*. Paris: Seuil, 1966.

HALLIDAY, Michael Alexander Kirkwood. *Explorations in the function of language*. Londres: Arnold, 1973.

_____; HASAN, Ruqaiya. *Cohesion in English*. Londres: Longman, 1976.

HATZFELD, Helmut. *In*: COUTINHO, Afrânio. *Introdução à literatura no Brasil*. Rio de Janeiro: Civilização Brasileira, 1976.

HAUSER, Arnold. *Historia social de la literatura y del arte*. Madri: Guadarrama, 1968. 3 v.

HEGEL, Georg W. F. *Estética*. Lisboa: Guimarães, 1980.

HERÁCLITO. *Fragmentos comentados*. Rio de Janeiro: Difel, 2002.

HILL, Amariles. *A crise da diferença: Uma leitura das* Memórias póstumas de Brás Cubas. Rio de Janeiro: Cátedra; Brasília: INL, 1976.

HJELMSLEV, Louis. *Le langage. Une introduction – augmentée de degrés linguistiques*. Paris: Minuit, 1966.

HOUAISS, Antônio. *Sugestões para uma política da língua*. Rio de Janeiro: INL, 1960.

_____. *A crise de nossa língua de cultura*. Rio de Janeiro: Tempo Brasileiro, 1983.

_____. *O português do Brasil*. São Paulo: Revan, 1992.

HUGO, Victor. *Théâtre complet*. Paris: Bibliothèque de la Pléiade, 1963.

HUISMAN, Denis. *Dicionário de filósofos*. São Paulo: Martins Fontes, 2001.

HUTCHEON, Linda. *Poética do pós-modernismo. História, teoria, ficção*. Rio de Janeiro: Imago, 1991.

JAKOBSON, Roman. *Essais de linguistique générale*. Paris: Minuit, 1966.

_____. *Linguística e comunicação*. São Paulo: Cultrix, 1979.

_____. *Problèmes du langage*. Paris: Gallimard, 1966.

_____. *Linguística e poética*. São Paulo: Cultrix, 1969.

_____. *Fonema e fonologia*. Rio de Janeiro: Acadêmica, 1967.

JAUSS, Hans Robert. *História literária como desafio à ciência literária*. Porto: Soares Martins, 1974.

KASSAI, Georges. "Le sens." *In*: MARTINET, André (Dir.) *La linguistique*. Paris: Denoël, 1969.

KEESING, F.M. *apud* WHITE, Leslie A. "O conceito de cultura." *Educação e Ciências Sociais*, Rio de Janeiro, jun. 1958.

KOCH, Ingedore Villaça & TRAVAGLIA, Luiz Carlos. *A coerência textual*. São Paulo: Contexto, 1998.

KRISTEVA, Julia. Présentation. *In*: BAKHTIN, Mikhail. *La poétique de Dostoievski*. Paris: Seuil, 1970.

_____. *História da linguagem*. Lisboa: Edições 70, 1969.

_____. *Le texte du roman*. The Hague/Paris: Mouton, 1970.

LAJOLO, Marisa. *Do mundo da leitura à leitura do mundo*. São Paulo: Ática, 1997.

LEFEBVE, Maurice-Jean. *Structure du discours de la poésie et du récit*. Montreux: Éditions de La Bacconière, 1971.

LEVAVASSEUR, Aline. "Style et stylitisque." *In*: MARTINET, André (Org.). *La linguistique*. Paris: Denoël, 1989.

LÉVY, Pierre. *Cibercultura [Cyberculture]*. São Paulo: Editora 34, 2014.

LIMA, Luiz Costa. *História. Ficção. Literatura*. São Paulo: Cia. das Letras, 2006.

_____. *Mímesis e modernidade: formas das sombras*. Rio de Janeiro: Graal, 1980.

_____. (Coord.) *A literatura e o leitor. Textos da estética da recepção*. Rio de Janeiro: Paz e Terra, 1979.

_____. *Dispersa demanda: Ensaios sobre literatura e teoria*. Rio de Janeiro: Francisco Alves, 1981.

_____. *Teoria literária em suas fontes*. Rio de Janeiro: Francisco Alves, 1983.

_____."O sertão e mundo" *in: Por que literatura?* Petrópolis: Vozes, 1969.

LOBO, Luíza (Org.). *Teorias poéticas do Romantismo*. Porto Alegre: Mercado Aberto, 1987.

LOPES, Silvana Rodrigues. *A legitimação em literatura*. Lisboa: Cosmos, 1994.

LORENZ, Gunter. "Diálogo com Guimarães Rosa" *in*: ROSA, João Guimarães. *Ficção completa*, v. 1. Rio de Janeiro: Nova Aguilar, 1994.

LOTMAN, Iuri. *La structure du texte artistique*. Paris: Gallimard, 1975.

MACHADO DE ASSIS, Joaquim Maria. *Obra completa*. Rio de Janeiro: Nova Aguilar, 1959.

MAGNE, Augusto. *Dicionário etimológico da língua latina*. Rio de Janeiro: MEC, 1962.

MAINGUENEAU, Dominique. *Analyser les textes de communication*. Paris: Dunod, 1998.

MANNHEIM, Karl. *Ideologia e utopia*. Rio de Janeiro: Zahar, 1976.

MARANHÃO, Salgado. *In*: PROENÇA FILHO, Domicio. *Concerto a quatro vozes*. Rio de Janeiro: Record, 2006.

MARINETTI, Filippo Tommaso. *Manifesto Futurista*. www.espiral.fau-usp.br-arquivos-artecultura-20.1909.Marinetti-manifestofurista.pdf

MAROUZEAU, Jules. *Précis de stylistique française*. Paris: Masson, 1950.

MARTINET, André (Dir.). *La linguistique*. Paris: Denoël, 1969.

MARTINS, Wilson. *O modernismo na literatura brasileira*. São Paulo: Cultrix, 1967.

MELO NETO. João Cabral de. *Obra completa* (org. Marly de Oliveira). Rio de Janeiro: Nova Aguilar, 1994.

MERQUIOR, José Guilherme. *A astúcia da mímese*. Rio de Janeiro: J. Olympio, 1972.

_____. *Formalismo e tradição moderna: o problema da arte na crise da cultura*. Rio de Janeiro: Forense; São Paulo: Edusp, 1974.

_____. *O fantasma romântico e outros ensaios*. Petrópolis: Vozes, 1980.

_____. "Os estilos históricos na literatura ocidental." *In*: PORTELLA, et al. *Teoria literária*. Rio de Janeiro: Tempo Brasileiro, 1979.

_____. *De Anchieta a Euclides. Breve história da literatura brasileira 1*. Rio de Janeiro: José Olympio, 1977.

_____. Gênero e estilo das *Memórias póstumas de Brás Cubas*. *Colóquio/Letras*, Lisboa. nº 8: 12-20, jul 1982.

MOISÉS, Leyla Perrone. *Texto, crítica, escritura*. São Paulo: Ática, 1978.

MOLES, Abraham (Dir.). *La communication*. Coll. Dictionnaires du savoir moderne. Paris: Bibliothèque du CEPL, 1971.

MORA, José Ferrater. *Diccionario de filosofia*. Buenos Aires: Editorial Sudamericana, 1968. 2 v.

MORAES, Vinicius de. *Livro de sonetos*. Rio de Janeiro: Sabiá, 1967.

MORAWSKI, Stefan. Mimésis. *Semiotica II, 1*. Neuchâtel, 1970.

MORIN, Edgar. *Cultura de massa no século XX: o espírito do tempo*. Rio de Janeiro: Forense; São Paulo: Edusp, 1977.

MOUNIN, Georges. *La communication poétique*. Paris: Gallimard, 1969.

MURICY, Andrade. *Panorama do movimento simbolista brasileiro*. Rio de Janeiro, INL, 1952. 3 v.

NASCENTES, Antenor. *O idioma nacional*. Rio de Janeiro: Acadêmica, 1960.

NECKER, L. G. de. *De la littérature considerée dans ses rapports avec les institutions sociales*. Paris: Flammarion, 1991.

NEIVA, Saulo (dir.) *Désirs & débris d'épopée au XXe. siècle*. Peter Lang, 2009.

_____ & MONTANDON, Alain. *Dictionnaire raisonné de la caducité des genres littéraires*. Genève: Librairie Droz, 2014.

NUNES, Benedito. "Guimarães Rosa" in: _____. *O dorso do tigre*. São Paulo: Perspectiva, 1969.

OGDEN, Charles Kay & RICHARDS, I.A. *O significado de significado*. Rio de Janeiro: Zahar, 1972.

PALMER, F.R. *A semântica*. Lisboa: Edições 70, 1979.

PEIRCE, Charles Sanders. *La ciencia de la semiótica*. Buenos Aires: Nueva Visión, 1974.

_____. *Semiótica e filosofia*. São Paulo: Cultrix, 1975.

PEÑUELAS, Marcelino C. *Mito, literatura y realidad*. Madri: Gredos, 1965.

PEREIRA, Astrogildo. *Machado de Assis*. Rio de Janeiro: São José, 1959.

PEREIRA, Maria Teresa G. (Org.). *Língua e linguagem em questão*. Rio de Janeiro: Editora da UERJ, 1997.

PESSOA, Fernando. *Obra poética*. Rio de Janeiro: José Aguilar, 1960.

PIGNATARI, Décio. *Informação. Linguagem. Comunicação*. São Paulo: Perspectiva, 1970.

POMORSKA, Krystina. *Formalismo e Futurismo. A teoria formalista e seu ambiente poético*. São Paulo: Perspectiva, 1972.

PORTELLA, Eduardo. *Fundamento da investigação literária*. Rio de Janeiro: Tempo Brasileiro, 1981.

_____. *Teoria da comunicação literária*. Rio de Janeiro: Tempo Brasileiro, 1973.

POTTIER, Bernard. (Dir.) *Le langage. Les dicitonnaires du savoir moderne*. Paris: Bibliothèque du CEP, 1973.

PROENÇA, M. Cavalcanti. "Trilhas no *Grande sertão*" in: _____. *Augusto dos Anjos e outros ensaios*. Rio de Janeiro: José Olympio, 1959.

PROENÇA FILHO, Domicio. (Org.) *Concerto a quatro vozes*. Rio de Janeiro: Record, 2006.

_____. *Os melhores contos de Machado de Assis*. São Paulo: Global, 2010.

_____. *A linguagem literária*. São Paulo: Ática, 2007.

_____. *Estilos de época na literatura*. São Paulo: Prumo, 2012.

_____. *Capitu – memórias póstumas*. Rio de Janeiro: Record, 2005.

_____. *O Arcadismo*. São Paulo: Global, 2007.

REGO, Enylton de Sá. *O calundu e a panaceia Machado de Assis, a sátira menipeia e a tradição luciânica*. Rio de Janeiro: Forense Universitária, 1989.

REIS, Carlos. *O conhecimento da literatura: introdução aos estudos literários*. Coimbra: Almedina, 1995.

REYES, Alfonso. *El deslinde*. México: El Colegio de México, 1944.

RIBEIRO, Darcy. *O povo brasileiro*. São Paulo: Companhia das Letras, 1995.

_____. *Os índios e a civilização*. Petrópolis: Vozes, 1977.

RICHARDS, I.A. *Princípios de crítica literária*. Porto Alegre: Globo, 1967.

RICOEUR, Paul. *Interpretação e ideologias*. Rio de Janeiro: Francisco Alves, 1988.

RODRIGUES, Selma Calasans. *Macondamérica: A paródia em Gabriel García Márquez*. Rio de Janeiro: Leviatã, 1982.

ROSA, João Guimarães. *Grande sertão: veredas*. In: _____. *Ficção completa*. v. 2. Rio de Janeiro: Nova Aguilar, 1994.

ROSALDO, Renato. *Culture and truth: the remaking of social analysis*. Boston: Bacon Press, 1989.

ROUANET, Sérgio Paulo. *As razões do Iluminismo*. São Paulo: Companhia das Letras, 1987.

_____. *Riso e melancolia. A forma shandiana em Sterne, Diderot, Xavier de Maistre, Almeida Garret e Machado de Assis*. São Paulo: Companhia das Letras, 2007.

SANTAELLA, Lucia. *Comunicação ubíqua: repercussões na cultura e na educação*. São Paulo: Paulus, 2013.

SANTOS, Leonor Werneck dos (Org.) *Discurso, coesão, argumentação*. Rio de Janeiro: Oficina do Autor, 1996.

SARAIVA, José Américo Bezerra. "Funções da linguagem: enfoques filosófico e antropológico". *Revista da Faculdade de Letras*. Nº 20 v. ½ jan./dez. 1998.

SARTRE, Jean-Paul. *Qu'est-ce que la littérature?* Paris: Gallimard, 1964.

SAUSSURE, Ferdinand de. *Cours de linguistique générale*. Paris: Payot, 1968.

_____. *Cours de linguistique générale*. Ed. critique préparée par Tulio de Mauro. Paris: Payot, 1972.

SCHNAIDERMAN, Boris. *Turbilhão e semente: ensaios sobre Dostoievski e Bakhtin*. São Paulo: Duas Cidades, 1993.

SCHÜLER, Donald. "O épico em *Grande sertão: veredas*." In: CÉSAR, Guilhermino et al. *João Guimarães Rosa*. Porto Alegre: Edições da Faculdade de Filosofia da UFGRS, 1969.

SEPÚLVEDA, Carlos. "Cultura e contracultura na atualidade brasileira." Conferência pronunciada na Academia Brasileira de Letras. 2014.

SILVA, Alberto da Costa e. *O quadrado amarelo*. São Paulo: Imprensa Oficial do Estado de São Paulo, 2009.

_____. *Invenção do desenho: Ficções da memória*. São Paulo: Companhia das Letras, 2011.

SILVA, Vítor Manuel de Aguiar e. *Teoria da literatura*. São Paulo: Martins Fontes, 1976.

SLAMA-CAZSACU, Tatiana. *Langage et contexte*. Haia: Mouton, 1961.

SONTAG, Susan. *Contra a interpretação*. Porto Alegre: L&PM, 1987.

SOUSA, João da Cruz e. *Obra completa*. Rio de Janeiro: Nova Aguilar, 1961.

SOUZA, Ernesto. Anúncio no bonde, em 15 fev. 1920. Blogs.estadao.com.br/reclames do estadão/category/remedios.

SOUZA, Roberto Acízelo de. (Org.). *Uma ideia moderna de literatura*. Chapecó: Argos, 2011.

SPITZER, Leo. *Linguística e historia literaria*. Madri: Gredos, 1955.

_____. "Les études du style." In: *Poétique 1*. Paris: Seuil, 1970.

STAIGER, Emil. *Conceitos fundamentais de poética*. Rio de Janeiro: Tempo Brasileiro, 1969.

STEGAGANO-PICCHIO, Luciana. *História da literatura brasileira*. Rio de Janeiro: Nova Aguilar, 2004.

STIERLE, Karlheinz. "Que significa a recepção dos textos ficcionais?" *In*: LIMA, Luiz Costa. *A literatura e o leitor. Textos da estética da recepção*. Rio de Janeiro: Paz e Terra, 1979.

TODOROV, Tzvetan. "Note sur le langage póetique." *Semiotica I*. Paris: 1969.

_____. *Littérature et signification*. Paris: Larousse, 1971.

_____. *Mikhail Bakhtin: le principe dialogique suivi d'écrits du cercle de Bakhtine*. Paris: Seuil, 1981.

_____. (Org.). *Théorie de la littérature. Textes des formalistes russes*. Paris: Seuil, 1965.

_____. "Note sur le langage poétique." *Semiotica I*, Paris: 1969.

TOLEDO, Dionísio de Oliveira (Org.). *Teoria da literatura. Formalistas russos*. Porto Alegre: Globo, 1976.

TOURAINE, Alain. *Um novo paradigma: Para compreender o mundo de hoje*. Petrópolis: Vozes, 2006.

VALENTE, André. (Org.). *Língua, Linguística e Literatura. Uma integração para o ensino*. Rio de Janeiro: EdUERJ, 1998.

VANOYE, Francis. *Usos da linguagem. Problemas e técnicas de produção oral e escrita*. São Paulo: Martins Fontes, 1998.

VARGAS, Claude. *Grammaire pour enseigner. I et II*. Paris: Armand Colin, 1995.

VIEIRA, Antonio. *Sermões e lugares selectos*. Porto: Editora Nacional, 1954.

VIGGIANO, Alan. *Itinerário de Riobaldo Tatarana*. Belo Horizonte: Comunicação, 1974.

VILELA, Mário & KOCH, Ingedore. *Gramática da língua portuguesa*. Coimbra: Almedina, 2004.

VOSSLER, Karl. *Filosofía del lenguaje*. Madri: Consejo de Investigaciones Científicas, Instituto Antonio de Nebrija, 1940.

_____. *Positivismo e idealismo en la linguística y el lenguage como creación y evolución*. Madri/Buenos Aires: Poblet, 1929.

WELLEK, René & WARREN, Austin. *Teoría literaria*. Madri: Gredos, 1953.

_____. *História da crítica moderna*. São Paulo: Herder/Edusp, 1967. 4 v.

WITTGENSTEIN, Ludwig. *Investigações filosóficas*. Lisboa: Fundação Calouste Gulbenkian, 1987.

_____. *Investigações filosóficas*. São Paulo: Nova Cultural, 2000.

YÚDICE, George. *A conveniência da cultura: usos da cultura na era global*. Belo Horizonte: Editora UFMG, 2013.

ZUMTHOR, Paul. *Essais de poétique médievale*. Paris: Seuil, 1992.

DOMICIO PROENÇA FILHO nasceu no Rio de Janeiro. Fez o curso primário na Ilha de Paquetá, onde, desde os primeiros dias de nascimento, viveu sua infância e adolescência, na escola pública Joaquim Manuel de Macedo e o ginasial e o clássico no Colégio Pedro II – Internato, que o agraciou com o título de Aluno Eminente. É Bacharel e Licenciado em Letras Neolatinas pela antiga Faculdade Nacional de Filosofia da Universidade do Brasil, com curso de especialização em Língua e Literatura Espanhola. É Doutor e Livre-Docente em Literatura Brasileira pela Universidade Federal de Santa Catarina, Professor Titular e Emérito da disciplina, com inúmeros cursos ministrados em outros centros universitários no Brasil e no exterior, em especial na Alemanha, na Universidade de Colônia, e na Escola Técnica de Altos Estudos em Aachen, como Professor Titular Convidado (*Gastprofessor*). Exerceu também o magistério de Língua Portuguesa em inúmeros estabelecimentos de ensino médio e de ensino superior no Brasil, entre eles, o Colégio Pedro II, a PUC-RJ, a Faculdade de Letras da UFRJ e a Universidade Santa Úrsula. Participou, como conferencista e debatedor, de seminários em centros de estudo superior em Lisboa, Coimbra, Porto, Minnesota, Colônia, Tübingen, Aachen, Munique, Roma, Bolonha, Turim, Veneza, Madri, Salamanca, Belgrado, Clermont-Ferrand e Paris.

Foi diretor de texto da *Enciclopédia Século XX*, para a qual escreveu também os verbetes e monografias de Teoria Literária e Literatura Brasileira.

É autor do Projeto Bienal Nestlé de Literatura, o qual coordenou nas duas primeiras concretizações (1982 e 1984).

Foi curador das exposições "Mário no Rio", realizada pela Biblioteca Nacional e "O Naturalismo no Brasil", realizada pela Fundação Casa de Rui Barbosa.

Tem publicados 67 livros.

Foi, entre vários cargos no serviço público, subsecretário de Educação e Cultura da Prefeitura da Cidade do Rio de Janeiro.

Foi agraciado com a Medalha Tiradentes, do Estado do Rio de Janeiro; com a Medalha Pedro Ernesto, da Cidade do Rio de Janeiro; com a Medalha do Mérito Tamandaré, da Marinha do Brasil, da qual também recebeu a Medalha do Mérito Naval; com o título de Cidadão de Minas Gerais, com a Medalha José de Anchieta, da Academia Carioca de Letras, 2015; Medalha Claudio de Souza, 2016, do PEN Clube do Brasil. Há uma biblioteca com seu nome na Ilha de Paquetá e um auditório no Colégio Andrews, onde foi professor.

Recebeu, entre outros, os seguintes prêmios: Personalidade Cultural do Ano da Associação Paulista de Críticos de Arte (APCA), 1982; Personalidade Cultural do Ano, da Associação Brasileira de Escritores do Rio de Janeiro, 1982; Prêmio Raça Negra, pelo conjunto da obra concedido pela Afrobras, 2000; Personalidade Cultural do Ano, 2011 e 2012, concedidos pela Associação Brasileira de Imprensa e o jornal *Folha Dirigida*; Prêmio São Sebastião de Cultura – Ação Cultural – 2014, da ACARJ; Personalidade Cultural do Ano, da União Brasileira de Escritores do Rio de Janeiro – 2015.

É membro da Academia Brasileira de Letras, onde ocupa a Cadeira nº 28, da Academia Brasileira de Filologia, do PEN Clube do Brasil, da Academia Carioca de Letras, da Academia de Artes, Ciências e Letras da Ilha de Paquetá e do Círculo Literário da Marinha do Brasil. É Acadêmico Correspondente da Academia das Ciências de Lisboa e Sócio Benemérito do Real Gabinete Português de Leitura.

OBRAS PUBLICADAS

TEORIA E CRÍTICA LITERÁRIA

Estilos de época na literatura. Rio de Janeiro: Ediex, 1967. 20ª ed., rev. São Paulo: Prumo, 2012.

Pós-modernismo e literatura: São Paulo: Ática, 1978; 2ª ed., 1995.

O Livro do Seminário. 1ª Bienal Nestlé de Literatura Brasileira (org., prefácio e notas). São Paulo: LR Editores, 1983.

Seminário 1: Literatura Brasileira: crônica, teatro, crítica. 2ª Bienal Nestlé de Literatura Brasileira. São Paulo, 1984. Col. de Roberto Acízelo Quelha de Souza.

Ofícios perigosos: antologia de contos de Edilberto Coutinho (sel. e apres.). Porto Alegre: Mercado Aberto, 1989.

Pequena antologia do Braga (sel. org. e apres.). Rio de Janeiro: Record, 1997. 7ª ed., 2004.

Um cartão de Paris. Crônicas de Rubem Braga (org.e apres.). Rio de Janeiro: Record, 1997.

Dona Guidinha do Poço. Manoel de Oliveira Paiva (org. e estudo crítico). Rio de Janeiro: Artium, 1997.

A normalista. Adolfo Caminha (org. e estudo crítico). Rio de Janeiro: Artium, 1997.

O filho do pescador (org. e estudo crítico). Rio de Janeiro: Artium, 1997.

A poesia dos Inconfidentes. Toda a poesia de Tomás Antonio Gonzaga, Cláudio Manuel da Costa e Alvarenga Peixoto (org.). Rio de Janeiro: Nova Aguilar, 1999. 2ª ed., 2002.

Aventuras. Crônicas de Rubem Braga (sel. org. apres.). Rio de Janeiro: Record, 2000.

Novas seletas. João Ubaldo Ribeiro (org. apres. e notas). Rio de Janeiro: Nova Fronteira, 2004.

O Arcadismo (org. e prefácio). São Paulo: Global, 2006.

Concerto a quatro vozes. Poemas de Adriano Espínola, Antonio Cicero, Marco Lucchesi e Salgado Maranhão (org. e estudo crítico). Rio de Janeiro: Record, 2006.

Os melhores contos de Machado de Assis (org. e estudo crítico). 16ª ed., rev. e ampl. São Paulo: Global, 2010.

Antologias ABL – Poemas ABL's Anthologies Poems (org. col. Marco Lucchesi). Rio de Janeiro: Academia Brasileira de Letras, 2013.

Antologias ABL-Ficção – ABL's Anthologies – Fiction (org. col. Marco Lucchesi). Rio de Janeiro: Academia Brasileira de Letras, 2013.

Antologias ABL – Poesias – Anthologies ABL – Poésie (org. col. Marco Lucchesi). Rio de Janeiro: Academia Brasileira de Letras, 2015.

Antologias ABL / Anthologies ABL – Fiction (org. col. Marco Lucchesi). Rio de Janeiro: Academia Brasileira de Letras, 2015.

Discurso na Academia Francesa. In: CAVALCANTI, Geraldo Hollanda. *Discursos na Academia Francesa / Discours à l'Académie Française*. Rio de Janeiro: Academia Brasileira de Letras, 2015.

Monografias e verbetes nas áreas de Teoria Literária e de Literatura Brasileira da Enciclopédia Século XX. Rio de Janeiro: J. Olympio, Expressão e Cultura, 1969.

LÍNGUA PORTUGUESA

Português 1. Rio de Janeiro: Liceu, 1969. Col. Maria Helena Marques.

Português 2. Rio de Janeiro: Liceu, 1969. Col. Maria Helena Marques.

Português 3. Rio de Janeiro: Liceu, 1970. Col. Maria Helena Marques.

Português 4. Rio de Janeiro: Liceu, 1970.

Português 5. Rio de Janeiro: Liceu, 1971.

O livro do professor. Rio de Janeiro: Liceu, 1971. 4 v.

Língua portuguesa, literatura nacional e a reforma do ensino. Rio de Janeiro: Liceu, 1974.

Português e literatura. Rio de Janeiro: Liceu, 1974.

Comunicação em português. 5ª série. São Paulo: Ática, 1979.

Comunicação em português. 6ª série. São Paulo: Ática, 1979.

Comunicação em português. 7ª série. São Paulo: Ática, 1979.

Comunicação em português. 8ª série. São Paulo: Ática, 1979.

Comunicação em português: livro do professor. São Paulo: Ática, 1979. 4 v.

Por dentro das palavras da nossa língua portuguesa. Rio de Janeiro: Record, 2003.

Noções de gramática em tom de conversa. São Paulo: Editora do Brasil, 2003.

Língua portuguesa, comunicação, cultura. São Paulo: Editora do Brasil, 2004. 4 v.

Língua portuguesa, comunicação, cultura: Livro do professor. São Paulo: Ática, 2004. 4 v.

Nova ortografia da língua portuguesa: guia prático. Rio de Janeiro: Record, 2010.

Nova ortografia: Manual de consulta. Rio de Janeiro: Record, 2012.

POESIA

O cerco agreste. Belo Horizonte: Comunicação, 1972.

Dionísio esfacelado (Quilombo dos Palmares). Rio de Janeiro: Achiamé, 1984.
Oratório dos Inconfidentes. Rio de Janeiro: Leo Christiano Editorial, 1ª e 2ª ed., 1989.
O risco do jogo. São Paulo: Prumo, 2013.

FICÇÃO

Breves estórias de Vera Cruz das Almas. Miniestórias. Rio de Janeiro: Fractal, 1991. Primeiro lugar no Concurso de Contos da Fundação Cultural de Brasília, 1991. 2ª ed., São Paulo: Global, 2015.
Estórias da mitologia: o cotidiano dos deuses. Rio de Janeiro: Leviatã, 1994. Uma extravagância ficcional.
Capitu – memórias póstumas. Rio de Janeiro: Artium, 1998. 3ª ed., Rio de Janeiro: Record, 2005. Romance.
Estórias da mitologia I: Eu, Zeus, Senhor do Olimpo. São Paulo: Global, 2000. 2ª ed., 2010.
Estórias da mitologia II: Nós, as deusas do Olimpo. São Paulo: Global, 2000.
Estórias da mitologia III: Os deuses menos o pai. São Paulo: Global, 2000.
Capitu – memorie postume. Cagliari: Fabula, 2006.

TEATRO

Capitu – memórias póstumas. Adaptação para leitura dramatizada. Primeira apresentação, na interpretação de Fernanda Montenegro, no Teatro Raymundo Magalhães Jr., ABL, Rio de Janeiro. 2006.
Tudo começou no sábado. Adaptação livre do romance *Corpo vivo*, de Adonias Filho. 2016.

ROTEIRO

Idealização e roteirização da série radiofônica "Nos caminhos da comunicação". 100 programas sobre língua portuguesa. Rádio MEC.
Idealização e roteirização da série radiofônica "Os romances de Érico Verissimo". Cinco programas. Rádio MEC.
Idealização, com Maria Eugênia Stein, e orientação de conteúdos do filme *Português, a língua do Brasil*, dirigido por Nelson Pereira dos Santos.
Idealização, roteiro e apresentação da série televisiva Ler e Reler, programa transmitido pelo UTV.

Impressão e acabamento:
GRÁFICA STAMPPA LTDA.
para a Editora Rocco Ltda.